大学生社会实践教育
理论与方法

姚　瑶　著

中国原子能出版社

图书在版编目（CIP）数据

大学生社会实践教育理论与方法/姚瑶著. —北京：
中国原子能出版社，2019.9 （2023.1重印）
ISBN 978-7-5221-0043-2

Ⅰ. 大… Ⅱ. ①姚… Ⅲ.①大学生—社会实践—研
究 Ⅳ. ①G642.45

中国版本图书馆 CIP 数据核字（2019）第 206896 号

大学生社会实践教育理论与方法

出版发行　中国原子能出版社（北京市海淀区阜成路43号　100048）
责任编辑　王　青　刘　佳
责任印制　赵　明
印　　刷　河北宝昌佳彩印刷有限公司
经　　销　全国新华书店
开　　本　787 mm×1092 mm　1/16
印　　张　13.5
字　　数　280 千字
版　　次　2019 年 9 月第 1 版　2023 年 1 月第 2 次印刷
书　　号　ISBN 978-7-5221-0043-2
定　　价　68.00 元

前　言

　　21世纪全球竞争的关键在于人才的竞争，人才竞争的基础保障则在于教育。高校是人才的孵化器，肩负着培养人才、造就人才的重要历史使命。在这样一个高速发展的知识经济社会，综合素质、创新精神和实践能力成为衡量人才的重要指标。高校要培养出适应时代要求的合格人才，其教学重点也应该向素质教育转移，把培养学生的创新精神和实践能力作为指导思想：在基础知识和基本理论教学的同时，高度重视学生创新精神和实践能力的培养。然而，如何实施大学生的素质教育，全方位提高学生综合素质，尤其是非专业素质，仍是一个亟待解决的问题。

　　教育家、思想家陶行知先生提出"社会即学校"的观点，并指出："不运用社会的力量，便是无能的教育；不了解社会的需求，便是盲目的教育。倘使我们认定社会就是一个伟大无比的学校，就会自然而然地去运用社会的力量，以应济社会的需求。"在指导大学生社会实践和"挑战杯"竞赛及其他课外科技活动的过程中，笔者认为只有认真分析学生社会实践活动的规律才能更好地利用共青团阵地提高大学生综合素质。

　　由于水平有限，书中疏漏之处在所难免。请同行专家和读者朋友们给以斧正！

著者

2019.9

目　录

第一章　大学生社会实践基本问题概述

大学生是十分宝贵的人才资源，是民族的希望，是祖国的未来。2004年8月26日发布的《中共中央国务院关于进一步加强和改进大学生思想政治教育的意见》明确指出，要"积极探索社会实践与专业学习相结合、与服务社会相结合、与勤工助学相结合、与择业就业相结合、与创新创业相结合的管理体制，增强社会实践活动的效果，使大学生在社会实践活动中受教育、长才干、做贡献，增强社会责任感"。在高等教育中社会实践是不可缺少的，它对课堂教育的补充与延伸功能是不可替代的。

2012年3月26日发布的《关于进一步加强高校实践育人工作的若干意见》指出："广泛开展社会调查、生产劳动、志愿服务、公益活动、科技发明、勤工助学和挂职锻炼等社会实践活动。新增生均拨款优先投入实践育人工作，新增教学经费优先用于实践教学。推动建立党政机关、城市社区、农村乡镇、企事业单位、社会服务机构等接收高校学生实践制度。"

大学生社会实践活动和课堂专业理论教育是我国当代高等教育体系的两个基本组成部分。大学生社会实践活动作为课堂专业理论教学课的进一步延伸和素质教育的重要载体，对于全面提高大学生的思想道德素质和科学文化素质起到了重要的作用，已经成为当代大学生了解国情、服务社会、增长才干的重要途径和舞台，也得到了广大人民群众的热烈欢迎，显示出蓬勃的生机与活力。

实践活动教学历来被学校和广大师生所重视。但是，由于历史的原因，对社会实践工作存在活动多、总结少的现象。要想更好地推动社会实践工作，为大学生社会实践提供有效指南，在本书的第一章，我们有必要对大学生社会实践基本问题、基本概念、基本历史进行回顾、总结与探讨。

第一节　人类实践活动价值的哲学反思

运动和发展中的物质世界会表现出千差万别、无限多样的存在形态。在众多形态的存在中，人类社会本身这种存在对于人类具有特殊意义、需要特别加以认识。如果不能够认识人类社会的内在本质，就不可能对物质世界及其发展规律有完整、正确的理解。

人类社会作为最高的物质运动形式，是宇宙中最为复杂的一种存在，它同其他的自然存在、自然运动形式有着根本性质的区别，在一定意义上可以说，人类社会是自然本身进入自己否定存在的一种形式，即它是由自然而来又对自然进行着能动改造的物质存在形式。

在人类发展历史上，关于实践的论述可以说是源远流长。亚里士多德在《政治学》中就身心教育和训练论述了人的全面发展。他认为，体格和智力全面发展或身心两俱就是"超群拔类"的人。而在我国古代《周礼》中记载的"礼、乐、射、御（驭）、书、数——六艺"，是对身心、知情意行、文治武功全面发展的要求。而要达成亚里士多德的"身心两俱"或《周礼》中的"六艺"，都不可能脱离实践的磨炼。

实践是马克思主义哲学的逻辑起点，是马克思主义认识论的基础。实践是人类存在和发展的根本方式，是人类实现自我教育的基本途径之一。在马克思主义者看来，实践"是人们为着满足一定的需要而进行的能动改造和探索物质世界的活动"。实践包括生产实践、处理和变革社会关系的实践以及科学实验。实践不仅可以改造自然界和社会，而且可以改造人类的思维，使人类的思维从此岸到达彼岸，体现有效的导向功能。马克思曾指出："虽然工厂儿童上课的时间要比正规的日校学生少一半，但学到的东西一样多，而且往往更多。"出现这种情况，就是因为实践具有改造人类思维、优化主体的客观教育功能，实践包含着特殊的教育功效。实践是实现人的全面发展的重要途径。

因此，我们认为：要探讨大学生社会实践价值就需要对人类实践活动价值进行哲学反思。

一、实践是人类社会不可或缺的元素

观察和认识人类社会的根本出发点，反映出不同哲学的观点和原则。马克思主义哲学理论认为：人是以实践为本质的存在，人在实践活动中，首先是生产实践活动中创造了人类社会；实践既是人之所以成为人，而非动物的基础，也是社会从自然分化出来形成社会的基础。要理解人类社会的本质和特征，必须从实践入手并以实践为基础才能得到正确地了解。

（一）实践导致了人类社会的产生

恩格斯指出，劳动是"整个人类生活的第一个基本条件，而且达到这样的程度，以致我们在某种意义上不得不说：劳动创造了人本身。"

恩格斯的伟大贡献就在于，他提出并确立了劳动实践的观点，从而揭示了由自然向社会、由猿向人转变的基础和机制。

人类与动物的最大区别就在于，人类不是从外部环境中摄取自然所提供的现成的物质和能量，而是依靠自己的劳动去创造自己所需要的物质生活资料，通过劳动改变外界物质的自然形态，以满足自己的生存需要，是人所特有的生存方式。所以我们说，劳动是人与动物的最根本分界线。因此，马克思主义哲学在人类社会产生问题上的观点就是：劳动生产是人及其社会存在和发展的基础，人是在劳动生产中形成的。

恩格斯在《劳动在从猿到人转变过程中的作用》一文中详细地论述了这一转变过程。首先，由于劳动，使古猿的不适于抓和握活动的爪，逐步变成了适合劳动的人手。手的形成，意味着它已具有了从事劳动的专门器官。其次，劳动提出了交流信息的需要，由此逐步形成了人类语言。再次，由于劳动和语言，促进了大脑的发展，逐步形成了人类独有的思维器官，发展出了人类的意识、精神。最后，劳动是一种社会化的活动，正是在劳动的基础上形成了人类社会，发展了人类的文化和文明。"动物仅仅利用外部自然界，单纯地以自己的存在来使自然界改变；而人则通过他所作出的改变来使自然界为自己的目的服务，来支配自然界。这便是人同其他动物的最后的本质的区别，而造成这一区别的还是劳动。"

人和人类社会是在劳动实践中形成的，也是在劳动实践基础上不断发展的。人类形成以后，正是由人自己的实践活动，使人类来自于自然，却超越了自然的限制，成为能够支配自然的特殊存在。

（二）人类实践活动的本质分析

中外古代的许多思想家都讲到过"实践"。他们最早是从"实行""践履"的意义上去理解实践这种活动的。实行、践履与目的、知道相对应，"实践"就是指贯彻目的的行动，实现知的行为。在这种理解中，虽然主要限于修身、养性的那种道德性活动，但它已把实践看作是"目的性"的活动。近代哲学，特别是德国古典哲学，进一步深化了对实践的理解。康德从意志支配的自主活动去理解，把实践看作一种理性自主的道德活动。费希特从自我设立非我的观点出发，使实践从道德领域扩展到整个理性领域，并赋予实践概念以"创造性"的内容和性质。黑格尔总结了这些思想成果，把实践理解为主观改造客观对象的创造性的精神活动。在这种理解中，黑格尔还接触到了劳动生产活动的意义。但是，所有这些理解，都只限制于精神性活动的范围之内。

马克思发现了劳动生产活动是人的最基本的实践活动，而劳动生产活动既体现着人的能动的创造性本质，又属于感性的物质活动。马克思正是把劳动生产实践看成人类全部实践活动的基础，才在认识上把实践的这两种对立的性质统一起来，建立了科学的实践理论。

实践是人类所特有的本质活动。人类的活动与动物活动不同。人类在实践活动中总是怀有某种目的，使用特定的工具，采取特定的方法去改造自然对象，从而满足人类的生存和生活的需要。人类这种以一定手段有目的地改造外部世界的能动的物质活动，就是实践。因此，我们认为人类实践活动具有如下的特点：

首先，人类实践活动是具有客观现实性的感性活动。人类的实践活动都是在一定目的支配下的有意识的活动，人类正是依靠实践活动才能把思想、观念变成直接现实的对象存在。所以，实践活动与单纯思想、精神的活动是有根本区别的。正如马克思明确指出的，实践是"真正现实的、感性的活动"，即"客观的活动"。

其次，人类实践活动是具有创造性的能动活动。人是有思想、有理性的动物，人类的实践活动是有目的性的活动，活动的目的就是要使客观世界按照人的意志和要求得到改造，从而使自然对象成为满足人的需要的"为我之物"。人在劳动中不仅使自然物发生形式变化，同时还在自然物中实现自己的目的。

最后，人类实践活动是社会性的历史活动。在人类的实践活动中，独立的人类个体是无法同强大的自然力量相对抗的，个人只有在社会关系中结合为统一整体，形成超出个体的社会力量，才能战胜自然。人的实践力量是受其所处的历史现状影响的，每个时代的人都只能也必须在继承前人实践成果的基础上开始自己的活动。每代人把前代人的实践力量纳入自己的活动之中，从而壮大了自己的实践能力。所以，尽管有时人类的实践活动可以表现为单个人类个体的活动，但在具体的活动中这些单个人类个体却总是凭借人类的力量去同自然发生关系、从事实践活动的。这就是实践的社会性和历史性。

人类的实践活动的过程包括目的、手段、结果三个基本环节。目的是人从事实践活动的出发点，是人类从事活动所追求的目标。实践活动就是凭借一定的手段以实现目的的活动。手段是人对外部对象所采用的作用方式，是目的在客观对象中实现自身的中介。手段依目的选定，并在目的制约下发挥功能，因而手段中体现着强烈的目的性。实践的结果是在外部世界中以客观形式实现了的主观目的，一般表现为劳动产品。马克思指出："劳动的产品就是固定在某个对象中、物化为对象的劳动，这就是劳动的对象化。"

随着物质生产实践的发展，人类在物质生活的基础上，又有了精神文化的创造活动。这也是一种社会实践活动，它包括科学实验、文化教育和意识形态的创造等。科学、艺术和教育等实践构成人类总体实践的必要的环节和部分，在人类社会生活中起着越来越重要的作用。

二、实践在人类认识中处于十分重要的基础地位

人类社会的实践活动对认识起着决定的作用，是整个认识过程的基础。实践在认识中的基础性地位或对认识的决定作用，主要表现在以下四个方面。

（一）实践是认识的动力

实践是人们有目的地改造和探索客观世界的物质活动，它总是在一定认识的指导下进行的。人们要改造世界就必须认识世界，认识是适应人类实践活动的需要而产生的。

人类的认识活动，总是为各个时代社会实践的特定需要服务的，科学研究的任务是围绕着人类实践需要这个中心来确定的。在古代，游牧民族和农业民族确定季节、了解气候以及后来航海的需要，产生了天文学；丈量土地、衡量容积和其他计算上的需要，产生了数学；建筑工程、手工业以及战争的需要，产生了力学；天文学和力学的发展又促进了数学的发展。近代资本主义生产的发展产生了对新动力的需要，在这种需要的推动下，出现了蒸汽机。对蒸汽机的研究和改造，又进一步推动了动力学、热力学和机械学的发展。正如恩格斯指出的："资产阶级为了发展它的工业生产，需要有探索自然物体的物理特性和自然力的活动方式的科学。"

（二）实践为认识提供物质条件

人类实践活动提出的问题归根到底只能依靠实践来解决。实践不仅产生了认识的需要，而且通过创造出必要的物质条件，提供了认识及其发展的可能性。

对于自然科学认识来说，生产实践不是只发考题的主考官。它既提问，又给解决问题提供物质的保证，包括提供经验资料，提供科学研究所需的实验仪器和工具等。恩格斯指出，近代工业的巨大发展，"不但提供了大量可供观察的材料，而且自身也提供了和以往完全不同的实验手段，并使新工具的制造成为可能。可以说，真正有系统的实验科学，这时候才第一次成为可能。"

恩格斯在谈到唯物史观创立的社会历史条件时指出，近代机器大生产的出现，使社会的阶级关系简单化，使阶级斗争、政治斗争与经济关系、物质生产的联系更清楚地表现出来，使历史的动因与它的结果之间的联系更清楚地表现出来，只有在这时人们才能揭示历史的动因，发现历史发展的规律。他说："在以前的各个时期，对历史的这些动因的探究几乎是不可能的，因为它们和自己的结果的联系是混乱而隐蔽的，在我们今天这个时期，这种联系已经非常简单化了，因而人们有可能揭开这个谜了。"因此，我们认为物质生产实践的发展为人们正确地认识社会历史的本质和规律提供了可能。

（三）实践是认识的来源

实践为认识提供动力和物质条件，这还只是为认识创造了可能。一方面，任何事物在自发存在的状态下是不可能充分显示它多方面的现象的，只有改变它的状态和环境，把它置于各种不同的条件、不同的关系之中，才能使它许多隐匿着的现象呈现出来；另一方面，人们只有使自己的肉体感官同事物的现象接触，才能使这些现象反映到头脑中来，成为感觉经验，从而为把握这一事物的本质和规律准备必不可少的材料。

因此，要认识某一对象的本质和规律，就只有亲身参加变革这一对象的实践，除此之外别无他途。要认识某一物质生产的本质和规律，就得参加这种生产过程，进行变革原材料的实践；要认识某一阶级斗争的本质和规律，就得参加这种阶级斗争的过程，进行变革阶级关系的实践；要认识某一物质的结构和性质，就得参加科学实验，进行变革这种物质的实践。实践是认识的唯一来源，"实践出真知"这句话简洁地概括了这一原理。

（四）实践是检验认识真理性的唯一标准

人们要在实践中实现预想的目的，必须使自己的认识符合客观实际，即符合客观外界的规律性，否则就会失败。因此，对人们改造世界的任务来说，认识是否符合实际是一个至关重要的问题。要检验和判定某种认识是否符合实际，即是否具有真理性，需要有一个客观的可靠的标准，这个标准也只能是实践。这是实践在认识中的基础地位的又一重要内容。

因此，认识是来源于实践，为实践服务，并受实践检验的。离开实践的认识是不可能的。这就是马克思主义关于认识对实践的依赖关系的根本观点。

三、理性认识向实践飞跃是大学生社会实践活动的理论依据

在大学生社会实践活动中，理论知识是基础，但是要检验理论的正确性和把理论应用于实践都必须开展实践活动。

首先，由理性认识向实践的飞跃，是理性认识本身发展的要求，是检验理论和发展理论的过程，因而是整个认识过程的一个必不可少的环节。正如毛泽东指出的："理论的东西之是否符合于客观真理性这个问题，在前面说的由感性到理性之认识运动中是没有完全解决的，也不能完全解决的。要完全地解决这个问题，只有把理性的认识再回到社会实践中去，应用理论于实践，看它是否能够达到预想的目的。"这就是说，要检验理性认识是否正确，唯一的途径就是由理性认识能动地飞跃到实践，也就是开展理论指导下的实践活动。

理性认识不但需要检验，而且需要发展。理性认识的发展同样离不开实践。理性认识归根到底还是在实践中对客观事物的反映，是对实践经验的概括和总结。只有让理性认识重新回到实践中去，从不断发展着的实践中汲取新的经验，才能保持自己的生命力，不断地得到丰富和发展。

其次，由理性认识向实践的飞跃，也是实践本身的要求，是整个认识过程的必然归宿。人类把握事物的本质和规律，形成理性认识的根本目的就是在认识世界的基础上自觉地、能动地改造世界。正如毛泽东所说："辩证唯物论的认识运动，如果只到理性认识为止，那么还只说到问题的一半。而且对于马克思主义的哲学来说，还只说到

非十分重要的那一半。马克思主义的哲学认为十分重要的问题，不在于懂得了客观世界的规律性，因而能够解释世界，而在于懂得了这种对于客观规律性的认识去能动地改造世界。"

列宁曾说，"没有革命的理论，就不会有革命的运动。"毛泽东更为明确地指出，在一定的条件下，理论可以对实践起主要的决定作用。然而，马克思主义重视理论，正是因为理论能够指导实践。"如果有了正确的理论，只是把它空谈一阵，束之高阁，并不实行，那么，这种理论再好也是没有意义的。"

人的全部活动无非是两个方面，一是认识世界，一是改造世界，或者说，一是在实践中形成思想，一是在实践中实现思想。第一次飞跃解决的是认识世界、形成思想的问题，第二次飞跃解决的主要是改造世界、实现思想的问题，同时又是认识过程的继续和完成。第一次飞跃是第二次飞跃的准备，第二次飞跃是第一次飞跃的归宿。由于第二次飞跃内在地包含着第一次飞跃的成果，因而它比第一次飞跃具有更大的能动性。正如毛泽东所说："认识的能动作用，不但表现于从感性的认识到理性的认识之能动的飞跃，更重要的还须表现于从理性的认识到革命的实践这一个飞跃。"

开展大学生社会实践活动，正是把大学生在课堂上学到的思想政治和业务专业理论知识应用到实践中，检验理论的正确性，同时通过实践活动获得新的理性认识，发展理论的一个过程。

第二节　大学生社会实践的核心问题回顾

21世纪全球竞争的关键是人才的竞争，人才竞争的基础保障则在于教育。高校是全面实施素质教育、培养学生职业能力的关键场所，是国家创新体系的重要组成部分，在加强基础知识和基本理论教学的同时，高度重视学生实践能力的培养，造就能适应21世纪知识经济要求的创造型人才，已成为高校的重大历史使命。

现代社会化大生产，越来越要求人的全面发展，适应社会主义现代化建设需要的人才，是理想、道德、知识、智力与技能，以及体质、心理素质等诸多因素全面发展，相互协调的人才。大学生参加社会实践活动，是培养德智体美全面发展的人的不可缺少的重要环节。

组织高校大学生参加社会实践是中国特色社会主义高等教育的重要组成部分，是全面贯彻党的教育方针，推进大学生素质教育的重大措施和不可缺少的环节，是促进教育与科技、经济结合的重要形式和途径。

接下来，我们就对大学生社会实践活动涉及的核心问题进行回顾。

一、大学生社会实践的概念和活动形式

（一）大学生社会实践的概念

中共中央、国务院关于深化教育改革，全面推进素质教育的决定站在国家兴衰、民族存亡、科教兴国的高度，提出实施素质教育的紧迫性、重要性和战略性，规定："学校教育不仅要抓好智育，重视德育，还要加强体育、美育、劳动技术教育社会实践，使诸方面教育相互渗透、协调发展，促进学生的全面发展和健康成长。"这一规定明确了社会实践在素质教育中的地位，即社会实践是实施素质教育的重要教育环节。要更好地理解大学生社会实践的内涵和外延，就需要界定大学生社会实践的概念。

马克思主义哲学辩证地分析了实践的矛盾本性，认为必须从主观与客观、人与世界的对立统一关系中去把握实践。从历史上看，是劳动实践使人类从自然界中分化出来，并使统一的物质世界分化为物质和精神两个对立的方面。同时，又是由于人的实践活动才使人们的主观意识能够反映客观物质世界，并改造客观物质世界。因此，实践既是主观与客观、人与世界对立的基础，又是使对立双方达到统一的基础。马克思说："环境的改变和人的活动的一致，只能被看作并合理地理解为变革的实践。"列宁说主体和客体、主观和客观的"交错点 = 人的和人类历史的实践"。毛泽东则进一步把实践简要地规定为"主观见之于客观的东西"。这些都是从实践的矛盾本性出发对实践概念作出的科学规定。

所谓大学生社会实践，就是大学生按照学校培养目标的要求，有目的、有计划、有组织地参与社会政治、经济、文化生活的教育活动。广义的社会实践活动泛指由共青团组织和学生党组织、教学部门倡导和负责的活动。我们认为广义的大学生社会实践活动的主要形式包括如下几种：大学生暑期社会实践活动，科技、文化、卫生"三下乡"活动，"青年志愿者"活动，社会调查和考察，大学生课外科技活动及"挑战杯"全国大学生竞赛活动，专业实习和专业性社会实践，勤工助学活动，军训，挂职锻炼。包括以共青团组织发起主办的"挑战杯"竞赛、大学生暑假社会实践，以及由学生党支部组织的学生党建活动。狭义的社会实践则包括：大学生暑假社会实践、思想政治理论课社会实践、学生党建活动以及非学科竞赛类的比赛（如共青团组织协办的实践类竞赛调查报告比赛、征文竞赛等）；这类社会实践的典型特征是以思想政治教育涉及工作为主的实践活动，以提高学生非专业素质和思想政治水平目标；因此也可以被称为思想政治教育领域社会实践或简称为思政类社会实践。思政类社会实践是本版教材探讨的重点，也是本书选择书后附录代表作品的标准。

（二）思政类大学生社会实践活动的形式

分析上述概念，我们认为属于本书定义的思政类社会实践主要包含如下几种。

1. 大学生暑期社会实践活动

大学生暑期社会实践活动，从20世纪80年代开展以来，已经发展成为目前高校中影响力最大的大学生社会实践活动。

大学生暑期社会实践活动是指大学生利用暑期进行的时间相对集中的、大规模、大面积的社会实践活动。其内容十分丰富，包括社会调查（去革命老区、大中企业、乡镇企业、边远山区、经济特区参观访问，调查研究），社会服务（面对社会各界的科技服务、教育服务、医疗服务、文化服务），企业咨询（技术咨询、管理咨询），专业调研（承担某项科研课题，围绕着课题需要进行的调查研究），科技扶贫，智力支乡，回乡考察，义务劳动，社会宣传，慰问演出，等等。

大学生暑期社会实践活动，每年一次，时间集中，参加人数多，社会接触面大，一方面可以促使每个大学生树立理想、坚定信念、了解国情、热爱劳动人民、增长才干；另一方面可以在高校范围内形成关心祖国、面向社会、服务人民的群众观念和良好风尚，是一种十分重要的大学生实践活动形式。

2. 科技、文化、卫生"三下乡"活动

科技、文化、卫生"三下乡"活动是大学生们持续多年的一项社会实践活动，并且已取得了可喜的成果。"三下乡"社会实践活动的内容包括：科技扶助、企业帮扶、文化宣传、医疗服务、法律普及、支教扫盲、环境保护等。在实践中，大学生可以充分发挥自身的知识技能优势，深入到农村乡镇、田间地头乃至农户家中，广泛开展支教扫盲、文艺下乡、图书站建设、企业咨询会诊、卫生常识普及等多种形式的志愿服务活动，这些活动受到了基层干部和人民群众的欢迎。

3. "青年志愿者"活动

大学生"青年志愿者"活动是大学生积极响应团中央号召，利用课余时间和假期开展的形式多样的"青年志愿者"活动，大学生通过悬挂横幅、散发传单、现场解说、图片展览、出黑板报等方式，弘扬中华民族的传统美德和新时代先进的道德观念。

大学生"青年志愿者"活动囊括了以大学生利用星期天、节假日或平时课余时间走上社会，从事各种义务服务活动（不取报酬）为载体的社会服务活动，以及公益劳动和环境保护活动等多种实践活动。北京奥运期间，大学生"青年志愿者"活动成为奥运志愿者活动的重要组成部分。一句"志愿者的微笑是北京最好的名片！"成为中国大学生和中国"青年志愿者"活动的最佳诠释。

4. 社会调查和考察

社会调查是社会实践常用的重要形式。毛泽东同志曾指出"没有调查就没有发言权"，社会调查一般结合课程学习和论文工作进行，既可以安排在平时，也可以放到寒暑假和节假日，既可以分散进行也可以集中组织。北京市科协结合大学生暑期社会实践活动开展大学生暑期社会实践科普调研报告征文比赛，已经成为展示首都高校大学生交流暑假社会调查和考察成果的平台。

5. 勤工助学活动

勤工助学指大学生利用课余时间，参加体力或智力活动，获得一定的劳动报酬，以资助学习的实践活动，是社会实践活动的有偿形式。高校在组织勤工助学活动中，一般优先安排生活困难、学习刻苦的同学。勤工助学活动有利于培养学生的自强、自立精神，热爱劳动、艰苦奋斗精神，树立参与意识，锻炼工作能力。也有利于家庭困难的学生减轻家庭负担，顺利完成学业。

6. 军训

军训一般安排在大学一、二年级，内容包括军事训练、政治教育、品德作风教育和国防教育。军训有利于大学生克服自我中心意识和懒散作风，树立国防观念、纪律观念和集体观念，培养吃苦耐劳的精神和克服困难的坚强意志，是专业实习和专业性社会实践。

7. 挂职锻炼

挂职锻炼指学生参加社会实践活动期间，按照社会实践的教育要求，根据学生的个人条件和接收单位的可能性，在社会实践活动接收单位担任某项具体职务的实践活动。如担任乡、镇团委副书记或团委书记助理，中小企业、乡镇企业厂长助理、工程师助理等。主要指组织高年级学生到城乡基层挂职锻炼。这种方式的优点是让学生直接承担一部分基层的管理工作，从"旁观者"变成"当事人"，有利于学生更深入地了解社会、了解国情，更普遍地接触劳动人民，锻炼实际才干。北京市在1988年组织了"百乡千厂挂职锻炼"活动，收到了很好的效果。此后，该活动受到团中央的关注，并将其逐步纳入大学生暑期社会实践活动中去。本书作者就于1992年暑期参加了共青团辽宁省委和东北大学联合主办的大学生暑期社会实践活动——盖州市乡镇"挂职锻炼团"活动。

8. 党团组织活动

学生党支部和团支部主办的党团活动，如北京举办的红色"1+1"活动等。在上述实践活动中，军训属于专业性很强的特殊环节活动，勤工助学活动大多数属于个人行为，本书不做探讨。本书重点关注其余六种社会实践活动。

二、大学生社会实践活动的特点和作用

(一)大学生社会实践的特点

大学生社会实践活动作为大学生"受教育、长才干、作贡献"的重要形式，具备

以下的特点：

1. 理论和实践双重性

大学生社会实践既有学校教育的属性，又有社会教育的属性，是联结学校教育和社会教育的重要纽带。它不仅仅是理论指导实践的第一课堂的延伸，而且是大学生在实践中形成新的理性认识的基础。

2. 多功能综合协同性

大学生社会实践的教育目标或价值，既可以体现在认知发展、技能形成等业务能力提升方面，也可以体现在情感体验、品德与态度等树立正确的世界观、人生观、价值观方面。在某一实践活动中，既可以对学生主体进行德育，也可以进行智育、体育、美育、劳动技术教育和心理教育等多方面的教育内容，进而达到综合而不是单一的教育目标、任务。

大学生社会实践要求各专业教师之间、学校教师与家长及社会有关机构人员之间相互配合，家庭、学校、社会形成合力，协同完成任务，而且要求学生在充分发挥自己进行评价的同时，充分利用与合作伙伴相互交流、分享成果的机会，培养锻炼人际交往能力和团队合作精神。

3. 自主参与性和开放性

大学生社会实践是大学生作为社会政治生活、经济生活、文化生活的一员广泛地参与到广阔的大自然改造和丰富的社会活动之中，亲自接触和感知各种人和事，通过了解社会，增加对社会的生活积累，并获得对社会物质文化、精神文化和制度文化的认知、理解、体验和感悟。大学生社会实践的开放性包括活动内容的开放性——在大自然和人类社会的广阔天地中去学习和发展、活动时空与形式的开放性、活动评价的过程和活动开展的开放性等。

4. 稳定性和灵活性

随着高校社会实践的深入开展，在不断探索和总结经验的基础上，为保证该项活动能持久有效地开展，已逐步建立了一套行之有效的规章制度，并已建立了一批"大学生社会实践基地""实践活动定点社区"，为大学生社会实践持久、稳定地开展创造了有利的条件。在此基础上，高校有关部门开始不断尝试用新的运作方式来开展大学生社会实践，从经费筹集到具体形式都不断创新，使大学生社会实践活动不断向前发展。

（二）大学生社会实践的作用

大学生社会实践作为我国高等教育的一个重要组成部分，在我国高等教育中发挥着不可替代的重要作用。具体地说，大学生社会实践的作用表现在以下几个方面。

1. 促进青年学生的健康成长

大学生社会实践活动使大学生加深对党的基本路线的认识，坚定正确的政治方向；

通过使学生接触人民群众，有助于他们加深对人民群众的了解，同人民群众建立感情，树立全心全意为人民服务的思想；通过使学生了解社会对知识和人才的需求，增强勤奋学习、奋发成才的责任感；通过了解改革和建设的长期性和复杂性，克服偏激急躁情绪，增强维护社会稳定的自觉性，并最终促进大学生思想政治素质的提高。

大学生社会实践活动使大学生在实践中检验自己的专业知识和技能，发现自身知识、能力结构的缺陷，主动调整知识和能力结构，培养学生不断追求新知的科学精神，激发学生的学习积极性和主动性。

大学生社会实践活动有利于大学生社会角色的转变，强化其角色类型的分辨能力，角色扮演心态的健全能力，角色的适应能力。社会实践有利于提高大学生的实际工作能力，如心理承受能力、适应能力、人际交往能力、组织管理能力和应变创新能力等。

2. 促进高等教育的改革和发展

大学生社会实践活动可以加强学校与社会的联系，有利于动员社会各个方面的力量，加强和改进高校的思想政治工作，拓宽新形势下加强和改进思想政治工作的新路子，为高校思想政治工作注入生机和活力。

大学生社会实践活动，为学校发现自身办学过程中课程设置、教学与管理等方面与社会要求不相适应的地方创造条件，并主动进行改革，提高办学质量。而且有利于促进学校与社会单位交流，为拓宽合作领域创造可能性。

三、大学生社会实践活动应当坚持的基本方针和原则

（一）大学生社会实践的方针

"受教育、长才干、作贡献"是社会实践的指导思想。其教育作用主要表现在两个方面：一是使学生在思想政治方面受到教育，提高思想政治素质；二是使学生在专业上受到锻炼，巩固和深化课堂知识，增长解决实际问题的才干。要始终把"受教育、长才干、作贡献"作为开展社会实践的出发点，尤其是要把思想政治教育放在第一位。"作贡献"是"受教育，长才干"的途径。社会实践不同于课堂教学，也不同于教师指导下的实习，主要通过学生能动地参与实践而发挥教育作用。学生"作贡献"的过程也就是能动地参与实践的过程。要精心安排社会实践的内容，使学生在为社会主义物质文明和精神文明建设作贡献的实践过程中受到教育，增长才干作出贡献。"受教育，长才干，作贡献"的指导方针，完整地概括了社会实践的目的，指明了实现这个目的的途径，我们开展社会实践，应当始终坚持这个指导方针。

（二）大学生社会实践的基本原则

为了更好地贯彻"受教育、长才干、作贡献"的指导方针，在开展社会实践时，还应遵循如下原则：

1. 旗帜鲜明

"旗帜鲜明"就是指在大学生社会实践活动中要坚持以正确政治方向为指导。大学生社会实践活动,作为社会主义高等学校教育不可缺少的组成部分,必须以马克思列宁主义、毛泽东思想、邓小平理论和"三个代表"重要思想以及科学发展观为指导,坚持"受教育、长才干、作贡献",以受教育为主的指导方针。

2. 周密策划

"周密策划"就是指在活动开始前要精心组织。在具体工作中要重点把握好三个环节:一是事先进行动员、联系,确定社会实践的内容和形式、参加人员、接待单位、经费来源等;二是在活动开展过程中,带队教师、干部和学生骨干要进行精心的指导,帮助学生解决在活动过程中遇到的思想问题和实际问题,对于可能出现的消极因素进行引导;三是活动后,要对活动成果进行总结、消化,对好的经验进行推广。

3. 因材施教

"因材施教"就是指在活动策划阶段充分考虑学科、年级、专业特点安排活动。应当根据不同学科、不同年级、不同专业学生的思想特点和思想政治教育的要求,有针对性地确定社会实践的思想教育主题和内容、形式,使学生能够通过参加社会实践更好地在思想政治方面受到教育。在具体的工作中要根据不同专业、不同年级学生的专业特点和专业水平,精心安排社会实践的内容。同时发挥专业课教师在社会实践中的指导作用,此外要尽可能地把社会实践同专业实习结合起来。

4. 共赢发展

所谓"共赢发展",是指社会实践不仅要使学校和学生受益,也要尽可能使活动接收单位受益。因此,在安排社会实践时,除了着重考虑对学生思想教育和专业教育的要求外,还应考虑地方和活动接收单位"两个文明"建设的需要,把社会实践同地方和活动接收单位"两个文明"建设的需要结合起来。努力把学校专业技术上的优势转换成活动接收单位的精神文明成果和现实生产力。

5. 量入而出

"量入而出"就是指在活动策划阶段充分考虑经费、交通、活动接收单位接待能力等方面的限制,安排好大学生社会实践活动。尤其是在大学生暑假社会实践活动中要注意如下三点:首先,多数学生应回到家乡就近开展社会实践;其次,集中组织的社会实践队伍应当精干,选择的活动地点、活动内容应与活动目的相一致;最后,学生在社会实践中,吃、住、行等应从简安排,不应过多增加接待单位的负担,削弱社会实践的效果。

四、大学生社会实践活动所需能力分析

现代社会的发展对各行各业的工作人员的素质要求越来越高,社会主义经济建设

需要的人才，是理想、道德、知识、智力与技能，以及体质、心理素质等诸多因素全面发展，相互协调的人才。人才素质的构成是全方位的，它包括人的知识储备、职业素养、表达能力等。

传统的观点认为：人才按其知识和能力结构的类型可以分为学术型（科学型、理论型）、工程型（设计型、规划型、决策型）、技术型（工艺型、执行型、中间型）和技能型（操作型）。工业文明要求有大批训练有素的劳动者，这就要求学校按一个统一的模式把成批学生制造成规格化的"标准件"去满足工业文明的需要。现代社会对人才需求是全方位的，对人才的素质要求也是全方位的。在扎实的本专业基础理论和专业应用技能之外，人的非专业素质成为衡量人能力的关键。因此，人才需求的类型与传统的类型有着较大的区别，即便是普通劳动者也不是简单操作型人才。

适应现代社会的大学生社会实践能力主要有思维能力、表达能力（包括书面表达能力和口头表达能力）和解决问题能力。在此基础之上加上良好的心态就形成了现代人才社会实践能力体系（如图1-1所示）。简而言之，大学生社会实践能力的核心就是以良好的心态创造性解决问题的能力。

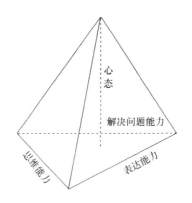

图1-1 现代人非专业能力体系结构

分析图1-1，不难发现要提高大学生的社会实践能力，就要首先培养大学生的创新精神和实践能力。研究概念本源，创新是一个经济学概念，创造力才是学生能力提高的基础，因此创造型人才是培养的目标。创造型人才应该是具有很强的自主意识，又有良好的合作精神。不仅如此，创造型人才应该同时具有继承性思维、批判性思维和创造性思维，任何创造过程都需要这三类思维的整合。这就要求在培养大学生创新精神过程中，应该在传统教育注重的共性发展、社会本位基础上，注重个性的发展、个人本位，注重传统教育手段和现代教育手段相结合：把传统教育注重知识，学生勤奋、踏实、谦虚，与现代教育注重智力开发、综合能力培养，学生兴趣广、视野宽、胆子大、敢冒险结合起来；把传统教育强调知识的严密、完整、系统，与现代教育注重掌握知识的内在精神和发展方向结合起来；把传统教育强调学生基础知识扎实，与现代教育强调学生自立、开拓结合起来；把传统教育强调求实的作风，与现代教育追求浪漫的风格结合起来；把传统教育"学多悟少"，与现代教育"学少悟多"结合起来。上述观念是培养大学生创新精神的核心，也是培养大学生社会实践能力的关键。

第三节　大学生社会实践的历史回顾

大学生社会实践活动是共青团为贯彻党的教育方针，全方位落实高等教育总体目标的要求，进一步实现实践育人职能，教育与培养青年大学生的有效形式，是共青团组织依靠社会力量，充分整合社会各方面资源共同搭建的实现大学生"受教育、长才干、作贡献"目标的实践舞台。

一、改革开放以来大学生社会实践活动的发展历程

回顾改革开放以来大学生社会实践活动的发展历程，大致可以分为以下五个阶段：

1. 萌芽阶段（1980—1982 年）

"文化大革命"之后，百废待兴。进入 20 世纪 80 年代，我国社会面临着前所未有的巨大而深刻的变革。以家庭联产承包责任制为主要形式的农村经济体制改革迅速改变着农村的面貌；城市经济体制改革开始试点，改革开放方兴未艾，人们的思想观念发生着深刻的变化。一些大学生认为他们应该了解这样一个变化，积极参与变革中的生活。1980 年，清华大学提出"振兴中华，从我做起，从现在做起"，北京大学提出"团结起来、振兴中华"的倡议，在全国大学生中引起了强烈的反响。许多学校因势利导，从开展"学雷锋，送温暖"活动入手，引导学生把思想付诸实践，并逐步将这一活动由校园扩展到社会。在此前后，北京、上海、山东、辽宁等地一些大学生率先开展了社会调查、咨询服务等活动。1982 年 2 月，北京大学等院校 155 名家在农村的大学生，在寒假期间就农村实行家庭联产承包责任制以来各方面的情况，进行"百村调查"，写出调查报告 157 篇。这些活动，使大学生亲身感受到了改革开放政策给社会主义建设带来的勃勃生机和广泛影响，并对国情有了初步的认识。社会实践活动也由此拉开了序幕。

2. 推广阶段（1983—1986 年）

1983 年 10 月，团中央、全国学联发出《纪念"12·9"运动 48 周年开展"社会实践活动周"的通知》，得到各地和高校团组织、学生会的积极响应。1984 年 5 月，团中央在辽宁省召开了高等学校社会实践现场观摩会，明确提出了"受教育、长才干、

作贡献"宗旨，进一步倡导和推动全国社会实践活动。中宣部、原国家教委对大学生社会实践活动给予了充分的肯定和具体的指导，各地的党政部门也给予了积极的支持和有效的帮助。在各级党组织的领导和支持下，一些地方开始建立大学生社会实践基地，在寒暑假期间出现了集中开展社会实践活动的示范，建立"社会实践周""社会实践建设营"等形式开展有组织和较大规模的社会实践活动，深入基层参与经济建设，进行技术协作、技术培训、社会调查和义务劳动等社会实践，取得了良好的效果。社会实践活动由自发到有组织地进行，由在局部的高校活动开展发展到向更大的范围推广。

3. 全面展开阶段（1987—1991 年）

1987 年以后，加强高等教育实践性教育问题受到党和政府各级领导和高教界的进一步重视与关注。1987 年 5 月，《中共中央关于改进和加强高等学校思想政治工作的决定》指出了社会实践活动对于培养社会主义事业的建设者和接班人的重要作用，明确了社会实践活动在我国高等教育中的重要地位。1987 年 6 月，国家教委、团中央联合下发了《关于广泛组织高等学校学生参加社会实践活动的意见》，对高校学生参加社会实践活动提出明确要求，社会实践活动作为教育重要的实践环节被纳入教育计划，成为有中国特色社会主义高等教育的重要组成部分。1987 年 8 月，团中央下发了《共青团中央关于改进和加强高校团的思想政治工作的若干意见》，正式将大学生社会实践定为改进和加强高校团的思想政治工作的重要内容和方法之一，为高校开展大学生社会实践活动提供了理论和技术方面的指导。在这一阶段，大学生在共青团组织的组织下，大规模地开展社会调查、考察访问、挂职锻炼、科技咨询、人才培训、技术服务等丰富多彩的社会实践活动，取得了良好的思想教育效果和社会、经济效益，不仅实践规模进一步扩大，也逐步形成了一些制度和规范。据统计，仅 1990 年暑期参加社会实践活动的学生至少在 100 万以上，有 20 多个省、自治区、直辖市成立了由领导牵头、有关部门参加的社会实践领导小组，着手把大学生社会实践纳入地方党委、政府的工作日程，使之开始成为一项由学校和地方共同组织实施的社会教育工程。也就是在这一时期，高校对社会实践确立了以"受教育"为主的指导思想，其中部分高校开始把社会实践列入教学计划，以顺应教育体制的改革潮流。

4. 深化发展阶段（1992—2004 年）

1992 年邓小平南行讲话和 1993 年党的十四大的召开，使我国改革开放和现代化建设事业进入了新的发展阶段。此间，团中央提出了社会实践的"三个一致性"的指导思想，即"社会实践教育与教育的改革和发展相一致""与地方经济发展相一致""与学生自身成长的渴求相一致"。1996 年 12 月中宣部、国家教委、共青团中央下发的《关于深入持久开展大学生社会实践活动的几点意见》强调：进一步推动这项活动深入发展，加强这项活动的制度化、规范化建设，充分发挥其在新的形势下对青年学生成长的重要作用。1998 年江泽民同志在北大百年校庆上提出"四个统一"的希望，教育部下发了深入开展素质教育的文件；2000 年江泽民同志提出"三个代表"重要思想；2002 年党的十六大确立全面建设小康社会的目标，2003 年抗击"非典"，这些大事进一步推动大学生社会实践深入发展。这个阶段的前期（1992—1996 年），以志愿服务活动与社会实践活动相结合，强调大学生在社会实践中"受教育、长才干、作贡献"；后期（1997—2004 年），以三下乡与社会实践相结合，组织博士服务团，强调大学生在社会实践中"受教育、长才干、作贡献"，突出"作贡献"这一根本宗旨。有代表性的社会实践活动主要有：①万支大中专学生志愿队暑期科技文化行动；②中国大中学生志愿者扫盲与科技文化服务活动；③中国大中专学生志愿者暑期科技文化卫生"三下乡""四进社区"活动；④学习宣传践行"三个代表"重要思想活动；⑤"珍爱生命，防治'非典'"活动；⑥中国青年志愿者科技服务万里行活动；⑦保护"母亲河"行动。其中暑期科技文化卫生"三下乡"活动开展至今，成为大学生暑期社会实践的主要形式。这些活动表明大学生社会实践活动已由初期的单纯使学生"受教育"转变为"受教育、长才干、作贡献"，把社会服务与思想教育、能力培养结合起来，同时逐渐向制度化、基地化方向发展。

5. 规范发展阶段（2005 年至今）

2004 年 10 月中共中央、国务院印发的《关于进一步加强和改进大学生思想政治教育的意见》强调：社会实践是大学生思想政治教育的重要环节，要建立大学生社会实践保障体系，探索实践育人的长效机制。2005 年 2 月中宣部、中央文明办、教育部、共青团中央发布《关于进一步加强和改进大学生社会实践的意见》，强调：坚持课内与课外相结合，集中与分散相结合，确保每一个大学生都能参加社会实践，确保思想政治教育贯穿于社会实践的全过程。这个阶段大学生社会实践活动以"受教育、长才干、作贡献"为指导方针，紧扣时代发展脉搏，先后开展了以"永远跟党走""服务和谐社会建设，提高思想政治素质""科学发展促和谐，服务农村作贡献""勇担强国使命，共建和谐家园""共建家园迎奥运，改革开放伴成长"等主题鲜明的社会实践活动，引导大学生宣传实践党的十六大、十七大精神，在服务新农村建设、支援抗震救灾、投身奥运志愿服务实践中，深入贯彻落实科学发展观，参与共建社会主义和谐社会。这个阶段大学生的社会实践活动，进一步深入探索实践育人的长效机制，把社会实践纳入学校教育教学总体规划和教学大纲，规定学时学分，提供必要经费，探索和建立社会实践与专业学习相结合、与服务社会相结合、与勤工助学相结合、与择业就业相结合、与创新创业相结合的管理体制，重视社会实践基地建设，不断丰富社会实践的内容和形式，提高社会实践的质量和效果，极大地推动了大学生社会实践活动的规范化发展。

二、思想政治理论课实践教学与社会实践

随着社会实践活动的持续开展，大学生社会实践工作水平也不断提高；同时，思想政治理论课实践教学也逐步规范化、制度化，引起相关领域工作人员的重视。2011年1月19日教育部发布的《高等学校思想政治理论课建设标准（暂行）》中对教学管理一级指标下的实践教学二级指标进行了这样表述："实践教学纳入教学计划，落实学分（本科2学分，专科1学分）、教学内容、指导教师和专项经费。建立相对稳定的校外实践教学基地。实践教学覆盖大多数学生。"在2015年9月10日教育部发布的《高等学校思想政治理论课建设标准》中的引导语这样表述："为进一步加强高校思想政治理论课的宏观指导，规范组织管理、教学管理、队伍管理和学科建设，我部对2011年印发的《高等学校思想政治理论课建设标准（暂行）》进行了修订。现将修订后的《高等学校思想政治理论课建设标准》印发给你们，请遵照执行。"该文件附件《高等学校思想政治理论课建设标准》文件中针对教学管理一级指标下实践教学二级指标这样表述："实践教学纳入教学计划，统筹思想政治理论课各门课的实践教学、落实学分（本科2学分，专科1学分）、教学内容、指导教师和专项经费。实践教学覆盖全体学生，建立相对稳定的校外实践教学基地。"

比较两个文件不难发现在高等学校思想政治理论课实践教学第二个文件中，加入了"统筹思想政治理论课各门课的实践教学"字样，"实践教学覆盖大多数学生"改为"实践教学覆盖全体学生"；同时两次文件都强调"实践教学纳入教学计划、学分、内容、指导教师、经费保证，强调建立相对稳定的校外实践教学基地"。

因此，在高等学校思想政治理论课实践教学工作方面要有如下认识：首先，要清醒地认识到高等学校思想政治理论课实践教学是课程的有机组成部分，要像重视理论一样重视实践教学。其次，统筹思想政治理论课各门课的实践教学理念的提出就是要把思想政治理论课实践教学活动作为一个整体、一个系统进行设计，而不是每一个门课单独开发一个实践教学体系，防止内容重复，更好地实现教学目标。再次，高等学校思想政治理论课实践教学从来就不是带领少数优秀学生参与的活动，不仅如此，实践教学要覆盖全体学生，要一个都不能少。最后，建立相对稳定的校外实践教学基地就是要求要带领学生走出学校开展实践教学，这就要求高等学校思想政治理论课实践教学工作必须有与传统思想政治教育领域社会实践形式相似的活动作为载体，同时要体现思想政治理论课的特点。

因此，本书将结合前述的所有与思想政治教育工作相关的社会实践工作展开分析，并介绍学生在参与社会实践活动中所需的能力。

第四节 大学生社会实践活动指导教师发挥作用的途径

在大学生社会实践活动中，都会面临短时间的指导教师的不足，要解决这一问题就需要引进"人才柔性流动"概念专业，让教师参与大学生暑假社会实践活动，专业教师参与大学生暑假社会实践活动指导不仅可以弥补指导教师的不足，而且可以利用专业教师的参与，以言传身教的方式，促进大学生全面发展。

"人才柔性流动"这一概念，较早出现于1998年人力资源管理学著名学者怀特和斯赖尔（Wright&Snell）的著作中，他们认为，处于高度动荡环境中的企业，为了实现员工和组织能力与变化的竞争优势相适应，柔性是非常必要的，是提高组织效率的重要方面。"人才柔性流动"属于人力资源战略管理的范畴，它相对于传统的、固定的、公务员式"人才刚性流动"是在竞争激烈、高度多元化的社会里，一种新的成本、招聘、选拔、培训、绩效考核的人力资源规划和开发方式。它有别于传统的人才流动模式的最突出的特征，通俗地说是"不求所有，但求所用"。这是人们面对全球化人才短缺和人才争夺加剧的挑战，形成的一种全新的人才流动理念。人才"柔性流动"是相对于以往人事流动有诸多限制的"刚性流动"而言的，是指摆脱传统的国籍、户籍、档案、身份等人事制度中的瓶颈约束，在不改变与其原单位隶属关系（不迁户口、不转关系）的前提下，以智力服务为核心，注重人、知识、创新成果等的有效开发与合理利用的流动方式；是突破工作地、工作单位和工作方式的限制，谋求科技创新的商品化及人才本身价值的最大化，充分体现个人工作与单位用人自主的一种来去自由的人才流动方式。这种新的人才流动方式是对人才的企业所有制、地区所有制、国家所有制的一种挑战，即能从更广的角度、更高的效率配置人才资源，以实现人才与生产要素、工作岗位的最佳结合，做到人尽其才、才尽其用。同时，坚持对人才"不求所有，但求所用"的原则，盘活现有人才，广泛吸引外来人才。

一、大学生社会实践活动对指导教师的要求

社会实践活动是发动和组织大学生走出校门、深入社会、接触实际、了解国情，是大学生通过实践活动增长才干的大好机会。在大学生社会实践活动中，共青团组织应当充分理解"人才柔性流动"这一概念，引导专业教师参与到大学生社会实践活动指导工作中来。大学生暑假社会实践活动是典型的社会实践活动也是需要指导教师最多的活动，在这一活动中，如果充分发挥指导教师的作用开展言传身教，就可以促进

学生迅速成长。因此，本节以社会实践活动为例，介绍指导教师如何开展言传身教促进学生成长。

大学生暑期社会实践时间相对充裕，活动形式和内容比较丰富，因而对大学生提升能力、增长才干的意义十分重大。大学生暑期社会实践受到了团中央、教育部、高校和广大师生的高度重视。当代大学生是我们祖国和民族的未来。高校"两课"教学的重要任务就是要从巩固党的执政地位和培养社会主义建设者和接班人的高度，加强对大学生的政治理论教育；要使大学生自觉地承担起学习、研究和实践邓小平理论和"三个代表"思想、科学发展观、习近平新时代中国特色社会主义思想的历史责任，努力成为中国先进生产力的开拓者、先进文化的弘扬者和最广大人民利益的维护者。积极推进邓小平理论和"三个代表"、科学发展观、习近平新时代中国特色社会主义思想的重要思想进课堂、进教材、进学生头脑工作，是当前和今后一个时期高校"两课"教育教学工作的重要任务。三进工作，最关键、最重要、难度最大的问题就是如何使先进思想进入学生头脑。在与多家院校专业教师担任大学生暑假社会实践考察队带队教师进行座谈和调研的基础上，我们认为：在社会实践活动中以专业教师的言传与身教为主要手段是实现"进头脑"工作目标的有效手段。要达到这一目标就要在具体工作中做好如下几方面的工作。

（一）坚定的政治信仰和与时俱进的思维是对带队教师的基本要求

随着经济全球化步伐的加快和社会主义市场经济体制的不断完善，人们的思想方式和行为方式、道德标准和价值观念都在发生着一系列的变化。而高校大学生暑假社会实践工作所面对的对象包含了从20世纪80年代末期到90年代初期出生的群体，这些受教育者出生于改革开放初期、成长于改革开放发展时期，精力充沛、思维活跃；对新鲜事物关心，并且敢于发表自己的看法。大学生暑假社会实践活动的性质决定了教师与学生必须在近半个月的时间内共同工作和生活，人与人心理距离的缩小，创造了平等交流思想的机会。这样一方面可以使学生与教师，特别是青年教师成为朋友，减少彼此之间探讨问题的拘束感；另一方面，也在一定程度上削弱了教师的绝对权威性。基于上述两点，学生们都可能将一些在课堂上并没有提出的问题，特别是与实际的社会现象相关的问题提出来与教师讨论。因此，带队教师需要具备的基本素质就是：对马克思主义有坚定的信仰，同时拥有深厚的理论基础和科学的方法。只有这样才能保证带队教师具有坚定的政治立场，才能保证对学生进行教育的指导思想的正确性和不动摇。

马克思主义具有三大本质特征：一是批判性和革命性，二是实践性，三是科学性。分析马克思主义发展的历程，就会发现科学实践是马克思主义理论的基石。马克思主义是深深扎根于实践，服务于实践，又在实践中不断发展的活生生的理论。马克思主义科学性的主要体现，是其在实践的基础上揭示了自然界、人类社会和思维发展的一般规律。马克思主义所具有的本质特征，使它具有"三不""四注重"的特点：不拘泥于书本，不拘泥于经验，不拘泥于已有的认识；注重对实践经验的理论抽象，注重对事物发展规律的理论揭示，注重对未知世界的理论探索，注重回答新情况、解决新问题、开拓新境界。这是马克思主义最宝贵的品格，也是马克思主义生机和活力的最主要源泉，更是学习和运用马克思主义的指南。在改革、建设和发展的道路上，新情况、新问题层出不穷，亟须通过创新尤其是理论创新去解决。"要使党和国家的事业不停顿，首先理论上不能停顿。理论上不能停顿，就要不断推进理论创新。一部马克思主义史，就是一部理论创新的历史。理论创新，是需要我们高高扬起的旗帜。"因此，教师要在社会实践工作中达到良好的效果，就必须在牢固树立坚定的政治信仰的基础上，坚持与时俱进的原则，不断学习和研究理论创新的新成果，保证自身思维始终贴近时代的脉搏。这样，才会及时地用新观点、新方法解释新现象，解决学生提出的新问题。

在具体的工作中，教师的言传身教很重要。"其身正，不令而行，其身不正，虽令不行"说的是为官者，但也适用于教师，要求学生接受的一定是教师自身必须认同的，这不仅是课堂上口头的讲授，也应该是活动中的身体力行。试想一个执著于个人得失的人，如何有资格去谈论君子之道？连自己都不相信的东西又如何感动学生？教学相长，不仅指学问，当然也包括道德修养。大学生暑假社会实践带队教师在活动中究竟处于什么样的地位，起着什么样的作用？笔者认为，带队教师在这一过程中应该也必须起主导作用，言传身教是社会实践带队教师、特别是青年教师的重要工作。

（二）言传是社会实践中教师对学生进行教育的重要手段

我们不能期望政治理论课程和社会实践能解决所有的人生观、信仰、道德等问题；但是，也同样不能放弃一切可以对学生的人生观和信仰产生影响的机会。马克思列宁主义、毛泽东思想、邓小平理论的生命力，关键在于其理论体系和观点的正确性；同时也在于其具有供大学生继承、发扬并作为思想指南的价值。

中华民族五千年文明，不仅留给我们文化的遗产，更留给我们许多道德规范。因此，在社会实践过程中，带队教师应该结合现实社会和学生中的热点问题，结合社会主义建设的基本理论和中华民族传统美德来倡导学生确立或修正其道德意识，在具体的工作中，要处理好传统与现代的关系。引导学生正确区分和对待传统文化中的精华与糟粕。全盘否定固然不对，照单全收也失之偏颇。因此，要用社会主义道德和法制建设的规范对传统的道德规范进行过滤，为学生指明方向。在倡导和弘扬传统道德时一定要根据现实加以分析、补充和更新。因为我们的目的是建设有中国特色的社会主义的道德与文明。传统美德就在我们身边，从新加坡的成功，海尔的经营理念等事例，都可以让人们时刻感受到传统道德的无穷魅力和顽强的生命力，传统文化对现代生活的深厚影响。

当今社会的不良现象虽然是不符合社会主义道德的少数现象，但是这些现象的存在不可避免地对学生产生影响。在平时的学习和生活中，学生与教师因为存在一些心理距离，往往不会将一些相对尖锐的问题提出来与教师讨论，对在社会实践中学生可能提出的问题带队教师应该有充分的思想、心理、知识准备。首先，带队教师要坚定自己的信仰，作为非政治理论课的其他专业教师，对自身要求往往是做到熟悉并且熟练掌握专业知识、成为本专业的专家，并且成为学生做人、做学问的榜样，这样就可以成为一名基本合格的教师；而对政治理论课教师的基础要求就是坚信自己所讲授的理论，大学生暑假社会实践的带队教师一般都是德育教学和管理工作者以及政治理论课教师，要保证社会实践的效果，教师，特别是青年教师一定要首先把好自己的思想政治关。其次，青年教师由于年龄上的原因，容易较快地成为学生的朋友；同时，同样是由于年龄上的原因，青年教师与学生的心理距离比较容易拉近。为了保证社会实践的效果，教师，特别是青年教师应该积极调整自己的心态。一方面，应该努力做学生的朋友，在具体的活动过程中给学生行动上以鼓励、帮助；另一方面，应该坚决以教育者身份要求自己，在具体的活动过程中给学生的思想上以启发、引导。最后，面对改革开放以来出现的新事物，大家的看法可能会有所差异，教师，特别是青年教师应该积极学习党和国家的政策，努力用新观点解释新问题，不仅如此，青年教师还应该积极向老教师请教，以更加系统的理论去教育学生。

（三）身教是社会实践中教师对学生进行教育的有效补充

在大学生暑假社会实践活动中，带队教师要和学生共同生活近半个月的时间。教师的一言一行、一举一动都会对学生产生影响，教师应该注意自身的行为，从一点一滴的小事对学生进行身教才会使教育达到更好的效果。

首先，用行为作为表率，可以直接感动学生。因为，教师文明的言谈举止对学生思想品质的形成起着修正作用。教师的一言一行都是教师内在素养的外在体现，都会给学生以潜移默化的作用影响；而学生在大学生暑假社会实践活动中也正是通过这一点来了解带队教师的思想，"桃李不言，下自成蹊"，教师注重修养，注意言行，处处给学生做出表率，言教辅以身教，身教重于言教，学生受到影响，其不良的行为和习惯受到约束，得到修正。

当代大学生多数为独生子女，自尊心都比较强；在社会实践活动中，带队教师如果一看到学生在某个方面有点滴的不足，就马上会直截了当地指出，甚至责怪学生这也不对那也不是。虽然，工作方式比较直接；但是，这样却不一定会有比较明显的效果。一般情况下，学生不但不愿意接受这样的管理方式，反而对这样的管理方式有明显的反感，甚至产生一种逆反心理。事实上，学生并不喜欢这样的管理方式，他们希望与老师建立一种亲密的朋友关系，一种平等的朋友关系。分析学生的思想状态后，我们不难发现在社会实践活动中身教比言教更为重要。

其次，大处着眼，从小事做起。学生的思想政治教育必须从大处着眼。教育者必须认识到青年是继往开来的一代，是跨世纪的建设者，是祖国的未来。新一代的青少年必须是关心社会、关心集体、关心他人、爱护公物、遵守公共秩序、文明有礼的一代。青少年公德能否做到这一点将关系到祖国的兴衰成败。"一屋不扫，何以扫天下。"如果一个人连起码的社会公德都不具备，又怎能有崇高的理想、高尚的情操呢？为此，公德教育又必须从小事做起。带队教师不妨从学生在社会实践活动中碰到的小事抓起，从遵守纪律、遵守公共秩序、爱护公物、讲究卫生、帮助身边有困难的人等事做起，用自己的所作所为促使学生自我管理，促进学生的行为养成。只要带队教师能在社会实践活动中从细微处要求，从小事做起，就一定能达到"促其思、晓其理、激其情、导其行"的教育效果。例如，在社会实践活动中，带队教师应该模范遵守公共秩序、爱护公物、保护环境；在公共汽车上，带队教师为老年人让一次座位对学生的教育效果大大超过多次"尊老爱幼"的口头教育。

最后，还应当利用言教与身教的充分结合，加快学生的成长。从对学生的效果来看，在社会实践活动中，带队教师的身教重于言教，是一个不争的事实，但是，只有身教没有言教，教育效果就会大打折扣。因此，教师应该把握好言教与身教的时机，恰当地把两者结合起来。例如，在社会实践活动中，带队教师应该身教在先，言教在后；当遇到个别学生出现一些小的错误时，教师应该首先以自己的行动给以更正，事后找学生单独谈话解决问题。这样，既保护了学生的自尊心，又不放弃对学生的教育，就会提高教育的效果。

大学生暑假社会实践是高校学生思想政治工作的重要组成部分，又是高校学生政治理论课教学的有益补充。带队教师充分利用言教与身教的方法对学生进行教育，是社会实践成功的保证，也是一个值得研究的课题。在具体工作中，言教与身教有机结合，必将推动高校大学生思想政治教育工作的发展。

（四）充分发挥指导教师的理论与专业技术优势，提升第二课堂教育效果

在大学生暑假社会实践活动中，指导教师不仅在处理一些社会问题中要设身垂范、言传身教，用表率作用优化对学生的教育效果；在面对需要解决的一些技术性问题时，更应充分发挥指导教师理论深厚、技术娴熟的优势，示范指导与启发鼓励相结合，增加学生独立解决问题的机会，提高其能力。这既使理论教学延伸，突显实践教学的优势，也可通过即时解决问题，增强学生自信心和创造、创新动力。

二、大学生社会实践活动思路分析

二类本科院校（以下简称"二本"院校）和高职院校是培养未来社会主义建设者的主力，这类院校开展大学生社会实践活动十分重要，活动模式的选择是活动成败的

关键。

（一）不同类型的大学生社会实践活动模式选择

理性认识所反映的是客观实际中一般的规律性的东西，而人们实践活动的对象总是具体而复杂的，因而理性认识的成果无法直接应用于实践活动。要实现由理性认识向实践的飞跃，就必须首先结合实践活动的特定需要使理性认识具体化，形成和建立一定的实践理念。

所谓实践理念，是指人们在现实的实践活动之前事先建立起来的、关于实践的观念模型或理想的蓝图。马克思说："蜘蛛的活动与织工的活动相似，蜜蜂建筑蜂房的本领使人间的许多建筑师感到惭愧。但是，最蹩脚的建筑师从一开始就比最灵巧的蜜蜂高明的地方，是他在用蜂蜡建筑蜂房以前，已经在自己的头脑中把它建成了。劳动过程结束时得到的结果，在这个过程开始时就已经在劳动者的表象中存在着，即已经观念地存在着。"

结合具体实践工作，我们认为根据不同情况采取不同对策是做好工作的关键。首先，对于思想政治理论课以外的思政类社会实践可以组建松散的、长期性的大学生兴趣小组和策划有特色的活动，这是一种行之有效的模式。大学生社会实践活动团队建设是一个重要的话题，我们认为社会实践的目的是提升学生的能力，要实现这个目标就需要从学生发展的长远出发，为兴趣小组建设一两个相对稳定的支撑点组建大学生兴趣小组。第一，该类兴趣小组可以由非专职从事辅导员工作的教师组建，由于兴趣小组不受学生管理部门和共青团组织直接指挥，可以保障确定开展活动的相对独立性；第二，该类兴趣小组最好由专门从事素质教育研究的教师长期指导，在兴趣小组组建初期指导教师可以在课下与学生充分交流，保障兴趣小组可以充分吸取以前工作的经验和教训；第三，该类兴趣小组应采取逐步选拔学生活动项目负责人的形式，形成兴趣小组的凝聚力。在具体的工作中，在学生入学后即开始选拔，准备作为学生活动项目负责人的学生，使其在大一就进入兴趣小组，感受兴趣小组气氛，并事实上参加每次竞赛项目准备，使其熟悉比赛和活动规则，出现报名人数冲突时，作为已经被确定未来学生活动项目负责人的低年级学生必须退出；这样既形成了兴趣小组的和谐团结气氛，也树立了未来学生活动项目负责人的威信。我们在工作单位指导学生活动的实践证明，组建长期存在的大学生社会实践活动兴趣小组是保障"二本"院校学生社会实践类活动效率的有效手段。

其次，对于思想政治理论课社会实践活动应当根据不同课程采取不同对策。以本科生四门课程为例，新课程体系"思想道德修养与法律基础""中国近现代史纲要""马克思主义基本原理概论""毛泽东思想和中国特色社会主义理论体系概论"四门必修课程体系体现了综合性、整体性的要求，特点是有史、有论、有应用，有利于大学生在掌握马克思主义理论基础上，从历史与现实的有机结合中，掌握科学的世界观和方法论。开展思想政治理论课社会实践活动的目的是辅助理论教学。"思想道德修养与法律基础"社会实践要帮助学生进一步把握思想道德修养与法律基础的内在联系;"中国近现代史纲要"社会实践要帮助学生从整体上把握近现代史发展的规律,理解"三个选择";"马克思主义基本原理概论"社会实践要帮助学生从整体上把握马克思主义基本原理之间的内在逻辑;"毛泽东思想和中国特色社会主义理论体系概论"社会实践要帮助学生从纵向的马克思主义中国化的过程来把握中国化马克思主义理论的继承和发展,从横向的理论内容的逻辑展开上把握中国化马克思主义理论的整体性。因此,社会实践方法也不应该千篇一律搞调研或参观。清华大学编辑出版的《信仰·信念·信心——清华学子学习思想理论课成果丛书》为开展思想政治理论课社会实践活动提供了崭新的思路,《清华学子的中国梦》《清华学子的人生起航》《清华学子理论读经典》《清华学子走进社会》《清华学子谈理想信念》《清华学子看改革开放》《清华学子议国情》《清华学子诗说中国近现代史》《清华学子画说中国近现代史》九本书为不同的课程提供了可借鉴的模式。但是,需要引起注意的是,清华大学的教师和学生都是国内一流,因此,学生实践作品水平也很高,在借鉴时应该充分考虑学生实际情况,量力而行,不可盲目攀比。

(二)"二本"院校大学生暑假社会实践典型策划案例分析

大学生暑假社会实践作为典型的实践活动,更需要在活动之初建立起来关于实践的观念模型或设想的蓝图。这项工作就是具体活动方案的策划。下面以一个暑假社会实践活动为例分析具体策划案例的产生与实施。

2005 年是抗日战争暨世界反法西斯胜利六十周年,纪念这一历史事件是该年大学生暑假社会实践的重点。为了更好地开展活动,指导教师于 2005 年 3 月,新学期开学之初即确定了活动筹备组织,并规定组织活动的学生负责人必须认真研究相关资料同时阅读半月谈等主流宣传导向性媒体,领会国家纪念这一历史事件的思路。

2005 年 7 月,该校期末考试结束,指导教师正式组建团队,宣布活动方案,并要求全体学生通读前一阶段小范围学习的资料。在学生基本领会材料后,去抗日纪念馆、赵登禹将军墓、卢沟桥等抗日战争遗迹实地参观学习,同时,采访了 1935 参加东北大学临潼请愿、亲历西安事变并参加过抗战工作的原国家统计局副局长常诚等历史亲历者。

在参观抗日纪念馆时,由于准备充分,该团队大一学生偶然接受了中央电视台采访,并在新闻联播播出。

活动准备充分,活动内容充实,也使得活动总结言之有物,该团队活动获得省级团委授予的"大学生暑假社会实践优秀团队"称号。

因此,学生能力相对不足可以通过早筹划、全面准备、认真组织实施来弥补,这样就能保证活动的效果,让学生有所收获。

第二章　大学生社会实践理论准备

大学生社会实践活动是一个系统性的活动，活动开始前的准备活动十分重要。如何确定合适的社会实践活动题目，是开展好大学生社会实践活动需要重视的理论问题。要提高学生的社会实践能力，就必须有切实可行的方法。在社会实践活动中，调研工作十分重要。社会实践的调研工作一般是在认真研究收集到的信息资料的基础上，开展质的调查研究或量的调查研究。

本章将介绍确立大学生社会实践活动题目所需的知识，并以当前大学生社会实践调研方法使用情况为详略标准介绍大学生社会实践涉及的调研方法。

第一节　大学生社会实践活动题目的确立

大学生社会实践活动是一种典型的以研究性活动为载体的学生思想政治教育形式，在研究性工作中，研究课题的选择是一项十分关键的工作。研究课题选择的好，研究就会有价值、有意义。研究性活动首先要寻求研究目标。这一过程同样是多次反复解决问题的过程。社会中有很多待研究的问题，哪个问题适合于研究者，是大学生参加大学生社会实践活动时必须首先面对的现实。研究性活动首先源于问题意识，没有问题意识也就难以注意和提出新的问题，研究性活动也就无从谈起了。不同的研究者由于知识和经验背景不同，在问题意识、提出问题的能力、所提出的问题的价值和重要性等方面都有很大差异。因此，研究者要想及时发现和提出具有重要价值的问题，就要增强问题意识。

著名的技术哲学家陈昌曙教授曾论述过这个问题："选择研究课题首先要有价值，现在，我们的许多研究生在选择学位论文题目时都喜欢找前人没有说过的问题，认为这样的题目就一定有价值。其实未必，前人说过的问题不一定没有价值，前人观点有错误、不全面，都可以进一步探讨；而前人没有说过的问题，也不一定有价值。"

一、善于发现问题

大学生参加大学生社会实践的首要工作就是确定研究课题。要更好的发现有研究和开发价值的问题，就要运用创新技巧，在具体的工作中主要关注如下几方面问题：

首先，增强问题意识。问题意识就是对问题的感受能力。日常工作与生活中随时都会遇到问题，有些问题是稍纵即逝的，因而只有保持对问题的敏感性，才能为提出问题奠定基础。

其次，保持好奇心与提高观察力。好奇的人不一定都有创造力，而有创造力的人大多数都很好奇，真正的好奇心经常带来意想不到的创新。好奇会给人带来机会，而得到机会还要观察和思考，否则也难以发现问题，而只能是走马观花。有好奇心还要坚持探索，才能深入某个领域，加深了解。这样，常常会得到意想不到的结果。

最后，掌握问题产生的途径。掌握问题产生的常见途径可以有效地提高一个人对问题的敏感度。提高对问题的敏感度的方法主要有如下几种。

1. 抓住经验事实同已有理论的矛盾。抓住经验事实同已有理论的矛盾是科学问题产生常见的途径。新的观察和实验结果，以及多数反常现象，都可能与现有的理论概念发生冲突；冲突积累到一定程度，现有理论及辅助原理，假设也难以解释这些经验事实时，新的科学问题就必然会产生。最重要的是要能从一些变化中洞察到其中不相容的程度，从而提出新的问题。

2. 抓住理论的逻辑矛盾。理论的一个基本要求应该是自洽的，如果理论内部出现逻辑矛盾，就将产生矛盾的论断。因此，抓住理论的逻辑矛盾是实现理论突破的关键。必须要牢牢抓住此类问题。

3. 抓住规律性的不良现象。规律性的现象，反映了本质上的联系和问题。找到规律及其现实条件，在质疑中寻找问题。

4. 注意争论。不同学术观点的争论是科学史上的常事，争论的焦点问题，也是学术研究的重点问题。

5. 注意不同知识领域的交叉地带。科学的发展呈现出细化、交叉、综合的大趋势，在交叉区域边缘之处，也是有意义的课题潜在之处，从中寻求有意义的课题，可以为科学发展作出开拓性贡献。

6. 从急待开发的领域寻找问题。急待开发的领域，因为"新"，也是问题比较集中的地方。开发过程就是创新的过程，开发的关键问题，也是问题突破的重点和取得成果之处。

7. 在拓宽研究领域和应用领域中寻求问题。

在拓宽研究领域和应用领域中寻求问题有三个主要方向。

第一，寻求领域拓宽的途径。眼睛只盯着一个问题领域，往往会阻碍发现更新鲜、更充分、更值得探讨的问题。当思维的惯性使自己在一个特定领域中循环思索时，要努力使自己从循环中跳出来，从其他方向寻找材料得到启发，就会有新的问题展现出来。

第二，在拓宽研究和应用领域过程中，把障碍作为问题研究。因为，对于可以拓宽的领域，遇到的障碍就是问题。

第三，把由外部世界观察到的刺激，强制地与正在考虑的问题建立起联系，使其原本不相关的要素变成相关，进而产生待研究开发的问题。

总之，提出问题的策略与方法很多，只要认真去寻找并形成问题，就找到了大学生社会实践的起点。

究其实质，大学生社会实践的过程就是解决问题的过程。问题就是研究者所处的现有实际情况与期望的理想状态之间存在的差距，也就是研究者的期望与现实的矛盾。大学生社会实践中的绝大多数问题并不是现成的、明确地摆在人们面前的，而是需要大学生在老师的指导下去探索、去发现甚至去构造的。因此，大学生一方面要充分了解自己，另一方面要善于发现问题和提出问题，并逐一去解决问题，寻求客观的、理想的答案。

研究动机形成以后就要以发散思维从多个角度寻求问题（目标），并对这些目标进行归类，如农村生产类型单一和劳动力过剩问题，"人口老龄化"以及"空巢家庭老人"的生活问题……都蕴藏着研究问题。对发现的问题进行分析比较，从每一类问题中选取接近自己目标的两个或几个作为主要问题进一步发散提问，依次类推，层层提出问题，直到自己认为满意为止。

由于提出的问题有很多，就要对此进行收敛，从中首先剔除没有大学生社会实践价值或大学生社会实践价值很小，或虽然有价值但一时不具备解决问题的可能性的问题。对待问题可依据大学生社会实践的基本原则，通过创新性、价值性、熟悉度、重要性、紧迫性和稳定性等收敛标准，以及大学生社会实践基本条件、价值取向等进行选择。这些标准可依据大学生社会实践活动的具体情况和需要而增减。收敛到最后所剩下的问题就是可供研究的问题，也是大学生确定大学生社会实践目标的依据。

二、大学生社会实践目标具体化的基本程序

风险的存在是客观的，也是必然的。确定大学生社会实践目标的决策过程属风险型决策，大学生社会实践目标具体化过程，就是要适时抓住最有利的时机，尽可能地避免风险，做出正确的选择与抉择。一般可按以下程序进行：①摆明问题，确定目标；②初步调查预测，收集信息；③拟定多个备选方案；④进行可行性分析；⑤比较评价

和选定可行性方案——确定大学生社会实践目标；⑥实施方案并跟踪控制。

程序，并非是固定不变的，可以根据大学生社会实践项目和复杂程度，进行选择取舍。

（一）摆明问题确定目标

大学生社会实践过程的实质就是解决问题的过程。摆明大学生社会实践过程需要决策的问题是什么，确定大学生社会实践所要达到的目标，是大学生社会实践需要决策的第一步。

确定目标是科研决策前提，而大学生社会实践目标是根据要解决的问题来定的。如果把需要解决的问题的关键所在及其产生的原因等弄清楚了，确定目标有了依据，目标也就容易确定了。要弄清问题，不但要清楚什么是问题，还要对应有现象和实有现象加以明确。应有现象是指应达到的标准或按既定的目标应有的情况；实有现象是指实际所发生的或存在的情况。所谓摆明问题就是以应有现象为依据，积极地、全面地收集实有情况，发现差距，并通过分析、研究，把问题确定下来，找出产生问题的原因，这样就能有针对性地采取措施加以解决。

摆明问题是整个过程的起点，也是进行正确决策的基础。摆明问题包括发现问题、确定问题、分析产生问题的原因三个主要方面。

发现问题：即找出问题在哪里；

确定问题：即明确什么问题是必须解决的；

分析问题：即为什么会产生这种问题，矛盾的焦点在哪里，分析原因并加以明确。

（二）确定具体的大学生社会实践目标

确定大学生社会实践目标是为实现一定目标而对若干个备选方案进行选择的过程。因此进行决策的前提是要有一定的目标。这一目标是在对社会环境、市场现状及自身条件的一般了解基础上提出的。

所谓大学生社会实践目标，就是在一定环境条件下，在预测基础上，要达到的程度和希望达到的结果。

大学生社会实践目标可分为两种：一是必达目标，要求必须达到什么程度；二是期望目标，期望取得的成果。

1. 具体化大学生社会实践目标

对于大学生社会实践目标的确定必须明确具体，否则方案的制订与选择就会感到无所适从。目标明确具体包括以下几个方面。

（1）大学生社会实践目标的表达

大学生社会实践目标最好是单一的。也就是只能有一种理解，绝对不能产生歧义。如果语言含糊不清、模棱两可，不明白到底要做什么，决策就很难顺利进行。明确表达目标最有效的方法是大学生社会实践目标数量化。

（2）大学生社会实践目标的时间约束

没有具体完成期限的目标，就等于没有目标，因为它可能永远无法实现。因此大学生社会实践目标必须有明确的实现期限。在实际操作过程中，根据实际情况，目标的实现时间允许有一定的弹性，但有的研究内容也应严格一点，限期完成；有的可以给出一定的伸缩范围，或规定一个极限。在大学生社会实践实施过程中，也可以根据实际情况，对预先确定目标的实现期限进行修改。但无论对目标实现期限的规定，还是后来的修改，都要根据事实、需要和可能得出科学合理的结论。

（3）大学生社会实践目标的条件约束

确定目标时，必须明确达到有没有客观条件的限制和附加一定的主观要求。约束条件主要是各类资源条件，决策权限范围及时间限制等等。大学生社会实践目标的产生、确定必须立足于现实的基础上，大学生社会实践活动也要受到未来客观条件的制约。这些基础和客观条件就是大学生社会实践目标的约束。约束条件是衡量大学生社会实践目标实现与否的标准，这个标准包含在目标本身之中。约束条件越清楚，大学生社会实践的有效性和目标的可能性也就越大。规定目标约束条件有以下三个切入点：首先是客观存在的，可利用的资源条件，包括大学生社会实践团队拥有的、能够筹集到的人、财、物等；其次是国家以及地方的政策法规、制度等方面的限制和规范；再次是大学生社会实践团队附加在决策目标上的主观要求，大学生社会实践团队对目标最高要求不一定完全实现，但最低要求必须是目标的约束条件。

（4）大学生社会实践目标的数量化

大学生社会实践目标数量化可以达到什么程度有个衡量标准。如果实在无法数量化，也可以采用陈述方式尽可能把目标描述得具体、翔实、清楚。目标本身就有许多数量标准，如成本、利润等数量指标，可以是一个数量界限，规定出增减范围，或在某些条件下达到的极值，如成本最小值，利润最大值。对非数量值，也可以用一些方法和手段使之数量化。应当注意的是数量指标的计算规范要做出统一规定。

（5）大学生社会实践目标的体系化

大学生社会实践的总目标必须由具体的目标体系来支撑，体系化就是把比较抽象的总目标分解成许多子目标。子目标也可以继续分解成更小的目标，从而构成目标体系。

目标体系的建构过程是大学生社会实践目标内容不断丰富的过程，也是表达不断明确和准确的过程。总目标是具体目标的终极目标，具体目标的实现是总目标实现的途径。

目标分解过程反映出目标体系的层次和相关性特征，目标体系的层次结构也称为"分层目标结构"，下一层目标往往是上层目标的手段，而上层目标则是下层目标的目的。而同层次目标之间彼此之间又互相联系、互相影响、互相制约。任何一个目标都可能影响到同层次目标的进行过程。

在建构目标体系的过程中，一是目标要落实，决策目标与具体目标要吻合，不能照搬或互相混淆，而是要处理好上下层次目标的关系，避免头重脚轻。

2. 确定大学生社会实践目标应注意的几个问题

（1）大学生社会实践的客观原则与主观条件相结合（该问题前文已经有了相应的分析，在此不再赘述）。

（2）市场能力与企业自身能力相结合，努力保持市场引力（消费者对商品的需求程度与需求量）与大学生社会实践团队自身素质条件和能力、对研究环境的适应能力的动态平衡，即"有多大能力，担多大的重量"。想一口吃成个胖子、急于求成、追求最大效果是大学生社会实践活动的大忌。

（3）抓住关键问题。确定大学生社会实践目标与规划时都应分清问题的轻、重、缓、急、主、次、先、后，切忌"胡子眉毛一把抓""丢了西瓜、捡了芝麻"的思维方式和工作方法。

（4）决策目标要系统化、网络化，具有多样性、层次性、相关性、相对独立性、统一性以形成连锁体系，有利于大学生社会实践参与实现有机协调。

（5）注意目标的动态性、时效性。市场与客观环境是动态变化的，机遇是多样的，也是稍纵即逝的，抓住机会就等于抓住了成效。

（6）注意风险性。市场充满机会，也同样充满风险，二者并存。现实条件更要求对风险有可观的分析与预测，切忌盲目乐观，不能让利益掩盖了潜在的风险。

3. 大学生社会实践中的多目标问题处理办法

对于大学生社会实践者而言，层次目标和阶段目标数量多，但可以归结为一个系统目标或终极目标，而不具有独立性。多目标问题与此不同，他们处在相同层次上，各具独立性；各目标之间虽有联系，但不能相互代替，互相间不是从属关系，更不可能归结为同一系统目标或终极目标。目标越多，衡量标准就越复杂，评价选择方案的难度也就越大。

在处理大学生社会实践中的多目标问题时，应遵循如下原则。

首先，在满足大学生社会实践需要前提下，尽量减少目标个数。为此，第一，要分析辨别各目标之间是否存在层次性、阶段性关系或相同的属性。如果有，则将其归结为一个目标，剔除从属目标。第二，由于主观偏好，有些目标属于期望值，有些目标要求达到最优水平，有些目标只要求达到基本标准。在这种情况下，大学生社会实践者一般把要求达到最优水平的目标保留下来作为主要目标，使该目标成为大学生社会实践的激励目标，把期望值作为奋斗方向，而把要求达到基本标准的目标降为约束条件。最后，也可以通过度量求合、求平均值或构造综合函数求解的方法形成一个综合的单一目标。

其次，对大学生社会实践目标涉及的各个目标的重要性进行可行性分析，按其重要性大小对目标进行筛选、优化。根据主观偏好、要求和客观条件，根据期望值（必须达到、希望达到）先行取舍，将剩余的、相近的目标用相应的具体指标统一标准列项排序，进行分析比较，既可以避免因项目过多而难以理清头绪，也可以围绕主要目标展开分析、比较、择优选取。在比较中如发现不满意之处，可以改进或通过创新设计、修正，再比较、选取，这样既可以达到优化目的，也可以减少失误，保证大学生社会实践的时效性。

第二节 大学生社会实践调研特点及非定量研究方法简介

一、思政类社会实践获奖优秀作品使用调研方法情况分析

近年来北京市高度重视大学生思政类社会实践活动，在传统大学生暑假社会实践活动基础上，北京市为贯彻落实中央关于加强和改进高校思想政治理论课工作会议、全国加强和改进大学生思想政治教育工作座谈会和北京市《关于进一步加强北京高校思想政治理论课教师队伍建设的实施意见》（京教工〔2009〕4号）精神，充分发挥社会实践在思想政治理论课教学中的作用，引导学生在实践中深化理论认识，不断完善思想政治理论课实践教学机制，市委教育工委将继续组织开展高校思想政治理论课学生社会实践优秀论文评选活动，并于2013年2月出版了《2011—2012年度北京高校思想政治理论课学生社会实践优秀论文集》，该论文集分（一）（二）两个分册，涵盖了2011和2012年度每年的最高两个奖级的获奖论文，共计31篇。根据对该书论文的统计分析，发现使用问卷调查的论文29篇（见表2-1至表2-4），以访谈为调研形式的论文两篇。

表2-1 论文集（一）一等奖入选作品情况

学校	论文题目	作者	指导教师	调研方法
中国人民大学	"村企结对"建设社会主义新农村调研	徐榕、李欣怡、范冰妍	赵勇	问卷
北京科技大学	大学生"三下乡"的实际效果和完善	段江菲、李佩林、钟家梁、杨丽等	左鹏	问卷

学校	论文题目	作者	指导教师	调研方法
中国传媒大学	平凡中的辉煌——听老党员讲党的故事	邓丽霞、齐光川、温凯强、冯钰捷、霍佳兰、李雅彤、房方、麦尔哈巴、杨晨	毛明华 齐金贵	访谈
北京航空航天大学	大都市郊区新农村建设情况调研报告——基于"红色1+1"怪村实践队的调查分析	陈鹏、张腾、李增辉	曹庆萍	问卷
北京工商大学	北京市民自行车绿色出行状况及意愿调查	刘洋、邸思婕、郝添阳、刘思博、张鹤龑	王鲁娜	问卷
北京城市学院	北京文化创意产业职业岗位调查——以文化经纪人为例	陈文静、董俞含、张苧予、郭玉爽、李茜、李颖、许硕、朱翀、张晋梅、史晓晗、田雪莲、刘辰	陈怡 赵亮	问卷

表2-2 论文集（一）二等奖入选作品情况

学校	论文题目	作者	指导教师	调研方法
北京师范大学	特色产业培育在统筹城乡发展中的作用——以宜宾市翠屏区赵场街道为例	兰岭、张伟、张艳、迟超智	熊晓琳	问卷
中国农业大学	农村社会管理创新与社会治理模式研究	陈杨、陈业芳、张基兰、陆余恬、李高远、郑好文、田敬文、孔涛	李明 陈东琼 赵少华	问卷
北京邮电大学	大学生志愿服务状况调查报告	郑青青、熊一霖、付莹	方明东	问卷
北京理工大学	中国人幸福吗？——我国部分地区人民生活幸福指数调查	王超、王倚天、王子巍、周晓航、龚阳玉洁、李永善	陈宗海	问卷
中央民族大学	东方的觉醒：孙中山的民族观与当代青年的民族意识	唐元超、黄苧、丁鑫、苏欣、吴新宇、塔娜、钟玉芳	孟凡东	问卷
北京工商大学	北京地区农村信息化水平的现状、问题及对策	潘景林、白浩、何珺、康晓彤、吕鹙、曲丹阳、睢素萍、田钰、尹灵勇、谢照明	陈凤芝	问卷
北京印刷学院	探究深圳南岭村集体经济模式的利弊	胡建霞、张丹、吴静、杜雅琳	赵欣	问卷

学校	论文题目	作者	指导教师	调研方法
首都经济贸易大学	欠发达村庄农民政治参与影响因素研究——沂南县农民政治参与调查报告	杨倩	梁玉秋	问卷
北京青年政治学院	促进城乡一体化 推动公共服务"均等化"——对延庆社区老人和留守妇女幸福感调查分析	赵岩、王茜、李虹瑾、钱泓埔	周颖	问卷
中国人民公安大学	当前新农村建设的现状及存在问题的调查与分析——以江苏、山东、湖南部分农村为例	吴振惠、王璞、杨程	李艳	问卷

表2-3 论文集（二）特等奖入选作品情况

学校	论文题目	作者	指导教师	调研方法
清华大学	关于"博物馆作为公共文化设施丰富人们精神生活效果"的调查	姜太峰、李津旸、田睿奇、开明轩、史小婧	陈明凡	问卷
北京师范大学	关于群众对于高雅艺术获取渠道满意度的调查报告——以吉林省长春市、吉林市为例	胡文潇、马鑫	熊晓琳、李海春	问卷
中国传媒大学	北京地铁一号线满意度调查	祈俊杰、常贵连、姚玲玲、王玉林、邓炜程、唐宇、熊利郎、王博	马成瑶	问卷
北京理工大学	当代公民思想政治道德发展状况及其影响因素研究	文思思、武防、张悦、李琦来、袁亚敏、李书华	张毅翔	问卷
北京农学院	农业保险"不保险"的因素探究——以四川省广元市三镇为例	韩雪、刘璐、张梦茹、王云、赵书晴、凌晨	范小强、孙亚利、苟天来、王建利	问卷
北京青年政治学院	推动文体设施大发展，让人民生活更幸福——北京市延庆县城乡文体设施建设、使用和管理现状调研报告	杨春杰、曹伟行、王帅男、贾昌昌、孙文韬	薛薇	问卷

表3-4　论文集（二）一等奖入选作品情况

学校	论文题目	作者	指导教师	调研方法
清华大学	内蒙古马铃薯滞销情况与处理方式——基于包头市固阳县的调查	王中旭、杨可、何昊天、耿雪松、于姝婷、苏云鹏、史伯通	孔祥云	访谈
北京师范大学	红色旅游景区游客满意度调查研究——以山东省枣庄市为例	赵丹、叶智方、李冰、梁爽	熊晓琳	问卷
中国传媒大学	当代大学生社会主义主流价值观认同度调查报告	蔡方伟、潘岳、于文韬、林梦远、王思慧、潜冬、周家星	马成瑶	问卷
北京理工大学	北京市廉租房建设调查报告	骆胤成、唐灵通、刘纯玮	张峰	问卷
北京工商大学	北京郊区农村文化站建设及利用现状调研	高航、高丝雨、李金玉、聂珊、孙然、赵宏亮、张申硕、周凯文	王鲁娜	问卷
北京工业大学	最熟悉的"陌生人"——北京市部分小区居民食品添加剂认知情况调查报告	刘鹏飞、赵煜、崔益泽、孙健、付天翔	姜海珊	问卷
首都经济贸易大学	农村留守儿童德育问题研究——以河南省必阳县羊册镇为例	赵帅、石巍	李丽娜	问卷
北京农学院	期满大学生"村官"的去向调研报告——基于北京市延庆县康庄镇的调查分析	张晓蒙、苏凌霄、司蕊、苑新顿、金晓婉、梁夫荣、赵玥、黄紫藤、刘国琪	刘海燕 党登峰 孙亚利	问卷
中国人民公安大学	我国养老院现状的调查与分析——以北京、浙江、内蒙古等地区为例	李彦璇、徐汇川、刘文宇、于子惟	李艳 王芳	问卷

　　分析上述数据不难发现，以问卷为载体的大学生思政类社会实践活动在论文获奖比例中占90%以上，而以访谈为调研形式的两篇论文分别来自于中国传媒大学、清华大学，一所是以培养新闻传播人才为主、学生熟悉访谈方法与技巧的高校，一所是国内顶级高校。因此，对于绝大多数高校在开展大学生思政类社会实践活动时，应当更多关注以问卷为载体的调研方式。本节接下来将再简单介绍质的调查研究和信息资料收集方法。大学生思政类社会实践所需的问卷调研方法以及针对该方法确立的大学生思政类社会实践活动计划的过程将在下一节重点分析。

二、资料收集的方法

以资料、情报为代表的信息资源在进行研究工作中是不可或缺的，而信息资料收集不全就会导致错误。例如，人们曾经认为"天下乌鸦一般黑""所有的鸟都会飞"，可是面对"白乌鸦"和"鸵鸟"，人们就只好否定上述结论了！

因此，能否很好地进行资料的收集对创造性的完成社会实践工作影响很大。信息的收集包括两个方面，即调查研究和信息处理，这两方面常用的技法也大不相同。

资料收集的方法很多，常用的方法主要有文摘卡片法、笔记收集法、文件归档法等。

1. 文摘卡片法

笔记本是收集、积累资料的有效工具。但是由于本子上的页码是固定的，所以作为资料利用时会有许多不便；所以，采用资料文摘卡片就成为一种比较有效的方法。

资料文摘卡片一般使用质地较好的硬质纸张做成便于携带的小纸片。利用这种卡片可以处理资料，或用于评价设想，决定顺序等。在使用过程中，使用者可自由地增减资料和设想。因此，使用资料文摘卡片收集资料、进行资料整理都十分方便。资料文摘卡片一般格式如下：

文　摘　卡

题　　目 ＿＿＿＿＿＿＿＿＿＿＿＿＿＿＿＿＿＿＿＿＿＿＿＿＿＿＿＿＿＿

作　　者 ＿＿＿＿＿＿＿＿＿＿＿＿＿＿　译　　者 ＿＿＿＿＿＿＿＿＿＿

书刊名称 ＿＿＿＿＿＿＿＿＿＿＿＿　卷＿＿期＿＿页＿＿年＿＿月

内容摘要 ＿＿＿＿＿＿＿＿＿＿＿＿＿＿＿＿＿＿＿＿＿＿＿＿＿＿＿＿＿

＿＿＿＿＿＿＿＿＿＿＿＿＿＿＿＿＿＿＿＿＿＿＿＿＿＿＿＿＿＿＿＿＿

＿＿＿＿＿＿＿＿＿＿＿＿＿＿＿＿＿＿＿＿＿＿＿＿＿＿＿＿＿＿＿＿＿

＿＿＿＿＿＿＿＿＿＿＿＿＿＿＿＿＿＿＿＿＿＿＿＿＿＿＿＿＿＿＿＿＿

资料文摘卡片不仅可以记载资料，也可以写思考者的设想。一般情况下，一张卡片上，只能填写一个设想或资料。用于记录设想的卡片的格式如下：

设　想　卡

设想题目 ＿＿＿＿＿＿＿＿＿＿＿＿＿＿＿＿＿＿＿＿＿＿＿＿＿＿＿＿＿

内容摘要 ＿＿＿＿＿＿＿＿＿＿＿＿＿＿＿＿＿＿＿＿＿＿＿＿＿＿＿＿＿

＿＿＿＿＿＿＿＿＿＿＿＿＿＿＿＿＿＿＿＿＿＿＿＿＿＿＿＿＿＿＿＿＿

＿＿＿＿＿＿＿＿＿＿＿＿＿＿＿＿＿＿＿＿＿＿＿＿＿＿＿＿＿＿＿＿＿

＿＿＿＿＿＿＿＿＿＿＿＿＿＿＿＿＿＿＿＿＿＿＿＿＿＿＿＿＿＿＿＿＿

使用资料文摘卡片，就是在查找资料时，把需要的资料随时记录在卡片上；在有突发的想法时，将设想记录在卡片上。因此，资料文摘卡片要随身携带。

资料文摘卡片的优点主要有以下几点：第一，可以使情报标准化。第二，可以使零散的情报集中起来。第三，便于对资料和设想进行整理、分类、归纳。第四，容易掌握情报之间彼此的关联。

2. 笔记收集法

笔记收集法就是以人们记笔记的习惯为基础，在集体范围内实现观点收集的创造技法。运用笔记收集法可以调动人们潜在的思维和洞察能力，引发出有价值的设想。

使用笔记收集法，首先确定参加人和领导人，参加人每人一本笔记。在这本笔记上对给定的课题，每天要把自己的意见和想法记上一次或数次。经过一定时间，领导人把笔记收集汇总。领导人要仔细归纳收上来的笔记，把摘录的要点和别的资料反馈给参加人，进一步提出新的问题。记在笔记本上的问题，没有任何限制。但最重要的是每人每天必须坚持写笔记，不可间断。同时，记录者在记录的同时，一定要对笔记进行有效的归纳和恰当的摘要。

使用笔记收集法，可以按照如下步骤进行：第一步，确定题目。第二步，确定领导人、参加人。第三步，将封面写有题目的笔记本分发给参加人。第四步，参加人将设想记在自己的笔记本上。第五步，一个月后领导人把笔记本收集起来，领导人阅读各人笔记，摘要汇总。第六步，参加人可以看任何一本摘录完的笔记。第七步，全体成员参加讨论，对获得的信息进行最后整理。

3. 文件归档法

一个组织团体的维护和发展必须要文件，而这些文件应由该组织团体妥善地进行整理、保管，能够按照需要随时利用，直到文件作废为止，这样一系列的有关制度称为文件归档法。

文件归档的目的是合理、有效的使用文件内容。因此，进行文件归档时应当与业务活动紧密结合，实行以"便于利用""便于检索"为目的的文件归档工作。

首先，为了使文件档案"便于利用"，基本上要把经常使用的文件按使用的类型整理成一部文件档案。只要取出这部文件档案，就可以了解这项业务的一贯内容。

其次，要考虑"便于检索"的问题，按照业务上的需要能够立即查到所需要的情报。这里最要紧的是不能把文件档案搞得很厚。为了容易检索，限制数量比在质量方面花费心思去搞多样化的检索方法往往更有效果。这种直立式的归档，在一部文件档案内收进的文件应限制在二三十页至七八十页。

按照上述原则做成文件档案，弄清它在开展业务中占有的位置以后，为了"便于利用"，把它同经常一起使用的文件档案组成一个文件档案群，这是第三步。由于每个文件档案都是与业务开展同时形成的，它在业务上的必要性十分清楚，并且可以依据它鉴别出业务情报的优劣。

最后一个步骤是给组成的文件档案群编制目录索引，把单个的文件档案排在"便于检索"的地方。这种直立式归档法，基本上是由第一索引包括的 2~5 卷和第二索引包括的 5~10 卷的文件档案所构成。

三、质的调查研究方法

在调查研究过程中，可以通过以典型调查取得量的信息为目的的方法，也可以通过质的研究方法，取得质的信息。量的研究方法，一般采用的调查对象较多、调查规模较大的调查法是典型调查。这种方法虽然能掌握现状，但却不能回答在数字背后隐藏着的"为什么"。同时，这类方法在不同专业的应用过程中差异也比较大。因此，这里重点介绍集体调查类型的质的研究方法。

质的研究方法主要依靠访谈式调研，由于需要与被访者沟通，一般情况下，个别的访谈难度较大。因为，在个别交谈时，人们会表现出紧张，思想不流畅等现象。与此相反，在集体的场合，由于集体思考会接连不断地产生想法，在互相影响之下能够得到各种各样的反应。因此，集体调查则相对比较容易操作。这里将介绍几种典型的集体调查技法。

1. 集体调查法

集体调查法是利用团体功能进行的一种调查方法。该方法一般选择调查对象 6~8 人，由接见人（也称会议主持人）把调查对象召集在一起，同时进行集体的调查。通过集体讨论使参加者们进行活跃的交流，大家一起互相商量、研究，进而确定哪种意见适合。使用集体调查法，要尽量使用大众化的对话方式，不能用命令式的。要使用自由对话形式进行调查，让参加调查人员进行自由交谈，主持人不能诱导被调查人回答。这样，就尽可能地保证调研的客观性。

在实施集体调查法的过程中，一般按如下几个步骤进行：

第一步，进行总体分析。这一步主要完成如下几项工作：首先，整理问题，确定课题；其次，收集有关课题的资料，并深入挖掘；再次，提出设想或假说。

第二步，制定调查计划。这一步主要完成如下几项工作：首先，确定调查项目；其次，选择、确定合适的参加调查的对象。

第三步，确定工作计划。这一步主要完成如下几项工作：首先，制订工作计划表；其次，召集参加调查人员；再次，制定调查项目计划表；最后，确定调查负责人、助手、记录人员。

第四步，实行集体调查。这一步主要完成如下几项工作：首先，将调查的过程用各种方法记录下来；其次，对于难度较大的问题，可以用其他调查方法辅助调查研究。

第五步，对调查结果进行综合分析。

第六步，以对调查结果的综合分析为基础写出报告。

2. 中心小组调查法

运用中心小组调查法，可以从讨论中引出启示和假说。因为，有着相同问题的人们，彼此之间愿意交谈而没有顾虑。这个条件是中心小组调查法的基础。使用中心小组调查方法对于某个领域的问题进行调查，由适合回答这类问题的同类型的人员组成小组，在召集人的指导下，组织他们进行讨论。

运用中心小组调查法时，参加小组调查的人员应根据问题的性质而有所不同。参加人数 8 ~ 12 人较好，人少了则每人负担过多，人数过多，发言机会就少，也不好。

一次会议所需时间大约 1.5 ~ 2 个小时。这样时间适中，调研者可以从讨论中得到想得到的情报。调查完成之后，也便于整理报告。如果需要调研的题目太大，调研者可以将题目分解成几个问题，保证调查工作顺利进行。

运用中心小组调查法时，召集人的作用是很重要的，一般对于熟悉心理学理论的人比较合适，有时也可以聘请专门的心理学者来当召集人。中心小组调查法对其他调查者要求也很高。为了在调研活动中造成一种统一的、有刺激性的气氛，调查者需要引导被调查者积极参与讨论，形成两者的互动。调查者在调查过程中，应当深刻理解调查的目标和性质，深刻理解问题的实质，注意倾听每一个被调查者的叙述，并且注意力要高度集中，认真分析，获得有效的信息。对那种一瞬间闪现出来的启示，应当立即抓紧追踪。这些都需要有相当高的技术和训练。

第三节 大学生社会实践中的定量调研方法

在大学生社会实践活动中，定量数据的分析是很有说服力的，因此，掌握定量研究方法十分重要。在以获得定量数据的调研过程中，抽样方法、问卷设计原则以及数据的整理是必须掌握的定量研究基本方法。本节将主要介绍抽样方法、问卷设计等方法，帮助大家了解社会调研的定量方法的定义和类型，了解抽样的原则并学习正确的抽样方法，了解和熟悉问卷设计的基本结构内容。

一、抽样方法

在开展社会实践过程中经常需要实施定量的调查，例如我们要调查某一年一号文件的某项惠农政策实施后农民增收的情况，可以通过抽样调查的方法对于整体情况进行了解，发现其中普遍存在的问题、并结合定性的方法深入分析。

定量研究与前文提到的质的研究都是重视研究的客观性、科学性与数据分析的正确性。因此掌握正确的定量资料收集方法，选用正确合适的统计方法，站在客观的立场分析数据，使获得的数据成为有用的信息，从而验证开展社会实践之初做出的假设，归纳整理出结论。定量研究方法是社会实践过程中一个必不可少，并且十分有效的手段。

使用观察、测验、量表、问卷等方法可以获得社会实践工作所需的数据资料，这些数据可以作为假设检验的基础，因此，为了获得有效的资料，选用合适的统计方法开展工作，为支持或否定原假设提供证据资料，显得十分重要。

定量研究方法主要在于数据的取得、计算机统计应用的分析。量的研究历程通常包括：选择与定义、执行研究的程序、数据分析和结果分析、结论四个步骤。

（一）抽样调查的基本概念

抽样调查是从总体中抽取一定数量的样本来推断总体情况的一种调查研究方法，它是按照科学的原理和计算，从若干单位组成的事物总体中，抽取部分样本单位来进行调查、观察，用所得到的调查标志的数据以代表总体，推断总体的情况。

在统计学专业抽样的相关内容甚至是可以作为一门课程开设的。为了掌握定量调研方法，做好社会实践，就需要首先掌握抽样调查的几个重要概念：

总体，也称一般总体，指社会实践项目等工作中确定的研究对象的全体。

个体，也称个案，指组成总体的每个元素。

样本，也称抽样总体、样本总体，从总体中抽取的若干个案所组成的群体。样本容量通常用符号 n 表示。

样本统计值，在实际研究中直接从样本中计算得到的各种量数。

总体参数值，从已知统计进行推论得到的各种量数，称为总体参数值。

统计推论，统计推论就是用样本的统计值推论总体的参数值的统计方法。

在大多数情况下，抽样调查具有随机性、推断总体、估算误差以提高准确度等特点。

（二）选择抽样调查的方法

要正确使用抽样调查方法，在进行抽样方案的设计时，首先应该按照正确的抽样调查的步骤执行。在大学生社会实践活动中，应当做好如下几步工作：

第一步，准确界定调查总体。界定调查总体就是要清楚地确定社会实践项目针对对象的范围，为满足社会实践目的的需要，调查总体可以从以下几个方面进行表述：地域特征、年龄性别等人口统计学特征、群体特征等，如 2013 年北京市大学生"村官"创业情况及态度评估。

第二步，选择资料获取方式。资料收集方式对抽样过程有重要影响，例如采用入户面访、电话调查、街上拦截还是网上调查、邮寄调查等对抽样结果都会有不同的影响。在社会实践活动中，一般从操作相对方便角度考虑，往往采取面访填写问卷的形式。

第三步，选择抽样框。抽样框也称抽样范畴，是抽取样本的所有单位的名单。例如在这里要调查北京市大学生"村官"创业情况，抽样框就是某一年北京市全体大学生"村官"的名单。同时，抽样框的数目是与抽样单位的层次相对应的。如区县、乡镇等，这样抽样框也应有三个，全北京市的大学生"村官"名单、学校样本中所有区县的大学生"村官"名单、区县中各乡镇的大学生"村官"名单。

准确地抽样框必须符合完整性与不重复性两个条件。在实际抽样操作中，实现这两个条件是很不容易的。比如要抽取北京的居民户作为样本，就可能出现一户有多处住宅的情况，或者由于居住条件有限，也有好几户居民居住在一个门牌号码的情况，这就出现重复或者遗漏的情况。因此，选择一个适当的抽样框是不可忽视的问题。

第四步，确定抽样方法和抽取样本。选择抽样框后，接下来就可以确定抽样方法，并决定样本大小。

第五步，评估样本正误。在从总体中抽出样本后，不要急于作全面的调查，可以初步检查一下这个样本对总体的代表性如何，资料有无代表性，需要按确定的标准加以评估。这项工作在需要学校支持的（经费支持、重点团队确立等方面）情况下，最好在申请提交前完成评估样本正误。

（三）抽样方法的种类

抽样方法主要分概率抽样和非概率抽样两大类，也就是专业人士通常所说的随机抽样与非随机抽样。所谓概率抽样就是按照随机原则选取样本，完全不带调查者的主观意识，使总体中所有个案都具有相同的被抽入样本的概率。而与之相对应的非概率抽样则是依据研究要求，主观地、有意识地在研究对象的总体中进行选择抽样。

非概率抽样主要包括判断抽样、巧合抽样等方法。非随机抽样方便易行，为争取时效或达到特殊目的实施的问卷调查中经常使用。但是，这类方法受主观和巧合因素影响比较大；比如通过社会实践实施判断确定样本。而社会实践的主体大学生经验相对不足，如果判断不准，误差就会很大；再如巧合抽样中常采取的"街头拦人法"，在中关村街头（中国科学院的院所众多和清华、北大等高校均在该地区）拦下的行人可能是两院院士，也可能是一名普通的退休工人，还可能是一名外来农民工。有时，由于在一些社会实践项目中考虑到资金或时间的客观制约因素，无法实施概率抽样时，可以使用非随机抽样的方法进行调查，很可能无法保证样本代表性，不能用来推论总体。因此，在整理总结结论时需予以解释分析，得出恰当的结果。因此，为了使社会实践活动做得更好，笔者认为最好采取概率抽样（随机抽样）方法。一般地说，概率抽样包括如下几种方法：

1. 简单抽样

简单抽样，也称纯随机抽样、简单任意抽样法。该方法是从调查总体中完全按照随机的原则抽取调查样本，即先将总体中的每一个个体都编上号码，然后抽出需要的样本。简单抽样经常使用的是统计上的随机数表。简单抽样的不足之处是这种选择方式可能导致抽出的样本不一定具备代表性。比如前述开展北京市大学生"村官"创业情况调查，如果简单抽样就可能导致抽出的样本男女比例失调等情况出现。

2. 等距抽样

等距抽样又称机械抽样、系统任意抽样法。这种方法就是根据构成总体中个案出现的顺序，排列起来，每隔 K 个单位抽取一个单位作为样本。

K 值指每隔多少个抽一个，计算公式为

$$K = N（总体个案数）/n（样本个案数）$$

相对于简单抽样方法，等距抽样易于实施，工作量小；而且样本在总体中分布更为均匀，抽样误差小于简单抽样。它的不足之处是容易出现周期性偏差。为了防止这种情况，社会实践者可以取一定数量的样本后，打乱原来的顺序，重新建立顺序，以纠正周期性偏差。

3. 分层抽样

分层抽样，也称类型抽样、分类抽样或分层定比任意抽样。分层抽样是将总体各单位先按照主要标志分组，然后在各组中采用简单或机械抽样方式，确定所要抽取的单位。分层抽样实质上是科学分组和抽样原理的结合。比如在抽取北京市大学生"村官"创业情况调查的样本内，根据原来所学专业类别（农科、非农科）以及大学生"村官"的工作时间，作为进行分组抽样的依据。

确定抽样的数目时，一般可以采用如下两种方法：

（1）定比：就是对各个分层一律使用同一个抽样比例。抽样比例 f 的计算公式为

$$f = n（样本个案数）/N（总体个案数）$$

（2）异比：如出现其中某一层可供抽样的对象特别少，按同一比例抽样所获得的个案数量太少，就会影响这一层抽样个案的分析；要解决这个问题，就可以在这一层采用比其他层较大的取样比例，这叫做异比分层抽样。

在社会实践调查抽样时，实施上，可以首先将总体分成几个不同的小群体，各层间尽可能异质、各层内尽可能同质，然后从每层中利用随机抽样方式，依一定比例各抽取若干样本数。

分层随机抽样的步骤如下：

（1）确认与界定研究的总体；

（2）决定所需样本的大小；

（3）确认变量与各子群，以确保抽样的代表性；

（4）依据实际研究情形，把总体的所有成分划分成数个阶层；

（5）使用随机方式从每个子群中按照一定的比例人数或相等人数抽取样本。

在社会实践活动涉及的抽样调查中，可以采取上述步骤。总体是北京市某街道所有青年居民2万人，样本大小是1000人，根据男女的比例，比如是5.5∶4.5，就从男士中抽取550人，从女士中抽取450人，分别抽取。

4. 整群抽样

整群抽样，也称聚类抽样、集团抽样，是以一个群组或一个团体为抽取单位，而不是以个人为抽样单位。使用整群抽样法的特点是，抽取的样本点是一个群组，总体内的群组间的特征比较相近、同质性高，而群组内彼此成员的差异较大。比如要调查北京市一个郊区（县）大学生"村官"的创业情况，可以抽取其中一个或几个乡镇进行调查。

整群抽样的步骤有：

（1）确认与界定总体；

（2）决定研究所需的样本大小；

（3）确认与定义合理的组群；

（4）列出总体所包括的所有组群；

（5）估计每个组群中平均总体成员的个体数；

（6）以抽取的样本总数除以组群平均个体数，以决定要选取的组群数目；

（7）以随机抽样方式，选取所需的组群数；

（8）每个被选取的组群中的所有成员即成为研究样本。

5. 多段抽样

多段抽样是一种较复杂的抽样方法，即从集体抽样到个体抽样，分成若干阶段逐步地进行。在各段之间则可采用简单的或分层的抽样法，在大规模调查时常用，不足之处是经过多段抽样，可能导致误差较大。

除了以上几种基本的抽样方法，抽样方法还有很多，根据大学生社会实践的特点，以下两种方法也可以采用：

一是推荐抽样，也称"雪球抽样"，要求回答者提供附加回答者的名单，起初汇编一个比总样本要小得多的名单，随着回答者提供额外的回答者。其他名单意味着样本如雪球一样越滚越大。如果参与社会实践的大学生不知道调研对象总人数是多少，可用此方法预测总人数，然后进行概率抽样。

二是空间抽样，可以在特定的空间抽取样本，例如调查一个大型活动的参与的群众情况，可以在现场直接进行快速空间抽样，把参与社会实践调研的大学生分散开，按照一定的规律和数字间隔进行采访。

（四）确定样本大小

样本大小又称样本容量，指的是样本所含个体数量的多少。样本的大小不仅影响到其自身的代表性，而且还直接影响到调查的费用和人力的投入。确定样本的大小，需要重点考虑的因素有：精确度要求、总体的性质、抽样方法、客观制约（即人力、财力的因素）。

首先，参与社会实践调研的大学生必须了解的是样本的大小与总体的关系不是成直接正比的关系。因此，在社会实践时选择样本大小，可以从这几个方面来考虑样本的数目：

1. 在低年级阶段可以借鉴前人相似的研究，查阅资料，参考别人的样本数，作为参考。

2. 根据资料分析的要求，样本的数目首先要够作资料分析。

3. 根据统计的要求，样本的大小与抽样误差成反比，与研究代价成正比；这就需要依据"代价小、代表性高"的基本原则开展工作。对同质性强的总体，其差异不大，选择样本可以小一点。而异质性高的总体，则要选择大一些的样本。估计样本的大小可以用一个简单的公式表示：$n = (k \cdot \delta / e)$。其中，e 为抽样误差，即总体的参数值与样本的统计值之间的差异；δ 为总体标准差，反映了总体变量值分散的程度；k 为可信度系数，样本对总体的代表性程度。例如可信度为95%，可信系数 $k = 1.96$，我们在决定样本大小的时候，要考虑到 k、δ、e 三个因素。

开展社会实践工作抽取样本时，应根据具体情况具体分析，选择适当的抽样方法，选取有代表性的小样本。

二、问卷设计

问卷就是为了完成社会实践调查工作而设计的问题或问题表格，问卷是为了达到调研项目目的和收集必要数据而设计的一系列问题。如何设计一份合格有效的问卷是社会实践活动必须要面对的重要问题。

（一）问卷的类型

问卷的类型很多，具体的类型如下：

1. 按问卷答案划分

问卷可分为结构式、开放式、半结构式三种基本类型。

（1）结构式。通常也称为封闭式或闭口式，即选择题式的打钩或者画圈。此类问卷的优点是问题明了，被访者易答且答案标准化，便于统计分析，不足之处在于答案给定不能反映出回答者的真实想法，因为产生歧义胡乱画钩的可能性较大。如本章实际调查问卷举例即属于此类型。

（2）开放式。通常也称为开口式，采用问答形式，不设置固定的答案。此类问卷的优点在于，可以充分反映答卷者的想法，尽可能收集更多的答案，特别是用于答案过多且不确定的问题，如您目前最希望社区能提供哪些服务。不足之处在于答案没有统一的标准，不利于统计分析，且要求答卷者具有较高的文化水平和表达能力，回答拒绝率较高等。

（3）半结构式。介于以上两者之间，问题的答案既有固定的、标准的，也有让答卷者自由发挥的，吸取了两者的长处。这类问卷在社会实践调查中应用比较广泛。

2. 按调查方式划分

按调查方式分，问卷可分为访问问卷和自填问卷。

（1）访问问卷。是由社会实践大学生进行访问，由大学生填答的问卷。此类问卷的特点是回收率高，填答的结果也最可靠，可是耗费的时间长，人力物力成本比较高，这种问卷的回收率一般都要求在90%以上。

（2）自填问卷。是由被访者自己填答的问卷。自填式问卷还可以分为发送问卷和邮寄问卷两类。而邮寄问卷是由调查者直接邮寄给被访者，被访者自己填答后再邮寄回调查单位的调查形式。此类问卷的回收率低，调查过程不能进行控制，并且容易出现偏差，影响对总体的判断，一般来讲，邮寄问卷的回收率在50%左右即可。发送问卷是由社会实践大学生直接将问卷送到被访问者手中，并由调查员直接回收的调查形式，此类问卷的优点和不足之处介于上述两者之间，回收率要求在67%以上。本章所附的实际调查问卷举例即属于此类型。

3. 按问卷用途分

按问卷用途分，可以分为甄别问卷、调查问卷和回访问卷（复核问卷）。

（1）甄别问卷。是为了保证被访者确实是研究调查的目标群体，在调查中是为了保证调查的被访者确实是调查目标人群而设计的一组问题。在一般的问卷调查中，甄别的问题一般包括对年龄的甄别、性别的甄别等为特定研究目的设定的问题。

（2）调查问卷。即问卷调查的主题、问卷的分析基础。如本章所附的调查问卷属于此类型。

（3）回访问卷。即复核问卷，为了核实调查者是否按照要求回答及调查问卷是否有效的问卷。通常由甄别问题及调查问卷中的关键问题组成。

由于社会实践时间较短，且没有商业目的，甄别、回访调查使用的比较少。

以上是问卷的基本形式，在实际操作过程中，大学生可以根据调查的需要，选择设计所需要的问卷形式。

（二）问卷结构内容

问卷表的一般结构有标题、说明、主体、编码号、致谢语和实施记录六项。

1. 标题

每份问卷都有一个主题，设计大学生社会实践问卷时应开宗明义，反映具体的调研主题，使人一目了然，让受访者知道要调查什么，增强填答者的兴趣和责任感。如本章所附的调查问卷中"某区农村金融创新研究农户调查问卷"。

2. 说明

问卷前面应有一个说明。这个说明既可以是一封告调查对象的信，也可以是导语，说明这个调查的目的意义、填答问卷的要求和注意事项，下面同时署上调查单位名称和年月。问卷的说明是十分必要的，这不仅可以增强可信度也是尊重被访者的表现。

3. 主体

这是问卷的核心部分。问题和答案是问卷的主体。从形式上看，问题可分为开放式和封闭式两种。从内容看，可包括事实性问题、断定性问题、假设性问题和敏感性问题等。

（1）事实性问题。被访者的背景资料，如姓名、性别、出生年月、文化程度、职业、工龄、民族、宗教信仰、家庭成员、收入情况等。

（2）断定性问题。假定某个调查对象在某个问题上确有其行为或态度，继续就其另一些行为或态度作进一步的了解，又称转折性问题。

（3）假设性问题。假定某种情况已经发生，了解调查对象将采取什么行为或什么态度。

（4）敏感性问题。指涉及个人隐私、社会地位、政治声誉，或不为一般社会道德和法纪所允许的行为等。

4. 编码号

在问卷上统一为每个答案依次填上编号。如果一个问题有一个答案就占用一个编码号，如果一个问题有三种答案，则需要占用三个编码号。编码也可以不出现在每份问卷上，在需要统计分析时进行编写。设计编码号主要是为了在使用统计软件统计时录入方便而做的工作。编码问题将在下一章中集中讲解。

5. 致谢语

为了表示对调查对象真诚合作的谢意，研究者应当在问卷的末端写上"感谢您的真诚合作！"等谢辞。如果在说明中已经有了表示感谢的话，末尾也可以不写。

6. 实施记录

实施记录主要是用来记录调查的完成情况和需要复查、校订的问题。格式要求比较灵活，一般调查者与校查者在上面签写姓名和日期。

以上问卷的基本项目，是要求比较完整的问卷所应有的结构内容。在大学生社会实践中使用的问卷一般都可以简单些。

（三）问卷设计的程序步骤

为使问卷具有科学性、规范性和可行性，问卷设计的步骤可以按照下列程序进行：

（1）确定调研的目的、调查的范围、内容等相关背景信息资料。在正式设计问卷前，明确要问哪些问题，可能获得哪些结论，这对整个问卷的质量以及下面步骤的实施有一个引领的作用。

（2）确定数据收集方法，选择哪一种数据的收集方法，采用何种调查形式，对问卷的设计都有影响。比如自我回答的访问就要求问卷设计清晰明了且简短，因为参与调研的大学生不在场，没有解释澄清问题的机会。电话调查则要描述语言清晰丰富以使回答者理解，而在个人访谈中就可以借助图片等方法完成调查。

（3）确定问题的回答形式，问题的回答形式可以有开放式问题、封闭式问题、量表回答式问题。封闭式问题中又有单选问题和复选问题（多项选择）。

（4）决定问题的用词，必须考虑到以下几点：用词必须清楚；避免诱导性用语；考虑回答者回答问题的能力；考虑到回答者回答问题的意愿。

（5）确定问卷的流程和编排。问卷的编排需有逻辑性。

（6）评价问卷和编排。设计完问卷的草稿，应当首先自行评估，大学生也可以请比较有经验的指导老师进行评估，以修改编排问卷等。

（7）预先测试和修订。在正式调查之前，需要预先抽取少量被访对象进行预测，以判断问卷的有效性及需要改正的地方。

（8）评价和预测。主要是通过对问卷进行评价和预测，发现潜在问题，保障调查的顺利实施。

（9）准备问卷，进入实施阶段。

（四）问卷设计原则

第一，设计内容必须与研究目的相符合。

第二，考虑按不同的变量层次来设计问题。

第三，问题要清晰，语言要易懂。由于调查问卷的目的是尽可能的获取被访者的信息，因此无论哪种问卷，问题的措辞与语言十分重要。语言措辞要求简洁、易懂，不会误解，在语言、情绪、理解几个方面都有要求。

1. 多用普通用语、语法，对专门术语必须加以解释；

2. 要避免一句话中使用两个以上的同类概念或双重否定语；

3. 要防止诱导性、暗示性问题，以免影响答卷者的思考；

4. 问及敏感性问题要讲究技巧；

5. 语言要浅显易懂，要考虑到答卷者的知识水准及文化程度，不要超过答卷者的领悟能力；

6. 可以使用方言。如果被访对象在方言区访问时更应如此。

第四，讲究问卷的格式，注意问题间的转接。有些问题只适用于一部分对象，必须先提出识别性问题，符合了条件再问下一类问题。

第五，要注意问题的排列顺序。

1. 应把简单的事实性问题放在前面，而把表示意见态度的问题放在稍后。

2. 对于敏感性问题或开放性问题，应放在问卷的较后面位置，但不必全放在最后。

3. 遵照逻辑发生次序安排问题的先后，时间上先发生的问题先问，不同主题的问题分开，同性质的问题按逻辑次序排列。

4. 为了加强答案的可靠性，可以从正反两个方面或问卷的前后不同位置来了解同一件事情。

5. 要把长问题与短问题混合使用，也可依照范围的大小，按从小到大的次序排列层层缩小。

总之，问题次序可以依照题目、逻辑的先后、重要性如何、范围的大小来排列。

此外，在填表时需注意：对拒答、不答的问题，以最高编码编写，如资料是一格的填"9"，是二格为"99"，以此类推。不应该回答的无此项资料可填"0"。

（五）评价问卷的标准

如何评价问卷并根据测试结果修改问卷呢？良好问卷的评价标准是什么呢？中国台湾学者林振春先生就良好问卷提出了十点评价标准①。

1. 问卷中所有的题目和研究目的相符合。

2. 问卷能显示出和一个重要主题有关，使填答者认为重要，且愿意花时间去填答，亦即具有表面效度。

3. 问卷仅在收集由其他方法所无法得到的资料，如调查社区的年龄结构，应直接向户政机关取得，以问卷访问社区居民是无法得到的。

4. 问卷尽可能简短，其长度只要足以获得重要资料即可，问卷太长会影响填答，最好30分钟以内。

5. 问卷的题目要依照心理的次序安排，由一般性至特殊性，以引导填答者组织其思想，而让填答具有逻辑性。

6. 问卷题目的设计要符合编题原则，以免获得不正确的回答。

7. 问卷所收集的资料，要易于列表和解释。

8. 问卷的指导语或填答说明要清楚，使填答者不致有错误的反应。

9. 问卷的编排格式要清楚，翻页要顺手，指示符号要明确，不致有翻前顾后之麻烦。

10. 印刷纸张不能太薄，字体不能太小，间隔不能太小，装订不能随便。

---

① 林政春. 社会调查 ［M］. 台湾五南图书出版公司，1993.

（六）问卷调查的主要类型

常用的问卷调查方法有访问、邮寄、发放等，采用哪种方法进行调查，我们也需要考虑其利弊。

1. 访问

由参与社会实践的大学生根据被调查者的口头回答来填写问卷的方式。采用访问的问卷方法，尤其是入户访问，具有资料较真实、可信度高、完整性高、答卷率高、问题可以追问、弹性大等优点，但是也有访问时间长、成本高、代价高、受访者与访问者产生偏见或敷衍回答等不足之处。

在此类访问实施过程中，我们需要注意：

（1）在抽样方法的选择上要进行充分的考虑，因为实施的代价比较大，尽量使样本具有代表性。

（2）问卷不宜太长，入户访问估计时间尽量在30分钟以内，印刷时双面印刷要比单面印刷效果好些，这样受访者会觉得好像短一些，不会耗费他很多时间。

（3）访问选择的时间应当以在双休日或节假日为佳，在社会实践的研究项目中，访问员可以是自己，也可以在学校招募同学，告知被访者自己的学生身份，说清社会实践的目的，必要时出示学生证件，使被访者容易接受，减少拒访率。

（4）明确访问目的，严格控制访问时间，并且根据观察被访者分辨哪些是马马虎虎敷衍的答案，哪些是被访者真实的想法。为了避免影响被访者的意见，尽量完整地取得被访者的真实想法。

（5）注意访员的自身安全。

2. 邮寄

邮寄与访问调查比较的优点是省钱，答卷者可以在他方便的时候回答问卷，匿名性大。但邮寄也有不足之处，主要是回复率低、缺乏弹性、无法追问你不清楚的问题。邮寄问卷需注意：

（1）邮寄的主人会直接影响到回复率，在开展社会实践时可以通过与政府部门、报刊等合作，并以联合的名义进行社会调查。

（2）应将回邮的地址、信封邮票都寄给受访者；在信封的封面上采取尊敬的礼貌的称呼，在信的最后要加上请你必须在哪一天以前寄回来的手书，可以增加答卷率。

（3）诚恳地说明研究的目的，请求对方合作，如果资金条件允许，可以采取邮寄奖品的形式，如纪念卡、明信片等提高答卷率。

3. 发放

依靠组织系统发放问卷的方法。发放方式即由各级负责人讲明调查目的、要求，交代方法和步骤，在与单位沟通协商后，单位一般能够积极配合，这样的答卷效果好。但也可能遇到个别不配合的单位，这样就会导致发放效果不佳，影响调查效果。

第三章　大学生社会实践活动中的
思维方法与安全常识

大学生社会实践活动方案的产生并不是孤立的、凭空的，它要依赖于大量信息的积累，更受到人的思维习惯和方法的影响。

在参与社会实践活动中，提高思维能力，努力实现创造性地解决问题是基础。要提高思维能力，不仅要掌握那些带有创造性思维特点的思维形式，还要掌握基础性的思维形式。创造性思维方法包括很多种，下面将介绍大学生社会实践活动中的典型思维方法。

第一节　突破传统观念

传说古代的哥丹城内有一个难以解开的"绳结"，如果有人能够将它解开就可以为王。后来，亚历山大王到了哥丹城，面对难以打开的"绳结"，他抽出宝剑，一剑将"绳结"劈为两半。在传统的思维习惯里，打开的"绳结"就意味着把绳子完全解开，但却认为不应该破坏绳子。而亚历山大王则突破了传统思维习惯不应该破坏绳子的干扰信息，用剑将"绳结"劈开解决了问题。要实现创造性地解决问题，就要提高思维能力；而要提高思维能力，就要敢于突破传统思维习惯和观念。

一、突破传统观念思维的基本问题

在社会实践活动中，常常会遇到一些比较复杂的问题。人们似乎认为对于复杂问题的解决，必然是一件复杂的事。产生这种观点的重要原因之一，就是传统观念的影响。要解决这类问题，就要通过突破传统观念来简化问题，使问题得到解决。

由本节开篇的例子中，我们不难发现，复杂性问题并不一定只能用复杂的途径解决，要创造性地解决问题，就需要寻求简洁性解法。事实上，环境心理学在研究行为性时发现，人有"走捷径"的行为习惯；同样，在思维中也存在着"走捷径"的习惯，通过简洁的思维过程一下子得到思维结果，就是以长期经验积累为基础形成的经验直觉。这种经验直觉在大多数情况下是能够保证思维结果的正确性的。而创造性思维方法，正是将复杂问题简单化的有效途径。

由于放弃了复杂性，选择了简洁性，人们只考虑其中的少数几个影响因素，而把其中大部分忽略掉了。比如，一个人在决定花钱买车时，考虑到的备选方案可能只限于购买本地区某几家商场里的某几种车，尽管他做抉择的客观环境还包括其他地区的另外一些车，甚至包括把这笔买车钱花到其他用场上去。

同样，假如停车场与办事地点之间的距离每接近一百米，车辆的拥挤程度会变化若干，停车费用也会变化若干，如何选择停车场呢？事实上，大多数司机都不会精确地进行计算的，而是找个停车场停下算了：因为选择简单的解决办法，就可以减少时间的浪费，这样可以办更多的重要事情。

要达到简化思维的目标，就要挑战复杂性，这在解决具体问题中有着极其重要的价值。美国发明家爱迪生，年轻时曾和普林斯顿大学数学系毕业的阿普顿一起工作。阿普顿总觉得自己有学问，不把卖报出身的爱迪生放在眼里。爱迪生对阿普顿的自大和处处卖弄学问，内心里感到厌烦。为了让阿普顿把态度放谦虚些，有一次，爱迪生把一只梨形的玻璃灯泡交给阿普顿，请他算算容积。阿普顿拿出尺子上下量了又量，还依照灯泡的式样列出了一道道算式，数字、符号写了一大堆。他算得非常认真，画了一大张草图。过了一个钟头，爱迪生见阿普顿还在那儿忙个不停，便忍不住笑了笑说："不用那么费事，还是换个方法算吧。"阿普顿仍固执地说："不用换，我等一会就能得到精确的答案了。"又过了半个小时，阿普顿还在低头核算。爱迪生有些不耐烦了，他拿过灯泡，倒满了水交给阿普顿说："去把这些水倒进量杯……"不等爱迪生说完，阿普顿已经知道了什么是既简单又精确的方法。

在事物的过程比较复杂时，如果发现所考虑的问题与过程内容及进行方式的细节关系不大，则可以撇开细节（或其各步骤）直接考虑结果，这样就可通过选择思维线路使问题简化。

比如下面的问题：

问：131 名选手参加淘汰赛，在举行多少次比赛才能赛出冠军？

甲种解法：131 不是 2 的幂，与 131 相近的是 $2^7=128$，128 名选手恰好排 7 轮，超过此数必须排 8 轮，大部分选手第一轮轮空，……这样比赛程度……比赛次数……

乙种解法：淘汰赛，赛一次淘汰一人，所以赛 130 次决出冠军。

又例如：

两列火车，车速每小时 20 千米，从相距 10 千米的两地出发，相向而行；一飞鸟速度每小时 40 千米，从甲车飞向乙车，到达乙车后立即飞回甲车，再飞向乙车……不断往复，直到两车相遇。问飞鸟共飞行多少千米。

甲种解法：飞鸟第一次从甲到乙用时间为 101（20 + 40）= 1/6 小时，飞行距离为 40 × 1/6 = 20/3 千米；到乙车时两车距离为 10 - 2 × 20 × 1/6 = 10/3 千米；飞鸟第二次从乙至 4 甲用时间为（10/3）×（20 + 40）= 1/18 小时，飞行距离为 40 × 1/18 = 20/9 千米。到达甲车时两车距离为 10/3 - 2 × 20 × 1/18 = 10/9 千米；看来这是等比级数求和问题。

乙种解法：两车从出发到相遇共用时间 10/（2 × 20）= 0.25 小时，飞鸟飞行总行程为 40 × 0.25 = 10 千米。

两例中乙种解法都是只看结果不问过程，与甲种解法相比，显然简单得多。

计算实际上是一种思考和认识事物的方法，有些疑难问题要计算才能解决，而实际上却可以不用计算而用其他比较简洁的方法解决。如果用计算方法，反而更麻烦，甚至出现事倍功半的结果。

再例如：

有三块铁皮的面积和厚度都相同，为了做容器，它们分别被挖掉一部分（图3 - 1）。请问哪块铁皮所剩的面积大？

图 3 - 1　三块铁皮

上述问题，如果用数字计算，显然是复杂的方法，当然也有人会把两块板分别放入水中，比较它们排出水量的多少，排出水量多的板面积大。使用称重量的方法，也可以用天平直接称出较重的一块。这是最简洁的一种方法。

简化问题可以是突破传统观念的目标，但是要突破传统观念，就需要向概念和主导观念挑战。

概念是人们在千百次的社会实践中形成的关于某一事物的大家都接受、认可的特征的认识，实际上就是给这个事物下定义。有了概念，说明我们人类对这个事物认识达到一定的深度，概念所反映的是人们对这个事物在现实条件下认识到的主要的本质的一般方面。向概念挑战，就是向公众都接受的观点、事物以及解决问题的公认的适当方法进行挑战，找到新的观念、新的事物以及新的解题方法。公认的概念，往往会使人们的思维僵化、固定化，从而丧失更好的机会。敢于挑战，就会开辟新的天地。

主导观念是指在人们头脑中占据统治地位，起支配作用的观念。

由于主导观念的地位显著，作用强大，几乎抓住了思考者所有的注意力，使人难以想到其他任何别的方法、观念，又由于主导观念可以是某个环境中主宰公众的观念，会使大家心往一处想，而出现泛化。向主导观念挑战就是避开主导观念的思维，它可以在思考者进行解题思考时，找到与众不同的设想，考虑出新颖、奇特、超常的思路、方法。

二、利用直觉直接突破传统观念

李小龙汲取中国传统武术的精华，发明了"截拳道"。在"截拳道"中最核心的理念就是"直接"，为了揭示"直接"的概念，李小龙让他教授的学生配合他做了这样一个实验：

他让一个学生把自己的手表交给他，然后，他猛地把手表抛向空中；学生毫不迟疑的把手表接住。针对这个现象，李小龙解释说："你为什么不拉一个架势，而直接把手表接住呢？因为，你要用最快速、最有效的方法去防止手表落在地上摔坏；所以，你才直接用手去接！"

最有效的"直接"解决问题的方法，就是应用直觉思维。

直觉思维法是一种未经有意识的逻辑思维而直接获得某种知识的思维方法。直觉思维是一种潜意识思维，也是突破传统观念的有效手段。人们有时对某一问题的理解，某种认识的产生，并非经过严格的逻辑推理，而是由突然领悟而获得的。直觉是人们在认识过程中，头脑中的某些信息在无意识的状态下经过加工而突然沟通时所产生的认识的飞跃，表现为人们对某一问题的突然领悟，某一创造性观念和思想的突然降临（灵感），以及对某种难题的突然解决。直觉思维是一种从材料直接达到思维结果的认识活动，是一种思考问题的特殊方法与状态。

直觉思维有如下几个特征。

第一，直觉思维是在下意识的层次中进行的，是一种潜意识的思维活动，而不是人们意识到的、自觉进行的思维活动。正因为如此，人们往往会在偶然事件中得到一些重大启发，比如散步、沐浴、聊天甚至做梦。

第二，直觉思维表现为一种无意识活动。因此，直觉思维就不可能是自觉地按照严格的逻辑规则进行的，而往往是跃过逻辑程序的飞跃。人们进行直觉思维一般不像进行理论思维那样，对思维过程的每一步骤都了解得那样清楚，往往难以理解为什么从某一问题、某些材料、某种理论能得出某种结论；即使这一结论是正确的，开始时也往往不知道它为什么正确。当然，对直觉思维的这种非逻辑性的认识成果要作具体分析，它一方面可以超越逻辑规则的限制，较为迅速地把握真理；但另一方面由于没有严密的科学逻辑的指导，直觉思维的结果并不一定都正确。

第三，直觉所带来的灵感，往往是突然爆发的，即突然有某一新奇的念头和想法跃入了脑际，一下子便把握了事物的实质或解决某一问题的方法与方向。就是说，经过潜意识的思考之后，某些信息之间的沟通，由潜意识向显意识的转化，往往是在一瞬间完成的，这就是直觉思维的突发性。

而在实际的工作中，直觉思维往往作为一种辅助方法，有时甚至与顿悟、梦境中的思考相关。

直觉辅助法是指人们在解决某个具体问题的过程中，把直觉作为一种辅助性途径的思维方法。直觉辅助法在社会实践活动中具有它独特的魅力。

人们在思考问题时，借助直觉启示而对问题得到突如其来的领悟或理解被称为顿悟。顿悟属于潜意识思维，它的特征表现为：功能上的创造性、时间上的突发性、过程上的瞬时性和状态上的亢奋性。

在现实生活中，人们往往遇到这种情况：某个问题已经研究很久了，成天苦苦思索，仍然没有解决问题的思路。而某一个突然的外界刺激，思考者头脑中突然出现了一种闪电式的高效率状态，顿时大彻大悟。一通皆通，问题便迎刃而解了。

顿悟并非是某些科学家、艺术家、文学家所特有的，每个正常人的大脑都具有这种功能，差别仅在于顿悟出现次数的多少，功能的强弱，而不在其有无。顿悟并不是虚无缥缈的，它不会凭空发生，它只是垂青于那些知识渊博、刻苦钻研、经验丰富的人。勇于实践，积累广博而扎实的知识是灵感顿悟产生的基础。产生灵感顿悟的最基本条件是对问题和资料进行长时间的顽强的思考，直至达到思想的"饱和"，同时必须对问题抱有浓厚的兴趣，对问题的解决怀有强烈的愿望，要使头脑下意识考虑这一问题。

启迪是顿悟的关键诱因，它连接各种思维信息，是开启新思路的契机。当主体的灵感孕育达到一触即发的"饱和"状态时，只要有某一相关因素偶然启迪，顷刻就豁然开朗。因此要留心观察周围事物或现象，以便及时起到开窍作用。

灵感顿悟来去倏忽，稍纵即逝，很难追忆，要掌握珍惜最佳时机的技巧，善于捕捉闪过脑际的有独创之见的思想。灵感顿悟大多是在思维长期紧张而暂时松弛时得到的，思考者要养成良好的学习、工作方法和习惯，注意张弛结合。要促进思考者产生顿悟，要创造相对安定的环境，否则不相关的信息太多，根本无法进入研究、探索的境界，也不可能造成灵感顿悟产生的境域。

创造性思维的灵感、顿悟好像是刹那间从天而降。其实人的潜意识活动在一定范围内得到显意识功能的合作，经历了一个孕育的过程，当孕育成熟时即突然沟通，涌现于意识，终于灵感顿发。正因为它有一个客观的发生过程，所以灵感顿悟并非是神秘莫测、不可捉摸的。在人的灵感产生以前的反复思考、思想活动的高度集中，已经把思维从显意识扩大到了潜意识。思维在潜意识里加工，偶然和显意识沟通，得到了答案，就表现为灵感。周总理用八个字很好地概括了灵感产生的认识论基础，这就是"长期积累，偶尔得之。"直觉、灵感的产生，都是创造者经过长期观察、实验、勤学、苦想的结果，没有这个基础，灵感是不会飞进你的大脑的。科学创造中的灵感、想象往往是模糊的，如果不重视这种模糊的思维，就可能让灵感白白溜掉。从上述的例子，我们发现，直觉思维不会凭空而来，而是与专业知识背景紧密相连的。因此，直觉、顿悟乃至于在梦中产生的想法，都必须以一定理论知识背景为基础，那种认为直觉、顿悟可以解决一切的想法是十分不切合实际的。

三、利用想象突破传统观念

人的创造性思维来自于丰富的想象，创造想象是创造活动的先导和基础。好的创造成果无不起源于新颖、独特的创造想象。它像大厦的蓝图，在大厦建造以前就勾画出了建筑的效果。

公元2世纪时，东汉丞相曹操得了一只大象，他手下的人都来看这个稀罕的大动物。有人说这只象足有一千斤重，也有的说它约有两千斤。究竟有多重，谁也说不出来。因为那时候没有那么大的衡器，又不能把大象分成几块上秤称，所以测定象的重量便成了难题。曹操提出悬赏条件，要寻找能够称出大象重量的人。大家你望着我，我望着他，谁也想不出办法来。

这时，曹操那不满10岁的儿子曹冲正在旁边玩耍。他对测定大象的重量却是别有一番心计。曹冲征得父亲的应允之后，差人把大象拉到一只木船上。象上船后，船身自然有些下沉。他把这时候的水面位置刻在船帮上。让象离开木船以后，这个刻痕便高出了水面。随后，他又叫人一块又一块地往船上搬运碎石。每搬上一些碎石，木船就向下沉一点，直至使船下沉到刚才刻画的水面位置为止。这时小曹冲犹如大功告成地说："好了！你们一筐一筐地称船上的那些碎石吧！那些碎石的总重量就是大象的重量。"后来从产象的那个国家知道，这只象的重量果然就是曹冲称得的那个数值。

通过这个大家都十分熟悉的例子，我们发现合理的想象是创造性思维的有效保障。

人们在思考问题时，除了运用概念进行判断、推理外，还依赖于想象。广义的想象包括：联想、猜测、幻想等。想象把概念与形象、具体与抽象、现实与未来、科学与幻想巧妙结合起来。科学家爱因斯坦在总结自己的科研经验时，深有感触地说："想象比知识更重要，因为知识是有限的，而想象力概括着世界上的一切，推动着科学的进步，并且是知识进化的源泉。严格地说，想象力是科学研究中的实在因素。"

必须指出的是：想象的东西在没有为实践证实之前，始终是想象而不是真理。要把想象变成现实，既要有一定的条件，也要有一定的过程。想象本身是以人类旧有的经验为基础，通过对这些经验的有意识重组，进而创造出一个崭新形象来的心理过程。

人们在分析和解决问题时，可以通过一系列具有逻辑上因果关系的想象活动，来改善特定的思维空间，从而选择到解决问题的思维方法。

联想是想象的核心。

联想是通过事物之间的关联、比较，扩展人脑的思维活动，从而获得更多创造设想的思维方法。联想可以通过对若干对象赋予一种巧妙的关系，从而获得新的形象。运用联想，可以使风马牛不相及的事物联系起来。

联想是培养创造性心智机能的一种有效的方法，是通向新知识彼岸的桥梁。它可以在已知领域内建立联系，也可能从已知领域出发，向未知领域延伸，获得新的发现。不少成功的发明创造，往往是通过联想获得的。

联想不是一般的思考，而是思考的深化，是由此及彼，由表及里的思考。一个人如果不学会联想，学一点就只知道一点，那他的知识不仅是零碎的、孤立的，而且是很有限的。如果善于运用联想，便会由一点扩展开去，使这点活化起来，举一反三，闻一知十，触类旁通，产生认识的飞跃，激发灵感，开出智慧的花朵。

联想能够克服两个概念在意义上的差距，把它们联结起来，从而发现某些事物的相同因素或某种联系，揭示出事物的本质。普希金对联想法十分崇尚，他说："我们说的机智，不是深得评论家们青睐的小聪明，而是那种使概念相近，并且从中引出正确新结论的能力。"

联想不是想入非非，而是在已有知识、经验的基础上产生的，是对输入到头脑中的各种信息进行编码、加工与换取、输出的活动，其中包含着积极的创造性想象的成分。

联想能力是人脑特有的一种能力。不过，并不是每个人都能因联想而有所发明创造，要使联想导向创造，必须懂得联想的类别和规则。

按人脑反映事物之间的关系不同，可把联想分为接近联想、类似联想、对比联想、因果联想和自由联想等。

接近联想，是由在空间和时间上接近的事物形成的联系，而由一种事物想到另一种事物。例如，由江河想到桥梁，由天安门想到天安门广场和人民大会堂，这是对在空间上接近的事物的联想，叫作空间联想。又如，由日落联想到黄昏，由"八一南昌起义"联想到"秋收起义""广州起义"，这是对时间上相接近事物的联想，叫作时间联想。

类比联想，也称为相似联想，是基于具有相似特征的事物之间形成的联系，而由一事物想到另一事物。例如，由春天想到新生，由冬天想到冷酷，由攀登高峰想到向科学现代化进军。文学作品中的比喻，仿生学中的类比，都是借助于类比联想。

对比联想，由具有相反特征的事物之间的联系引起，由一种事物想到另一种事物。例如，由寒冷想到温暖，由黑暗想到光明，由物体"高温膨胀"想到"深冷收缩"。

因果联想，是基于事物之间的因果关系，由一种事物想到另一种事物。例如，由加压想到变形，由高质量想到高销售等。

自由联想，是对事物不受限制的联想。例如，由宇宙飞船在太空航行想到建立空中城市，想到在其他星球上安家落户。

为了训练思维的流畅性，还可以运用急骤式联想法。这种方法要求人们像暴风骤雨那样，在规定的短时间内迅速地说出或写出一些观念来，不要迟疑不决，也不要考虑答得对不对，质量如何。评价是在训练结束后进行的。例如，要求说出砖头的各种用途，就可能答出：砌房子、筑路、磨刀、敲捶物品……又如，哪些是圆形的东西？回答：皮球、纽扣、缺口、茶杯、锅盖、圆桌、车轮……答得越快，越多，表示流畅性越高。这是20世纪60年代，美国心理学家提出和推广的训练思维流畅性和灵活性的方法。实施经验表明，采用这种快速联想法的训练，对于学生的思维能力，不论从质量方面，还是从流畅性或灵活性方面，都有很大的益处；同时有助于创造性思维的发展。

猜想是想象的重要形式。猜想是指人们发挥思维的能动性，对事物发展进程和未来关系进行预测、设想的一种思维方法。

猜想法基于既有经验又不受既有经验束缚的跳跃性。科学史上新的认识成果往往都首先来自科学家的某种大胆假说和猜想。大胆假设、小心求证，最后付之验证，获得真理性认识，是科学发展的有效途径。

猜想的方式是多种多样的，它可以运用事物的相似、相反、相近关系作联想组合；可以用试错的方法将毫无关联的、不相同的知识要素组合起来；也可以运用创造性想象来补充缺少的事实，设想可能存在的联系。总之，在猜想这一过程中，人们可以尽情地猜测、假设、试错、修改，突破原有的知识圈，在既有的感性材料上起飞，把尽可能多的反映物质世界的思路、方案、模式建造起来，然后再加以对比，进行研究和论证，逐步淘汰错误的猜想，形成真理或行动方案。

创造想象的"原料"来自丰富的知识和经验，来源于广泛实践基础上的感性想象。要想发展自己的创造想象能力，就必须不断扩大知识范围，增加感性想象的储备，这样才能推动社会实践活动更好地开展。

四、利用非逻辑思维突破传统观念

非逻辑思维是突破传统观念的有效途径。非逻辑思维是指在思维过程中有意识地突破形式逻辑的框架，采用直觉的、模糊的和整体的思维方法。

非逻辑思维在承认逻辑方法在认识过程中的作用的同时，突出了科学直觉思维的非逻辑性在认识过程中的重要意义。苏联物理学家谢苗诺夫曾经指出："如果认为只有在严格合乎形式数学逻辑的公理、公设和定理的条件下所产生的科学思维才是'合乎逻辑的'和'合理的'（理性的），那么，实际上所产生的科学思维不可避免地开始显出是无理性的（非理性的）。一般地说，科学开始看起来是某种'疯人院'，但无论如何不像'疯人院'中的活人。在'疯人院'，依靠卫生员——逻辑学家的帮助，要遵守的只是表面制度，而'疯人院'中的活人也只有幻想着似乎这种制度遭到了破坏。"

非逻辑思维主要包括以下几种：

第一种，模糊估量法。在面临一个课题或一道难题时，先对其结果作一种大致的估量与猜测，而不是先动手进行实验设计或逻辑论证。这是一种直觉方法。这种方法的根据是先前的经验和自己的直觉判断能力。这种方法有时会帮助研究者形成一种总体的、战略性的眼光，有时会导致一种假说的提出。

第二种，整体把握法。它要求人们暂时不注重于对象系统的某些构成元素的逻辑分析，而是重视元素之间的联系，系统的整体结构。

非逻辑思维的典型思维方式是超常思维。所谓超常思维是指遇到问题善于冲破常规和习惯势力的束缚，匠心独运、别出心裁地去思考、探索，寻求异乎寻常的解决途径，争取获得人们意想不到的效果的一种思维方法。

应用超常思维方法，一般有以下几种典型情况：

第一，冲破束缚，另辟蹊径。面对新情况、新问题，敢于冲破旧有的各种束缚，开拓新思路，开辟新境界。

在澳大利亚，流传着一段这样的名言："怎样才算是一个成功的商人呢？如果他连粪都卖得出去，而顾客又乐意花钱去购买，他就是成功者之一。"

这段名言，其实是一位大学老师上课时讲的一个比喻。它的意思是说，真正的商人会给顾客以实惠，给顾客以满足，不应欺骗顾客，不应以不正当的方式去竞争，要以创造性的工作去赢得顾客。当时听讲的学生约翰·马登深刻地理解了这段话的精髓，并且在毕业后不长的时间里实践了这个真理。从而使这段名言流传开来。

马登刚毕业时在悉尼市郊区的一个养马场打工。当他看到一车车马粪被运到附近农村贱价出售时，他真的打起了马粪的主意。他想，如果能以马粪为原料，制成一种高效、无污染、便于运输的肥料，一定能受到农户的欢迎，市场前景广阔。从此，他潜心学习和肥料有关的化学知识和农业知识。他用马粪做实验，从中提取便于农作物吸收的各种化合物。经过两年时间的钻研，马登果然发明了一种方法，能将马粪提炼加工成一种高效、无臭味的颗粒状肥料。他把肥料用塑料包装起来，并注明了农作物所需要的化合物成分，在悉尼以每包2澳元的价格出售。

发明新型肥料的消息不胫而走。这种肥料很快被悉尼的农场所接受，随后在澳大利亚推广，成了供不应求的畅销货。在一年的营销过程中，用马粪制成的肥料竟带来近亿美元的收入。光缴纳的马粪税就达到600万美元。29岁的马登，也因此成了悉尼市的传奇人物。

在传统的观念里，马粪是废物、垃圾，而要改变其用途就要冲破束缚，另辟蹊径。将马粪提炼加工成肥料的成功之处，就是绕过马粪味臭和肮脏的直感缺点，寻求它具有肥田效能的本质，从而开发出一种新产品。

第二，匠心独具，超凡出众。福建姑娘阿华大学毕业后只身闯上海，寻找自己的经商门路。商海茫茫，商机何处寻呢？无奈中，想起了母亲。母亲已经去世，为了纪念，她把母亲的长发剪下，时时带在身边。头发是人生不朽的纪念品，她从此联想到用头发做纪念品的生意。

婴儿的胎毛是人生最原始的头发，对年轻的父母来说，是十分珍贵的纪念。用某种特殊的方式把胎毛保存起来，肯定能满足年轻父母的心愿。经过思考，她选择了制作胎毛笔，并设计了精美的笔杆、笔盒和纪念签。

这是一项前所未有的服务项目。开始时步履艰难，人们都抱着怀疑的态度。为了打开市场，她精心策划了"爱婴义务理发"的公益服务活动，培训了一批专剃胎毛的理发师，走街串巷上门服务。专找阳台晾着尿布的住户访问，从解决胎毛没地方剃的困难入手，赢得年轻父母的信任和好感。然后，向年轻父母宣传收藏胎毛的意义，推介胎毛笔业务。新颖的创意、特别的意义、精美的样品，让绝大多数家长怦然心动，爽快地掏出数百元定做胎毛笔。

就这样，阿华的胎毛笔业务做开了，做大了，并且垄断了上海市场。几年工夫，上海人几乎无人不知"小阿华"，小阿华也赚足了上海人的钱。后来，小阿华又把胎毛笔公司开到了其他城市。

创造性思维不仅是自然科学和生产技术的推动力，同时也是管理科学的推动力量。要实现创造性解决问题，就需要匠心独具，超凡出众的思考。阿华的成功就在于其打破了传统思维中头发作用一般，婴儿头发是没有用的东西等一系列传统习惯。

第三，处变不惊，"以假乱真"。1947年，中国人民解放军在胜利地粉碎了国民党的全面进攻之后，即将转入敌占区作战，为解放全中国做好准备。第二野战军的任务是从豫北横渡黄河，挺进大别山。

此时，国民党沿河屯兵设防，以阻止我军横渡。白天侦察飞机隆隆，夜间探照灯不断照射，唯恐防务疏漏。

在司令员刘伯承和政委邓小平领导下的二野指战员不仅作战英勇，在这里还创造了一个以较少代价歼灭守河顽敌的奇特战绩。

他们向群众征集了几千只葫芦，给每只葫芦扣上一个钢盔放到河面上。夜晚，北风吹来，被葫芦驮着的钢盔徐徐向南岸飘动。黑夜里，敌人在探照灯照射中看到这番情景，急切地向上级报告："共军主力正涉水强行渡河！"由于这里是黄河险段，敌将领不断以"不惜一切代价"的命令叫士兵向这些钢盔射击。在密集的炮火中，还真有一些血一样的颜色染红了河面呢！原来，那是我军用来迷惑敌人的红色颜料。我军指战员们事先用猪尿脬灌了红颜色水，捆在葫芦底下。猪尿脬一旦被枪弹打中，红水就会流撒在河面上。

在炮火中，这些"流血"的钢盔仍然不停地向前移动。正在敌军面对黄河惊恐万状的时候，从他们背后响起了真的刘邓大军的炮声。原来，就在几千只钢盔渡河的时候，二野的一部分主力已在上游一个不引人注意的地方乘木排渡过了黄河。

我军从敌人背后进攻势如破竹，很快歼灭了这些敌军。敌师长也被活捉。这次战役打得干净、利落，代价极小。

刘邓大军"以假乱真"，以葫芦驮钢盔的虚假表象，诱使敌人认识不到我军从上游某处进行横渡的实质。这种超常思维正显示了军事家的处变不惊、镇定自若。

第四，因果关联，纵深突破。从事物因果关系的无限连续性出发，进行纵深式思维，作出突破性决策。

世界上最早的自行车大约是在 1817 年诞生的。那时的自行车没有轮胎，只有两个木头轮子，骑起来很不舒服，速度也低。

1887 年，苏格兰医生邓录普给他的儿子买了自行车。但是他看到儿子在鹅卵石道路上被颠簸得很难受时，十分心疼，总想把自行车改进一下。

邓录普是个花卉爱好者。有一天，他用橡胶水管在花园里浇花时，手握着水管，感觉到了水的流动。他故意把橡胶管握紧、放松，再握紧、再放松，好像感觉到了水管的弹性。于是产生了一个大胆的设想：如果把这带水的橡胶管安装到自行车的轮子上，自行车轮就有了弹性，骑车时就不会颠簸得那么厉害了，骑起来一定舒服得多。

于是，邓录普开始试制。经过多次试验，制成了用浇花的橡胶管做成的注水轮胎。

然而这种装着水的轮胎很不方便。它不仅增加了自行车的重量，而且注水时也很麻烦。于是，邓录普在他原有发明的基础上又继续研究用空气代替水的方法。又经过多次试验，最终发明了充气轮胎。

大多数发明创造都需要多次试验、反复改进的实践过程。然而其最初的思想火花却可能是借助于某一事物的启发，或是凭着对在已知事物基础上的想象而迸发出来的。上述事例就是发明者在浇花的橡胶管和自行车轮胎之间找到了因果关联，进而进行纵深突破，从而发明了自行车轮胎。

第五，巧施联想，出奇制胜。根据事物与周围环境之间的相关性原理，进行全方位思考。例如在听诊器未发明之前，医生总是用手叩击胸腔或用耳朵贴近胸腔，通过听到的声音来进行诊断。

1816 年的一天，法国医生雷内克为一位少妇诊病，病人自称心脏不适，请雷内克帮她检查一下。如果采用当时惯用的叩诊方法，由于病人过于肥胖，无法测得准确。当时没有听诊器，雷内克医生考虑用直接听诊的方法，但病人是位少妇，实在不便用耳朵直接贴附着她的胸部来听诊，雷内克有些为难。正在进退两难之际，灵感的火花突然让雷内克记起一件有趣的小事：一天，一群孩子在一棵圆木的一头用针"乱划"，而另一个小孩把耳朵贴近圆木的另一头，说是听见了"乱划声"，出于好奇，雷内克也把耳朵凑近圆木，果然也听到了清晰的声音。联想到圆木传声，雷内克请人拿来一张纸，并把纸紧紧卷成一个圆筒，一端放在那妇人的心脏部位，另一端贴在自己的耳朵上，果然清晰地听到了病人的心率声，甚至比直接用耳朵紧贴着病人胸部听的效果更好。

从那以后，每逢需要听诊，雷内克都不再用耳朵直接贴近病人的胸部，而是用纸筒来传声了。经过不断地实践和认真思考并根据上面陈述的原理，雷内克又把纸筒改成圆木，圆木的一端削平，适于贴紧患者的胸，而另一端做成小而圆的凸起正好插入耳朵，这就是原始的听诊器。后来，经过人们不断的改进，把贴近患者胸部的平头改成能产生共鸣的小盒，而另一端插入耳朵的凸起头由一个改成两个，用两个耳朵同时听诊，中间的圆木也改成胶管连接，不但使用方便，而且效果更好，这就是现在的听诊器。事实可以证明，大胆巧妙的联想，不断探索钻研就能达到出奇制胜的效果。

应该看到，超常思维方法具有积极取向的方面，也有消极取向的方面。前者是创造性思维，后者则是动歪脑筋，出歪点子。这里起决定作用的是人们的基本观念和文化知识素养，还有实践经验的积累。只有用科学知识武装头脑，树立科学世界观和优良的道德品质，并善于不断总结经验的人，才能掌握并熟练应用具有积极取向的超常思维方法，创造出丰硕的成果。

第二节　保障逻辑思维的严密性

有这样一个题目：在一个完全封闭并且没有窗户的房间里，房门紧闭，从房间外面无法看到房间内的一切。房间里有三盏灯，在房间外边有三个开关分别控制着三盏灯。你可以在门外随便打开或关闭开关，在进行完操作后，推开房间的门，进入房间，然后判断哪一个开关是控制哪一盏灯的。

上述问题的解决方式是：在门外将三个开关分别编号；接下来，打开其中两个开关；然后，关闭已经打开的两个开关中的一个，并记下编号。在完成上述任务后，进入房间，房间内的三盏灯应为两盏灯关闭，一盏灯亮着。亮着的那一盏灯是受打开而没被关闭的开关控制。用手去触摸两盏关闭着的灯的灯头，其中，一盏灯的"灯头"比另一盏的"灯头"要热一些，这盏灯就是打开并被关闭的开关控制的。另一盏灯则是由一直没有被打开的开关控制的。

表面上看，这个问题有一些难度。因为，灯与开关是一一对应的，而灯的状态只有开着和关闭两种状态。要解决这一问题，就要在灯与开关之间找出三组对应的逻辑关系。

创造性思维是以非常规的思维为基础，但是，真正的创造性的人类成果最终必须是符合逻辑的。因此，要想提高个人的创造性思维能力，就要提高其逻辑思维能力。

人们对事物的把握，是由浅显到深入，由低级到高级，由现象到本质或从抽象逐渐到具体的过程。因此，比较典型的逻辑思维方法就是要由表及里、层层深入、剥丝抽茧。

马克思的鸿篇巨著《资本论》采用的正是层层深入法。《资本论》在思维形式上的特点类似自然科学中的理想方法，即根据事物抽象形态来考察事物，从抽象逐渐到具体。最初暂时撇开各种复杂而次要的因素，从论述对象的最一般的本质和规律出发来把握事物，然后随着分析的深入，再逐渐地把一些具体的因素加入进去加以考察。从整部《资本论》三大卷的思路结构看，第一卷最为抽象，它撇开流通过程，在纯粹的形态下，从最简单、最基本、最抽象的环节着手来揭示资本主义生产的本质。在第二卷中则是从资本的内部关系转到外部关系的研究，加进了产业资本的流通因素，将生产过程和流通过程统一起来考察，从比较具体的形态进行研究，更加接近于资本主义商品生产的实际。第三卷的第一到第三篇，补充了各产业部门的不等利润以及由于部门竞争而导致的平均利润规律。第四篇讲商业资本及其两个亚种商品经营资本和货币经营资本的运动规律。第五篇在分析过的产业资本和商业资本运动规律的基础上，进一步说明生息资本的特殊运动规律。第六篇深入研究级差地租和绝对地租。第七篇则是全书的总结。《资本论》的思维进程为两条抽象到具体路线交叉进行。从范畴看：商品—货币—资本—利润—利息—地租；从规律看：价值规律—剩余价值规律—平均利润规律和利润下降规律—利息规律—地租规律。这里，我们可以看到，马克思惊人的逻辑思维能力，来自于对层层深入法技巧高度娴熟地运用。

掌握逻辑思维方法，不仅要学会层层深入，还要善于比较，善于应用比较思维。所谓比较思维是把各种事物和现象加以对比，来确定它们的异同点和关系的思维方法。

任何事物性质的优劣、发展的快慢、数量的多少、规模的大小等等，都是相比较而言的。没有比较，就没有鉴别。比较是一切理解和思维的基础。人们认识事物，把握事物的属性、特征和相互关系，都是通过比较来进行的。只有经过比较，区分事物间的异同点，才能识别事物，把它归到一定的类别中去。

比较，一般可分为两种类别：即同类事物之间的比较和不同类事物之间的比较。同类事物之间进行比较，找出其相同点，可以揭露事物的共性；找出其不同点，可以揭露事物的特殊性。不同类事物之间进行比较，找出相同点，可以揭示事物之间的联系；找出不同点，可以揭示事物之间的区别。

比较，一般可采取顺序比较和对照比较。顺序比较是把现在研究的材料和过去的材料加以比较。这是一种继时性的纵向比较。如今与古比较，新与旧比较等。这种比较，容易说明新事物的优越，新阶段比旧阶段进步等；同时还可以发现优越之特性，进步之表现，从中寻求规律、拓宽思路，预测未来事物的发展进程。对照比较是把同时研究的两种材料，交错地加以比较。这是一种同时性的横向比较。此种比较，可以对空间上同时并存的事物进行对照，以认识事物的异同和优劣。

横向比较必须在同类事物之间进行，如国家与国家比，人与人比，单位与单位比，地区与地区比。进行这种比较时，一定要注意它们的可比性。如在比较社会主义制度和资本主义制度时，只能比那些可比的因素，不可比的因素应当排除在外，这就是所谓"异类不比"。同时，应采取客观、公正的严肃态度。

不论是纵向比较还是横向比较，都要明确为什么而比，并站在正确的立场上，运用正确的观点去比。通过比较作出科学的历史的具体分析。否则，比较中的纵向可能导致单纯地回头看，产生满足现状或今不如昔的偏向；比较中的横向则可能变成现象间的简单笼统的对照罗列，或者导致对自己、对别人、对事物的全盘否定或全盘肯定，得不出合理的科学的结论。

要更好地开展思维活动，进行有效的比较对照，就要关注如下几种形式的比较。

首先，进行新知识与旧知识的比较。在比较中了解新旧知识的异同，把新旧知识联系起来，使新知识的掌握建立在旧知识的基础上，加深对新知识的理解。

其次，进行新知识与新知识的比较。在比较中认识事物之间的共同性和特殊性，揭示事物之间的联系和区别，使学生所掌握的知识深刻化和精确化。

再次，进行旧知识与旧知识的比较。在工作中，把已经拥有的知识相互比较，以加深理解，加强巩固，并把知识系统化起来，形成解决问题的方案。

最后，进行理论与事实比较。使思考者根据事实了解理论，并检验理论的正确或错误，把理论和实际联系起来。

一般地说，确定事物之间的相异点比确定事物之间的相同点要容易一些，经常一些。所以，在进行比较时，最好先从寻找相异点开始，再过渡到寻找相同点，最后，明确异同之所在，达到既能看出同中之异，又能看出异中之同。

在对事物进行比较时，必须围绕着主题进行。当比较事物某一方面的特征时，不能把其他方面的因素掺杂到里面去。要经常注意找出哪些是事物的主要因素，哪些是事物的次要因素，不能将事物的次要因素当作主要因素。分清了事物的主要因素和次要因素，有利于把握事物的本质特征。

逻辑上的层层深入和比较分析仅仅是创造性思维的基础，而提高理解力、判断力则是创造性解决问题的关键。

所谓"理解"就是对某个问题、某件事搞懂了、弄明白了。而"理解力"就是衡量一个人对这个问题、这件事搞懂、弄明白所用的时间长短。用时短，相对来说这个人理解力强，反之则这个人理解力弱。一个人的理解力大小、强弱不是天生的，它是人类在从事各种社会实践中不断学习、不断处理与解决各种问题，不断总结正反两方面经验所取得的。在各种实践中，锻炼了人的智力，使人不断聪明起来，从而才有可能使人类的理解力不断提高。这里要指出的是，一个人应该养成坚持学习，热爱学习的良好习惯，坚持活到老、学到老，这样才能给一个人持久地保持敏捷的理解力提供良好的智力基础。所谓判断力是通过人类对某个问题或某些现象的观察、分析，然后进行综合和推理，得出正确与否、是非与否，或者通过观察、分析、综合和推理又延伸得到新的结论。人类发明创造的历史证明：一个人的理解力和判断力的大小是人类取得创造成果或事业成功的重要的先决条件。

1971年9月13日，林彪阴谋武装政变失败后，仓皇北逃，自取灭亡，这就是当时绝密的"9·13事件"。然而，这件事却被日本防卫厅很快察觉。1971年9月20日日本防卫厅官员对记者说："中国国内发生了重大事件。"那么日本军界是如何得出这样的结论呢？原来，防卫厅二部特别室发现中国无线电通讯异常，"9月13日以来，中国所有军用、民用飞机都停飞了。这几天中国正把成千上万份内容相同的电报，由北京发往全国各地，命令正在探亲、休假的官兵火速归队。那么中国与苏联是否又要发生边界冲突呢？不是。因为我们也发现了苏联的无线电通讯没什么改变，苏方没有异常军事行动。"因此，日本军界通过观察、分析进行判断，得出了"中国国内情况反常，中国发生了大事"的正确结论。这是国际上对我国"9·13事件"的最早反响。

日本对"9·13事件"的判断，就是基于获得的很少的信息，通过我国的某些蛛丝马迹来分析判断，进行合理的逻辑推理，得出的结论。

掌握思维的方向是更好地运用逻辑思维的关键。要掌握好思维的方向，就要应用循踪追迹思维，沿着一个不被人关注的现象进行逻辑思考。

循踪追迹思维法是指在科学研究或其他工作中，对于呈现在面前的某种现象紧追不舍，做深入细致地观察和寻根究底的研究，从而透过现象揭示事物的本质和规律的一种思维方法。

应用这种思维方法有助于人们做到有所发现、有所发明、有所创造、有所前进。例如从事细菌学研究的英国科学家弗莱明在1928年某日上班时，忽然发现在葡萄球菌的培养器皿中，有一小块如土碴一般的尘埃物，培养液受到破坏。通常的处理方法是，清除污染，重新培养。弗莱明则不然。他并不轻易放过这个现象，认真地加以观察，进而发现"土碴"周围的球菌不仅没有生长，而且变成一滴滴露水的样子，于是他反复思考这"土碴"为什么对球菌有特殊的抑制作用？"土碴"里面究竟含有什么东西？最后他终于从中分离出一种能抑制球菌生长的抗生素——青霉素。后来根据这项发现，人们研制成一种新药——青霉素针剂，用于医学临床，对于球菌感染引起的疾病有特殊疗效。有人估计，青霉素的发现使全人类的平均寿命延长了 10 岁。要是有人对现在世界上三大疾病——心脏病、高血压和癌症发明某种特效药，人类平均寿命也不过延长 10 年。弗莱明对人类的重大贡献终于在 1945 年获得了诺贝尔医学生物学奖。弗莱明此项重大发现同他应用循踪追迹思维方法是分不开的。

同弗莱明形成鲜明对比的是日本科学家古在由直，他对这种青霉素现象的发现早在弗莱明之前，然而他没有从中发现青霉素，这同他没有应用循踪追迹思维方法有关。他认为这种污染现象是一种普通的、熟悉的现象，这是由于被污染的霉菌迅速繁衍，消耗了器皿中的养分而导致球菌的消失。因此，本来具有重要研究价值的现象，就悄悄地在自己眼皮底下溜走了。

更好地运用逻辑思维就要加强对外界信息的收集，并充分利用这些信息进行分析，做出判断、预测、决策。这一过程，被称为反馈思维。反馈思维又可以分为前馈思维和后馈思维。

反馈思维是指控制系统把信息输送出去，又把其作用结果运送回来，并对信息的再输出发生影响，起到控制调节作用，以达到预定目的的思维方法。

反馈是自然界的一种普遍现象。在自然现象中，人和动物必须呼吸，吸进新鲜氧气，呼出二氧化碳。如果没有绿色植物吸进二氧化碳、放出氧气这样一种"反馈"，生命运动就会停止。在人体运动中，大脑通过信息输出，指挥人的各种活动，同时，大脑又接受来自人体各部分与外界接触所发回的反馈信息，不断调节并发出新的指令。如果没有反馈信息不断输入大脑，那么人体运动就是不可设想的。在生产体系中，从投入原料到制成产品，历经各道工序，每道工序在半成品输出后，都要检验样品，并把检验数值与计划指标、技术参数作对比，得出误差数值，然后反馈到有关工序。有关工序根据偏离程度，及时调整工艺，使次品消灭在生产过程中。

反馈思维方法被广泛应用于自然科学、社会科学等各个领域。任何一个系统，只有通过反馈信息，才能实现控制，达到预定的目标。没有反馈信息，要实现调节、控制是不可能的。例如，人类复杂的反射活动都是通过神经系统的反馈而实现的。实现反射活动的神经通路称为反射弧，它包括感受器、传入神经、神经中枢、传出神经和效应器（肌肉和腺体）五个环节。前三个环节（感受器、传入神经、神经中枢）的任务是接受信息，后两个环节（传出神经和效应器）是执行机构。但复杂的反射活动，并不是一次单向传导所能完成的，而是经过传入和传出部分来回就近传导，借助大脑多次反馈调节的结果。正是依靠这种反馈调节，才保证了人类对外界精确、完整、连续的反应和对自身活动的准确控制。人的任何有意识的活动，无不含有反馈。简而言之，没有反馈，就没有生命，更谈不上人类的智慧和创造。

人学习知识的过程，首先是获取大量信息，然后由大脑对它们进行编码、改造，而后将思维的产物利用各种途径输送出去，公之于众，回收外界对它的评价，从而检验学习效果和学习深度，进而在原有知识基础上，有针对性地进行再学习，再思考，再创造，使之更趋全面和成熟。这一过程也就是反馈思维过程。对一个学习者来说，通常存在两种反馈信息：一是由输入引起的感受器官的反应，称为"内反馈信息"；一是通过输出（即知识的运用），获得来自外界的反应，称为"外反馈信息"。无论哪一种反馈都具有调节学习和激发动机的功能。当反馈信息揭示了学习中的不足时，它就能为调节学习、重新制订学习计划、改进学习方法提供依据；当反馈揭示了学习的成效时，它便能激发学习的积极性，起到鼓舞和鞭策作用，使学习兴趣更浓，信心更足，也更大。

成功的创造者和发明者都善于进行反馈思维。例如，他们在掌握知识的过程中，能向能者求教，交流探讨，并运用知识于实践，发现问题，总结经验；又能把别人对自己知识的评价，加以整理分析，提取有益成分，反馈至知识的输入端，实现对学习内容、方法和学习目标的选择和控制。由于他们能勤于输出信息，从中获取反馈，所以能获得成功。

总之，反馈思维可以使学习和创造者找到不足，弥补缺陷，改进方法。同时寻找良师益友，加以指导，少走弯路，找到捷径。所以，反馈思维法是加速学习成功的要诀，是人才创造活动的重要智力因素。在学习和创造中，为了取得成功，必须学会反馈思维，如主动质疑，寻师求教，不耻下问，运用知识，同学间相互切磋等等，都是强化反馈信息的有效方法。

以反馈思维对已有的现象进行分析，就可能发现矛盾；而以矛盾分析为基础，就可以揭示新的现象，引发新的发现。亚当斯和勒维烈发现海王星就是这样一个典型事例。

开普勒总结出了行星运动定律以后，人们对于行星如何围绕太阳运动这个问题已经知道得相当清楚了。

19世纪初，法国天文学家布瓦尔受法国当局委托，计算了木星、土星和天王星的"星历表"（星历表就是预报一批星球每天某些时刻处在天穹上什么位置的数据表格）。对于木星和土星，计算结果与观测十分相符。唯独对于当时所知道的最远行星——天王星，其计算结果不能令人满意。布瓦尔的"表"是在1821年公布的，过了9年，表中的数据就和观测结果差$20''$，而到了1845年，这个差值便超过了$2'$。

面对这种计算与实测不符的现状，科学家们有不同的猜测和想象：一种猜测认为，牛顿万有引力定律不适用于遥远的天体，因而根据这个定律计算出来的"运行时刻表"与事实有差异；另一种则想象在天王星以外，存在着一颗人们尚未观测到的行星，是这颗行星的引力影响了天王星的运行规律。虽然持后一种观点的人是多数，但是没有人能拿出确凿的证据。

英国剑桥大学的学生亚当斯，1843年他才24岁的时候，就开始对这个问题进行深入的研究。在此之前，人们所解决的问题都是根据观测到的已知行星来计算它的轨道；而现在所要解决的是根据天王星运行的偏差反过来推算这颗未知行星的位置，这是前人所未遇到过的逆向推理课题。1845 年 9 月，他根据对天王星"运动失常"的研究，推算出该未知行星的轨道、质量和当时的位置。一年后，他又改进了这个结果。

住在巴黎的法国天文学家勒维烈，在不知道亚当斯的研究工作的情况下，也钻研着同一难题。1846 年 8 月，勒维烈发表了他的研究结果。实际上，他所预言的未知行星位置与亚当斯所预言的只相差 1°。勒维烈写信给欧洲的一些天文台，请他们在宝瓶星座中黄道经度 326″ 的地方，用望远镜寻找这颗未知的行星。

当年 9 月 23 日，柏林的青年天文学家加勒在收到来信的当天晚上，按照勒维烈指定的位置，果然搜索到了这颗前所未知的行星。这就是现在所说的海王星。

后人风趣地说："别的星球都是用望远镜发现的，唯独海王星是在纸上推算出来的。"

在创造活动中，具有创造性的想象、联想是重要的，但是要形成现实的有创造性地发现或发明，就必须通过翔实的考察、考证、搜集、推理、实验等诸多实际工作，在这些工作中，反馈思维是使考证、推理得以顺利进行的有效保障。这些实际工作往往非常艰辛浩大。人们在发现天王星的运行与星历表不一致以后，产生了"在天王星之外还有一颗行星"的创造想象。然而真正捕捉到这颗亮度很低的行星，还需通过亚当斯和勒维烈的以反馈思维作引导实施的创造性计算。

有些人在学习中，很少有成果输出，遇到难题，往往闷在肚子里，不敢进行质疑，其主要原因，就是缺乏输出的反馈意识，或者缺乏自信，怯于"现丑"，长此以往，不仅使运用知识的能力受到抑制，而且对自己掌握知识的程度也不甚了解，因而无法实现自我控制，达到预期的学习目标，要改变这种状况，只有增强反馈意识，克服怯于输出的不良心理，才能做出有创造价值的成果。

反馈思维按照思维方式可以分为前馈思维、后馈思维。

前馈思维指人们在工作过程中，注意在客观情况发生新的变化之前，争取时间，搜集信息，从中洞幽察微、见微知著，从而超前构思相应的对策，超前做好必要的调节控制准备的一种思维方法，也称超前反馈思维方法。

前馈思维方法早就引起古人的注意。所谓"凡事预则立，不预则废"。我国春秋后期的范蠡就是善于预测市场供求和物价的变化而取得成功的。他发现"贵上极则反贱，贱下极则反贵"的价格摆动现象，进而提出了"水则资本，旱则资舟""夏则资裘，冬则资稀"的策略。本，指桑木，即农业。稀，意为薄的东西。范蠡这段话的意思是：靠江河湖水的地方，渔业变得普通，那么养桑种田的人反而能把农产品卖个好价钱；缺少水的地方，撑船打鱼的人更能挣到钱。夏天，别人都卖夏衣，只有你卖冬衣，冬天，别人卖冬衣，你卖薄薄的夏衣。物以稀为贵，反向经营反而得大利，这就是事物变化的辩证法。

受到当时的生产条件的影响，古人的前馈思维大多数是经验型的，现代的前馈思维必须与科学地分析、推理相关联。

20 世纪 60 年代初，日本人敏感地发现，北京大街上公共汽车上的煤气包不见了，这表明中国汽油缺乏已告缓解，但中国是从何处采出石油的，日本人一直蒙在鼓里。1964 年 4 月 20 日，《人民日报》发表文章《大庆精神大庆人》后，日本企业界才知道中国有了新的油田，而且在大庆，但大庆在哪里呢？两年后，日本人从《中国画报》上看到刊登铁人王进喜的照片。从他戴的狗皮帽子判断出大庆在东北，他们又利用到北京洽谈生意的机会，观察原油火车上灰尘的厚度，估算出大庆到北京的距离。1966 年 10 月，《人民中国》又登出王铁人同石油工人扛着钻机部件行进在风雪中的照片。从照片中依稀可见小火车站名"马家窑"，日本人查遍中国东北地图也找不到这个地方，但是，日本人分析，如果要将钻机人拉肩扛运抵井位，可以断定油田离火车站不远。他们沿中国东北铁路线逐段估测，比较准确地推知大庆油田是在中国东北松嫩平原人迹罕至的地带。日本人还推测出中国大庆油田开发时间是在 1959 年以后，因为中国报刊登载国庆 10 周年王铁人从玉门到北京观礼，从那以后他便在报刊上消失了。而在此之前，1960 年 7 月《中国画报》曾刊登了大庆炼油厂的图片，日本企业界人士从中推测炼油塔的外径和内径，从而判断出其加工能力，估算出大庆年产原油约 3600 万吨。日本企业界根据上述蛛丝马迹，断定我国要大规模开发油田，必须进口技术和设备。事实证明：日本人不但比西方人想得早，甚至比中国人还想得早。结果，4 年后我国就炼油成套设备向国外招标，其他国家在一无所知的情况下参加竞投，日本人却轻易夺了标。

1982 年我国足球队参加第十二届世界杯"亚太区"出线权的决赛阶段比赛，最后和新西兰队争夺最后一个出线名额，在新加坡参加附加赛失利，举国为之震动。邓小平同志随即做出了"足球要从娃娃抓起"的重要批示。江苏省一个从事橡胶业生产的乡镇企业的负责人在报纸上看到这一消息后，就和专家们一起共同分析，预测到我国将会兴起儿童足球运动，于是做出了一项超前决策，研制了标准型中国儿童足球"贝贝球"，并不惜重金，通过各种渠道做广告，扩大影响，使该企业名声大振，蜚声域外。仅仅几年时间，产值就从 176 万元增长到 6000 万元，出口额 600 余万元。

该企业在儿童足球生产上取得成功后，马上抓住了我国约有 12% ～15% 的少年儿童是扁平足这一现象，开发学生运动鞋市场，又获得了成功。

后馈思维就是用历史的联系、传统的力量和以前的原则来制约现在，使现在按照历史的样子继续重演的思维方法。

后馈思维又可称为习惯性思维，是一种循轨思维。它面向历史，总是用过去怎么做、祖先怎么样、以前的经验怎么样来要求现在。故后馈思维也是一种反馈式思维，它是思维的一种惯性运动，把思维方式固定化、绝对化。后馈思维总是要把"现在"反馈为"历史"的重复。所以，它也是一种"滞后型"的思维。它的向心力和惯性力的基础在历史。后馈思维的一般模式如图3－2所示。

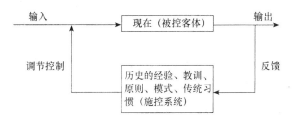

图3－2　后馈思维的一般模式

后馈思维具有的典型特点是指向性。一般来说思维都具有一定的指向性，所不同的是，后馈思维是把现在往历史上引导的指向性思维。它的"兴奋中心"总是历史上的某个阶段、某种情况，是一个通过"想当年""要恢复到某某时的情况"的思维过程。后馈思维的指向性产生两种结果：一种是对现在的缺陷、弊病感到不满，要以历史的成功经验和优良传统"改变"现在，这是积极的，因为，创造是必须以固有的事物为基础。后馈思维的另一种指向性是对历史"理想化""厚古薄今"，其结果是以历史来"今变"现在，这是消极的。对此，要进行具体分析。当一件事情已经发生，又对于事情的某些细节不十分清楚，而又要求了解这些细节的时候，就需要以后馈思维对已有的现象进行分析。因为，在后馈思维的指导下，人们就可以进行适当的还原性的模拟工作。这一方法，在科学研究工作中应用十分广泛，在地球演化研究中还原性的模拟作用巨大。不仅如此，在刑事案件的侦破过程中，在后馈思维指导下的还原性的模拟也十分有效，下面的故事就是这样一个典型事例：

东汉时期，句革县衙受理了这样一桩人命案：弟弟状告嫂子谋杀亲夫，要求偿命。而嫂子披麻戴孝泣不成声，疾呼喊冤。并且边说边哭"丈夫命苦！"说是丈夫醉酒后睡在床上，家中失火，丈夫没有跑出来，被烧死了。

原告则完全不理会这些陈词，一口咬定是嫂子害死了哥哥之后，故意纵火烧房子，以制造假象。

原告被告各执一词，僵持不下。

按照当时衙门里的惯例，知县可以下令对被告施刑，逼她招供。但是审判此案的知县张举却没有这样做。他用了一个非常科学的办法，明断了这桩案件的真情。张举叫差人弄来两头猪。杀死其中的一头，另一头还活着。把它们都放在猪圈里用柴火烧。烧完以后，拿来做比较。结果发现：那头活活被烧死的猪嘴里有灰，而事先杀死的那一头，嘴里没有灰。根据现象分析，活着的猪在被烧死之前还一口一口地吸着带烟的空气，而被杀死的那头猪没有这个过程。这样，张举就得到了判断死者是否被害的客观标准。

根据这个标准再去验尸。发现死者嘴里没有灰。因此，张举断定被告是先害死了丈夫，而后再烧的房子。在事实面前，被告再也抵赖不了，承认了自己的杀夫之罪。其他官吏、差人以及附近的老百姓，也都为张举创造了这样一个明断真情的办法而赞叹不已。

知县张举根据人和猪的共性，想到用猪做实验的模拟方法。从死猪和活猪被烧后的对比中，找到了它们之间的差异，断案使众人心服口服。特别是故事发生在近两千年前，他发明的这种断案新技术就显得更具创造性。

后馈思维既有消极因素，也含有一定的积极成分。我们要发挥它的积极作用，联系客观实际，正确对待传统的文化遗产，以实现思维的创造性。

第三节　变换思维角度

阿西莫夫是美籍俄国人，世界著名的科普作家。他曾经讲过这样一个关于自己的故事。

阿西莫夫从小就很聪明，在年轻时多次参加"智商测试"，得分总在 160 左右，属于"天赋极高"之列。有一次，他遇到一位汽车修理工，是他的老熟人。修理工对阿西莫夫说："嗨，博士！我来考考你的智力，出一道题，看你能不能回答正确。"

阿西莫夫点头同意。修理工便开始说："有一位聋哑人，想买几根钉子，就来到五金商店，对售货员做了这样一个手势：左手食指立在柜台上，右手握拳做出敲击的样子。售货员见状，先给他拿来一把锤子，聋哑人摇摇头。于是售货员就明白了，他想买的是钉子。聋哑人买好钉子，刚走出商店，接着进来一位盲人。这位盲人想买一把剪刀，请问：盲人将会怎样做？"

阿西莫夫顺口答道："盲人肯定会这样——"他伸出食指和中指，做出剪刀的形状。听了阿西莫夫的回答，汽车修理工开心地笑起来："哈哈，答错了吧！盲人想买剪刀，只需要开口说'我买剪刀'就行了，他干嘛要做手势呀？"

阿西莫夫之所以答错，就在于他在思考问题时没有及时变化思维的角度。

古人在《题西林壁》诗中这样写道："横看成岭侧成峰，远近高低各不同。不识庐山真面目，只缘身在此山中。"在实际的生活中，人的思维正如诗中写到的那样，往往受到自己所处的环境和传统思维习惯的影响，而不善于变换思维角度。请看下面的两幅歧义画，图 3-3 是 J·亚斯德罗的《鸭子和兔子》，图 3-4 是 W·希尔的《年轻的妻子和岳母》。

图 3-3　鸭子和兔子

图 3-4　年轻的妻子和岳母

如果把埋在大衣领间的白色部分看成是没了牙的嘴巴和下颌，接着向上看去，就会看到一个戴白头巾穿毛领大衣的老太婆。如果把老太婆的鼻子看成一个侧过去的脸的下颌，将老太婆的嘴巴看成脖子和套在脖子上的项链，老太婆的眼睛被看作耳朵，于是，就出现了一个漂亮的少妇像，虽然大衣和头巾对于头有些比例失调，但是谁也不会计较这一点。又是少妇，又是老妪，一个形态被看成了两个不同的形象，只有变换思维角度，才能看到这样两个不同的形象。

要实现创造性思维，就要适当改变思维的方向、变换思维的角度。传统的思维是一种正向的思维方式，要变换思维角度，就要采用逆向思维、侧向思维、合向思维和水平思考法，增加思维形式，促进思维的多样化。

一、逆向思维

有这样一个题目：有两支香，粗细、长短各不相同，但它们完全燃烧完毕的时间都是一小时。现在除了火柴以外没有任何工具，请测出半小时和四十五分钟。

上述问题的解决方案是：用火柴同时点燃两支香，一支香点燃一头，另一支香点燃两头；当点燃两头的一支香燃烧尽时，将另一支香的另一头点燃。这样，第一支香燃烧尽时，时间为半个小时；第二支香燃烧尽时，时间为四十五分钟。

在习惯的思维里，香是从一个方向点燃并燃烧的，而使香从两个方向点燃并燃烧，需要的不仅仅是突破思维习惯，更需要变换思维角度。而逆向思维就是一种典型的变换角度思维。

逆向思维也称为反向思维，是一种创造性思维，它强调要从事物的反面或对立面来思考问题。逆向思维与正向思维相对应。正向思维是指人们运用过去的知识和经验，在已有理论指导下思考问题和解决问题的一种能力或方法。正向思维在人们日常思考和科学研究中起着巨大的作用。但是，由于人们受心理倾向、心理定势的影响，即在思考问题时，采取一种特定的思路，下一次采取同一种思路的可能性就很大。在一连串的思想中，一个个观念之间形成了联系，这种联系紧紧地建立起来，以至于它们的联结很难破坏，这样，就容易导致人们形成一种固定的思维模式，即习惯性思路或思维定势，如"守株待兔"的千古笑谈就是其中一例。

逆向思维则需要突破这种习惯性思路或思维定势。它是从事物常规的相反方面去探索思考问题和解决问题的一种思维方法。根据唯物辩证法的基本原理，事物都存在着正反两个对立面，所以，人们在对待事物的时候就需要既看到正面也要看到反面，既看到前面又看到后面，既看到外面又看到里面。这就是逆向思维得以成立的基础。

人们的思维，在主流上是正向思维，即凭借以往的经验、知识、理论来分析和思考问题，这是人类文明得以源远流长和发扬光大的内在源泉，也是每一个体系得以逐步完善的根本所在。但是，其中的负效应也助长了人们思维定势或习惯思路的形成，知识越多，经验越丰富，思路也就越教条、越循规蹈矩。天才和聪明人正是心中藏着逆向思维才获得成功的。相反，一个知识或经验十分丰富的人，如果堵死了逆向思维的通道，遇到难题就只能一条思路走到底，最后陷入死胡同而不能自拔。由此可见，逆向思维对于开阔人们的思路是非常重要的。

（一）逆向思维的基本形式

首先，在思维活动中，要通过正视事物矛盾的对立认识和把握事物。事物都包含着对立的两方面，人们的认识和主观思维必须符合事物的实际，如果只注重一个方面而忽视了另一个方面，只看到矛盾的正面作用或正效应，而忽视了矛盾的反面作用或负效应，就会在实践中碰壁。只有看到事物矛盾着的两个方面，在事物对立着的两极中思维，才能全面而正确地反映事物、认识事物，在实践中取得成功。爱因斯坦正是有意寻求对立双方的同时存在和相互联结的情形，才能从对立事物中找到完美的统一，对从表面上看来似乎不合逻辑的情况提出合乎逻辑的假说。

其次，在思维过程中，要通过从事物矛盾的反面来思考，以达到认识事物、表达思想、进行发明创造和实现科学决策的目的。

事物都有正面和反面，相反的方面不仅相互排斥，而且可以互相联结，具有同一性。从事物的反面进行思考，比起从事物的正面进行思考来说，显得思考的角度更加广泛。认识事物不是只有一个角度，也不是只有两个角度，而是可以从多个侧面、多种不同的角度来揭示。各种事物、现象之间既有必然的联系，又有偶然的联系；一种原因可以产生多种结果，一个主攻方向上屡攻不克时，应研究背逆以往的分析、解决问题的途径，把问题的重点从一个方面转向另一个方面，从而打开一条新的思路。也就是说，思维在一个方面受阻时，就可以从相反的方向试试；反向思考如果不能解决问题，还可以再改换一下角度，另找几个侧面去试探。就如打仗一样，正面攻击敌人不利，就可以从后面或侧面发动进攻。

圆珠笔漏油问题的解决就充分显示了从事物的反面进行思考的巨大作用。早期生产的圆珠笔，由于笔珠磨损导致漏油而未得到广泛应用。为了解决这个问题，人们按照常规的思维方式进行思考，即从分析圆珠笔漏油的原因入手来寻求解决问题的办法。漏油的主要原因是由于笔珠受磨损而增大笔珠与笔芯头部的间隙或蹦出，油墨就随之流出。因此，人们首先想到的解决办法就是增强圆珠笔的耐磨性。于是按照这个思路，人们在增强圆珠笔的耐磨性的研究上投入了大量的精力，甚至有人想用耐磨性极强的宝石和不锈钢作笔珠。经过反复试验，这种思路又引发了新的问题，由于笔芯头部内侧与笔珠接触的部分被磨损，仍然可以使笔珠蹦出，也能导致油墨流出，漏油的问题还是没有解决。正当人们对漏油问题一筹莫展之时，日本发明家中田鹰三郎打破了思维常规，运用逆向思维解决了圆珠笔漏油问题。他认为不管使用什么材料作笔珠，圆珠笔都会在写到两万多字的时候开始漏油，那么，解决问题的关键便不是选取什么材料作笔珠，而如果控制圆珠笔的油墨量，使所装的油墨量在漏油前已经用完，不就可以解决漏油的问题了吗？于是他便改变圆珠笔的油墨量，使所装的油墨量只能写到一万五千字左右便用完了，漏油的问题迎刃而解。从这个例子里，我们不难体会到逆向思维的巨大作用。

在社会生活中，从反面来思考，有时是通过利用人们的逆向心理来实现的。逆向心理即抗拒心理，也称为心理抵抗，是指人们对某种行为、思想或宣传采取方向相反的态度，或仍保持原来的状态。有人认为，逆向思维与逆反心理无关，其实这种说法有些欠考虑，因为逆反心理正好为逆向思维提供了社会心理基础。三国时诸葛亮玩"空城计"，也正是在一筹莫展之际，充分利用了司马懿的逆反心理而获得成功的。司马懿以为诸葛亮向来用兵谨慎，怎么会在此设一空城呢？想来必有伏兵，赶快撤退，恰好中了诸葛亮的计策，过后司马懿追悔莫及。

最后，凡做一件事情都从反面想想，可以弥补只从正面思考的不足。

在分析问题、进行决策时，逆向思维的作用不可低估，人们常用"凡事预则立，不预则废"的古训来提醒自己，这里的"预"，也包括把事情反过来想一想。二战结束之后，有一个英国人和一个美国人同时到一个岛上去推销鞋。他们到了该岛之后，发现该岛上的人全都赤着脚，根本就不穿鞋。于是英国人向总部发回电报：该岛上的人根本不穿鞋，没有销售市场。而美国人则相反，报告总部说，该岛上目前还没有人穿鞋，极具市场潜力。后来，美国公司免费赠送给该岛居民许多鞋子，并且教会他们如何穿用，让岛上居民逐渐体会到穿鞋的好处，从而占有了整个鞋业市场，大大赚了一笔。

由此可见，在商业竞争中，谁能从反方向来思考一下问题，谁就可能抓住商机。日本的丰田第一任老板田章一郎说：我这个人如果说取得了一点成功的话，是因为我对什么问题都倒过来思考。倒过来思考，才能不断提出新问题，比别人想得更深、更全面，找出更多的"第二正确答案"。对于一个濒临破产的企业，如果能找出第二种正确答案，就能起死回生，卷土重来。一个优秀的企业家往往能突破单一的思维定势，找出第二个正确答案，使企业在竞争中立于不败之地。

在体育比赛中更是如此，正如奥斯本所说，最好莫过于提出这样的问题：我们的竞争对手为了超过我们会做什么？1981年世界杯之前，中国女排为了迎战世界强敌前苏联队，主教练袁伟民专门从全国男排冠军队——江苏男排调来3名主力队员，模仿前苏联队的打法给中国女排作陪练，从技战术等方面训练自己队伍。终于在该年度的世界杯赛中战胜了前苏联队，第一次夺得了世界冠军。众多的球队在比赛之前，都是把对手的比赛录像拿过来反复研究，包括球队惯用阵形、打法乃至对每个队员都进行分析，从而制定出克敌制胜的奇招。

美国微软公司的总裁比尔·盖茨在开始创业之时，只是一个大二学生，既无资金，也无厂房。当时，大型计算机几乎控制着整个计算机行业，而小型机也只是刚刚占有一席之地，微机还是个人可望而不可即的奢侈品。比尔和他的同事另辟蹊径，把注意力放在个人计算机系统软件的开发上，开发出个人计算机不可缺少的操作系统——DOS，使个人计算机的使用上了一个新台阶。而后，他又大胆地逆向思维对DOS不加密，占领市场，当个人计算机普及之时，他利用独有的市场条件，提出了与个人计算机捆绑销售的策略，获取了巨大的财富。

总之，逆向思维告诉我们，在优越感中要警惕危机的因素，而在危机中又要看到优越的所在；在顺利的环境中要看到逆境的存在，在逆境中要看到顺利的可能；在成功中看到有失败的部分，在失败中更要看到成功的基因；富裕和贫乏，团结和分裂，前进与倒退等等都是相互渗透、相互依存、相互交融的。

（二）逆向思维应用实例

逆向思维好比开汽车需要学会倒车技术一样。如果不学会倒车技术，一旦你的汽车钻进了死胡同，就出不来了。思考问题时，人们有时也会钻进死胡同出不来，逆向思考就能帮你退出来。正像我们用不着总开倒车来显示自己的倒车技术一样，我们也用不着总使用逆向思维方法，但是一旦需要时，如果不会使用它，你就会陷入困境。

逆向思维主要表现为思维逻辑逆推、方向、位置、顺序等的逆向思考。在具体的应用过程中，主要有如下表现形式：

第一，思维逻辑逆推。所谓思维逻辑逆推，就是指从要解决问题的结果出发，从结果推向解决问题的方法。邓小平理论中的很多论断就是这种逆向思维。

1978年10月开始，在中国大地上展开了一场关于真理标准问题的讨论。这场全党全国范围的大讨论，冲破了"两个凡是"的教条主义禁锢，推动了全国性马克思主义思想解放的运动，也为邓小平理论的创立提供了条件。在研读邓小平理论时，我们不难发现邓小平理论的许多方面论断都体现着逆向思维的特点。

第一，"三个有利于"标准体现着典型的逆向思维。

1992年春，邓小平同志在南行谈话中，精辟地分析国际国内形势，科学地总结了十一届三中全会以来党的基本实践和经验，明确地回答了经常困扰和束缚我们思想的许多重大认识问题。并且郑重告诫全党全国人民，判断是非的标准，应该主要看是否有利于发展社会主义生产力，是否有利于增强社会主义国家的综合国力，是否有利于提高人民群众的生活水平。这"三个有利于"后来被写进十四大报告和中国共产党党章总纲，成为判断各方面工作是非得失的根本标准。

从这里我们不难发现如图 3-5 这样一个模式。

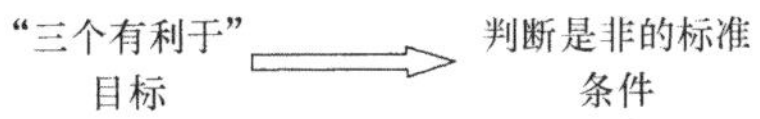

"三个有利于" ———————→ 判断是非的标准
目标　　　　　　　　　　　条件

图 3-5　逆向思维模式

从图 3-5 我们可以清楚地看到这"三个有利于"标准体现着典型的逆向思维。因为一个社会主义国家的目标便是发展生产力、增强综合国力、提高人民群众的生活水平。所以，我们可以从这个目标出发，逆向推出我们应该采取的路线、方针和政策，然后再按照已经确定的路线、方针和政策去实现我们的目标。

第二，逆向思维在邓小平理论中是以总的目标为前提的，是决不可以理解为实用主义的。

邓小平理论中有许多很风趣的论断，在认识中我们争论最多的就是"黑猫白猫，抓住耗子便是好猫"的论断。"猫论"是典型的逆向思维观点，这是不言而喻的。但有人认为"猫论"中体现着实用主义的哲学思想，这是对"猫论"这一问题的曲解。

"猫论"这一问题的最早提出本身就是在有明确目标的前提下完成的。在中原野战军挺进大别山的战斗中，"中野"血战南汝河，刘伯承元帅提出必须打过南汝河，并且以"猫论"举例。这里我们可以清楚地认识到"猫论"的首次提出便是在战胜敌人的总前提下的产物。

而在新的历史背景下，邓小平同志提出"猫论"和"三个有利于"都是在"一个中心两个基本点"不动摇的前提下提出的。因此，我们说在社会主义方向性的关键问题不动摇的前提下谈"猫论"本身就和实用主义不沾边。

第三，方向反向。所谓方向反向就是通过改变事物的方向来解决问题。我国北宋大臣、史学家司马光在幼年时候砸碎水缸救人就是利用方向反向，从逆方向思考获得成功的典型实例。

儿时的司马光，和许多同龄的孩子们一起玩耍。一次，一个孩子不慎跌进了盛满水的水缸里，眼看就要被水淹死。在场的孩子们都因为没办法救他，急得手足无措，哇哇乱叫。只有小司马光沉着冷静地举起一块大石头砸向水缸。水缸被砸破了，缸里的水流了出来，跌进缸里的孩子得救了。为什么多数孩子急得手足无措呢？那是他们习惯于传统的正向思路，想把被淹的孩子从水里捞出来。孩子们没有那么大力气，也没有那么高个子，所以只是着急。司马光砸缸救人，就是从反方向考虑，实现了位置方向的反向：不必让人躲开水，而是叫水躲开人，同样能够达到救人的目的。用这种方法救人，只要用石头把缸砸破就行了。工业设计中的液压泵与液压马达、吹风机与排气扇、空气压缩机与活塞泵、电磁原理等均属方向相反的逆向思维的实例。

第四，位置反向。所谓位置反向就是通过改变事物中组成部分所处的位置来解决问题。日本在修筑大阪城时，解决从海岛搬运重量巨大的原材料——"巨石"的办法就是典型性的位置反向。

在日本，有个著名的"巨石载船"故事。日本大正11年（即1522年），丰臣秀吉平定了战乱之后，准备修筑大阪城。为了把大阪修成一座固若金汤的名城，需要很多巨大的石头。经过调查，得知在日本西部的一个海岛上可以采到合格的石块。它每块有50张席子那么大，搬运很不方便。特别是装船东运时，一装船，就要把船压沉到水下，试了几次，都不能把这样的巨石运走。就在大家无计可施的时候，一个人站出来说："看来用船载石是不可能了，那就用石载船吧！"大家按照他的说法，把巨石捆在船底，使石头完全淹没在水中，而船却有一部分露在水面之上，这样果然顺利地把石头运到了大阪。

为什么这样能使船正常地航行呢？大家知道，水作用于物体的浮力，等于该物体所排开的水的重量。石头在船上时，如果石头很重，船所排开的水不足以使其浮力与总重量达到平衡，船必然沉入水下。而石头在船下时，首先把大体积的石头全部淹没，产生了相当的浮力，而后船体再排开一部分水，又产生一定的浮力，这样，总浮力就可以和总重量平衡了。

"巨石载船"的妙计，就是打破传统思路，运用逆向思维的结果。

第五，顺序反向。所谓顺序反向就是通过改变事物顺序来解决问题。下面的例子就是一个典型的问题：

海南省崖县的农民孙会照，1982年开始养鸭，每只都养到6～7斤以上才出售。结果因鸭大而滞销，顾客嫌一次性花钱太多不想买。孙会照反向经营，变大为小，把鸭养到2～4斤左右就上市，滞销变畅销。通常情况下，人们的思路是鸭养的越大越能赚钱，如果滞销了，只会怪顾客中吃鸭的人少了。而孙会照不仅细细琢磨顾客的心理，还来个逆向思维，巧妙地解决了这个问题。

后来，孙会照又从市场供需中得到启示，每年鸭上市，都集中在夏秋两个季节，这时鸭旺价贱，旺季一过，价格回升。能不能再进行逆向思考，反季节养鸭呢？于是，他通过大胆实践，饲养的鸭在淡季上市，从中获得较高的效益。

孙会照所使用的方法叫时差反弹——与季节相反，推出产品。目前在北方比较流行的反季节蔬菜种植也是典型的顺序反向。物以稀为贵，反向经营反而得大利，这就是事物变化的辩证法。

第六，优缺点反向。中国有句古话，叫作"有则改之，无则加勉"。就是说，有了缺点和错误，一定要想办法改正；即使没有缺点和错误，也要时刻提醒自己，不要犯类似的错误。因此，一提到"缺点"，人们就习惯地抱以否定的态度。有谁会喜欢缺点呢？然而世界上没有十全十美的事物，因而事物的缺点在所难免。如果我们能化解对缺点认识的抵触情绪，想到巧用缺点的办法，不但能将损失降到最低点，而且有可能取得意想不到的效果。

詹姆士·杨是新墨西哥州高原上经营果园的果农。每年他都把成箱的苹果以邮递的方式零售给顾客。有一年冬天，新墨西哥高原下了场罕见的大冰雹，一个个色彩鲜艳的大苹果被打得疤痕累累，詹姆士心疼极了。"是冒着会被退货的危险呢，还是干脆退还订金？"他越想越懊恼，歇斯底里地抓起受伤的苹果拼命地咬。忽然，他发觉这苹果比以往更甜更脆，汁多味美，但外表的确非常难看。"唉，多矛盾！好吃却不好看"。他辗转反侧，夜不能寐。一天，他忽然产生了一个创意。第二天，他根据构想的方法，把苹果装好箱，并在每个箱子里附了一张纸条，上面写着："这次寄送的苹果，表皮上虽然有点受伤，但请不要介意，那是冰雹的伤痕，这是真正在高原上生产的证据呢！在高原因气温较低，因此苹果的肉质较平时结实，而且产生一种风味独特的果糖。"在好奇心驱使下，顾客莫不迫不及待地拿起苹果，想尝尝味道。"嗯，好极了！高原苹果的味道原来是这样！"顾客们交口称赞。

陷入绝望的詹姆士·杨所想出来的创意，不但挽救了他重大的危机，而且大量订单专为这种受伤的苹果而来。

追求完美，是人之常情。对于事物的缺陷，是否就该一概排斥呢？詹姆士·杨的成功给了我们一个特别的启示：巧用缺陷也是一个能助你走向成功的好方法。

优缺点反向也称"缺点逆用""巧用缺陷"，它的目的是要化弊为利。使用这一思维方法，首先要发现事物可利用的缺点。一般说来，发现事物的缺陷并不困难，要找可以利用的缺陷却不容易。因为缺陷多是人们在特定场合要排斥的，所以，人们往往习惯地认为在其他场合也应加以排斥而不考虑运用。在发现可利用的缺陷后，紧接着要分析缺陷，抽象出这种被认定为缺陷的现象后面所隐藏的可以利用的原理和特性。在一定科学原理的指导下，便可构思巧用缺陷或设想的方案了。

第七，无用、有用反向。无用、有用反向就是把无用之物变成有用之物，生活中有很多物品往往由于为它寻找到新的适用位置而获得新价值，也可以说是变废为宝。战国时惠施有一次对庄子说，别人送给我一个大葫芦种子，我种下后结出个百多斤重的大葫芦，用它盛水，重得拿都拿不动，剖开做瓢，又想不出该用它盛什么，实在是大极了，因为没什么用我就把它砸碎了。庄子听了之后说，其实每件事物都有它自己的用场，你认为它无用，是因为你没把它安排到合适的位置，假使有朝一日派上用场了，无用的就能变成有用的了。像你的大葫芦，如果让它浮在江湖之中，做个盛酒用的酒器不是很好吗？

1859 年，只有 20 岁的美国药剂师切斯博罗在参观宾州新发现的油田时，遇到了一件值得思考的事：在油田里，石油工人们非常讨厌"杆蜡"，杆蜡是油井抽油杆上的蜡垢，是一种毫无用处的废物，工人们必须经常清除这种废物，才能使抽油杆有效地工作。

切斯博罗想，杆蜡是和石油一起生成的矿物质，说不定在什么地方会有用的。于是便进一步问道："这东西难道真的一点儿用处也没有吗？"工人们告诉他说："杆蜡对钻井或许是一无是处，但用它来治疗烫伤和割伤倒还有点用。"切斯博罗听了心里一动，他收集了一些杆蜡的样品带了回去。

他研究提炼、净化这些渣滓的方法。终于从这些石油渣滓中提炼出了一种油脂，并把它净化成半透明的膏状物。这膏状的油脂有什么用呢？因为他是个药剂师，自然往医药方面想得多一些。

有一次，他的手腕碰伤了，找来一盒药膏准备敷伤。可他打开药盒时，发现药膏变质了，上面有绿色的霉点。他向卖药的药房主管询问，主管说："药膏是用动物油和植物油调制的，时间长了就要腐坏。"切斯博罗听了心中豁然开朗，连声说："谢谢，非常感谢！"捂着手腕就往回跑。药房主管非常诧异，心想：药膏变霉不要求赔偿，还说谢谢，真是个怪人！

切斯博罗弄来了一些药物，开始用他制作的油膏做调制药膏的实验。第一个被试验的就是他自己。他把这种药膏涂在自己的手腕上，很快就养好了。为了完善这项发明，他还不只一次地把自己割伤、刮伤、烫伤，看看这种药膏对不同伤口的作用如何。经过一些改进，效果也都不错。

1870 年，他完成了研究工作，建立了第一座制造这种油膏的工厂，并把油膏定名为"凡士林"。现在，凡士林油膏行销 140 多个国家，消费者找出了上千种方法使用它。

（三）应用逆向思维的注意事项

应用逆向思维要注意以下几方面问题。

首先，逆向思维的运用有其限度，这个限度就是要符合逆向思维的方便性原则。即在正向思维能充分起作用的限度内，一般不动用逆向思维，只有在正向思维使用不灵便时才起用逆向思维。在数学的证明中就充分体现出这一点，只有当直接证明不能实现时才使用间接证明。正如反证法的运用，先假定需要证明的问题为假，然后由此推导出逻辑矛盾，从而得出原假设论题为假，即原命题为真。反证法是直接证明方法的有效补充，是逆向思维方法的典型应用。

其次，逆向思维的作用方式有其规范性。虽然，逆向思维既可以从事物矛盾的反面进行逆向思考，但是，其反面必须与事物矛盾的正面相关，否则这种逆向思考将不成立。对待不同的具体问题，需要进行不同形式的逆向思维。

最后，逆向思维的作用具有不扩散性。逆向思维并不要求对任何的小事都来一番思考，恰恰相反，在大量常规场合，都是正向思维在起作用。比如一个企业的规章制度在制定之后，必须坚决地加以执行，这与逆向思维并不矛盾。

总之，我们在使用逆向思维时，需要的是科学的怀疑态度和叛逆精神，而不是逆历史潮流而动；需要的是敏捷创新，而不是畏缩不前，左右摇摆而不进。

二、侧向思维

在20世纪50年代，有一次外国记者问周恩来总理，"中国银行有多少钱？"面对这一不友好的询问，若从正面无论怎样回答，都不会产生良好的效果。只见周总理坦然地笑笑说："中国银行嘛，共有拾捌元捌角捌分钱，人民币是中央人民政府发行的货币，具有极高的信誉。"在场的中外人士经过短暂的惊讶而反应过来之后，立即钦佩地报以热烈的掌声。因为当时流通的人民币共有10种面值，即：拾元、伍元、贰元、壹元；伍角、贰角、壹角；伍分、贰分、壹分，它们相加的总和正好是"拾捌元捌角捌分钱"。外国记者本意是想让总理说中国银行里没多少钱，进而产生尴尬局面，但周总理改变思维方向运用侧向思维作出的巧妙回答，可谓语惊四座。这种出神入化的思维既无懈可击，又极大地维护了中国金融的威信。

发明家莫尔斯在发明电报的过程中，遇到了一个极大的问题，即电报信号在长途传输过程中发生衰减现象。他一直陷在苦思冥想之中。一天，他坐驿车从纽约到巴尔的摩，一路上都在沉思他的问题，当驿车到达驿站时，车夫更换了马匹，又重新以极大的速度奔向前方。莫尔斯望着奔驰的骏马，望着飞快掠过的路面，眼睛一亮：驿站换马，解决了马在长途奔跑中力量衰减的问题，那么在电报的线路沿途设置放大站，不断放大信号，不就解决了电信在长途传播过程中的衰减问题吗？他经过实验，终于获得了成功，发明了电报。驿车换马与电报信号传输，原本毫不相干，但由于"驿站换马"这个诱因的刺激、启发，引导了莫尔斯向另外的方向去思考，侧向思维使发明家产生灵感，联想到电信传播，从而解决了问题。

由此可见，侧向思维是指从其他离得很远的事物中，通过联想，获得启示，从而产生新设想的一种创造性思维方法。

"任意角等分仪"的发明，就是运用侧向思维法的结果。一开始，研究者感到需要简便地等分任意角时，并不知道这是一道著名的世界难题，即用圆规和直尺不能三等分已知角。当研究者知道这是一道著名的世界难题后，并没有退却，而是想尽各种办法，决心使这项研究继续下去。一天，研究者无意中打开扇子，突然受到启发，惊奇地发现，把几个等腰三角形连接起来就像一把扇子，而打开扇子就看到许多等分角，扇子的轴就是几个角的公共点，从而使研究者联想到等分角的办法。经过进一步研究发现，沿着等腰三角形底边上的高，开一条导向槽，用一枚大头针配合，公共顶点就可以沿槽任意移动，这样就可以任意等分角了。用此方法，就发明了非常精致简单而又经济实用的任意角等分仪。

我国杰出的科学家、地质学创始人李四光，有一次看见家里的狗跟小猫钻洞，但怎么也钻不进去，急得汪汪直叫，他的女儿跑来赶狗，李四光笑着说："你是否学学牛顿，在这个洞口的旁边再开一个阿龙（狗名）可以通过的大一点的门呢？"一提到牛顿，当时正在进行地质力学研究的李四光受到启发，想起了反作用力，从而提出"地应力"这个概念。

研究免疫力而获得诺贝尔奖的俄国生理学家梅契尼科夫曾为机体同感染作斗争的机理问题绞尽脑汁。一天，他对海盘车的透明幼虫进行观察，还把几个蔷薇刺投进一堆幼虫中，那些幼虫马上把蔷薇包围起来吞食掉。他立刻联想到刺扎进手指时，白细胞就把刺包围起来，把这个异物溶解掉。经进一步研究，于是产生了吞噬作用学说，从而揭示了高等动物身上的吞噬细胞，在炎症过程中起着保护机体的作用。

自古以来，西瓜的瓜蔓都是趴在地上，长出来的西瓜也是躺卧在地上。中国有句古谚："瓜田不纳履，李下不整冠。"（出自汉朝古乐府）说明西瓜匍匐在地上的现实至少存在 1800 年了。长久的存在，使人们认定这是一种必然现象。

河北省新乐市邯郸镇是个产西瓜的地方。为了改善西瓜的质地和产量，镇政府组织科技人员和老瓜农成立了专题研究组。他们从黄瓜、丝瓜、冬瓜等都是在架子上开花结果的现实，联想到西瓜也有这种可能。并且想象，西瓜一旦爬上了架子，由于光照的均匀和空气的畅通，西瓜的质地和产量都将大幅度提高。就是根据这些基本设想，从 1996 年开始，他们进行了试验研究。

经过 3 年试种，他们积累了丰富经验，创造了奇特的业绩：①躺卧在地上的西瓜，在和地面接触的地方有一块颜色浅淡，这里面瓜瓤口感欠佳。而在架子上结的西瓜处处都非常鲜美。引来许多瓜商千里迢迢前来订购；②爬架的西瓜种植密度高。平均亩产由原来的 3000~3500 千克增加到 5000 千克左右；③上市时间提前。按 1999 年的情况，爬架西瓜上市时间提前了 20 天，经济效益显著提高。

由于研究组的创造性工作，爬架西瓜种植面积年年扩大，群众收益不断提高，种植西瓜成了邯郸镇的支柱产业之一。

邯郸镇的科技人员和老瓜农从西瓜和黄瓜、冬瓜的类比中，根据它们的共性和个性，创造了种植爬架西瓜的新技术，使产量和质量都大幅度提高。

他们能冲破传统观念，源于和有关事物类比的联想，发现了新规律，创造了新办法。

侧向思维法不仅在生产领域中起着非常重要的作用，也是艺术创造的一个重要思维方法。如 19 世纪俄国著名作家列夫·托尔斯泰在他的世界名著《安娜·卡列尼娜》

中详细地描绘了出色的肖像画家米海依洛夫的一个创作故事。一天，米海依洛夫着手作画，他想画出一个人的盛怒面孔，可怎么也画不好。这时他想起了以前曾画过一幅类似的画，也许可以做些参考，便让小女儿把那幅弃置一旁的画取来。他眯起眼睛，盯着这幅沾满蜡烛油渍的旧作，忽然，他从油脂污点的奇形怪状中得到启发，随即信手挥毫，妙笔所至，画中人平添了几许怒色。这是侧向思维法帮助艺术创作取得成功的一个例子。

侧向思维方法的一种有效方法是趋势外推法。趋势外推法又称趋势外括法或趋势分析法，是一种属于探索型预测的思维方法。

趋势外推法的前提是：过去发生的某一事件，如果没有特殊的障碍，在将来仍会继续发生，它是依据于事物从过去发展到现在再发展到未来的因果联系，认为人们只要认识了这种规律，就可以预见未来。正因为如此，在运用趋势外推法时，对于事物的未来环境并不作具体的规定，而是基于这样一种假说，即影响过去时期发展的主要因素和趋势，在推测时期中是基本不变的，或其变化的趋势和方向是可以认识的。因而未来仍将按从过去到现在的趋势发展下去，人们也就可以从现实的可能出发，从现在推向未来。

趋势外推法是以普遍联系为其理论根据的。根据普遍联系的观点，客观世界的事物都是相互联系，彼此影响的。从横向看，每一事物都处于普遍联系的链条中，都是普遍联系的一个环节，认识和把握其中一个环节，可以认识到其他的事物；从纵向看，每一事物都有其自身发展的历程，即都有过去、现在和将来的发展过程。可见，趋势外推法有两个方面。

首先，趋势外推一般从横向联系来预测事物发展的趋势。著名历史小说《三国演义》里"孔明借东风"的故事就是一个生动的例证。曹操大军已到江边，迫使孙刘联合。由于敌强我弱，不能硬拼，只能智取，于是决定用火攻摧毁对方的船只。但火攻须借助风力，当时真是"万事俱备，只欠东风"。正在这关键时刻，孔明答应可以"借东风"。结果到进攻敌人那一天，果真刮起了东风，一举烧毁了曹操的船只。孔明为什么能"借东风"？因为他精通天文地理，能根据天气的变化趋势，预测到那一天具备刮东风的条件。

其次，要更好的实现侧向思维，仅仅可以通过"趋势外推"是远远不够的，通过加强外界刺激来促进思维方向的转移则是更有效的策略，而要更好地加强外界刺激就要寻求诱因。寻求诱因是以某种信息为媒介，从而刺激、启发大脑而产生灵感的创造性思维方法。

寻求诱因方法往往是以某个偶然事件（信息）为媒介，它通过刺激大脑而产生联想，豁然开朗，迸发出创造性的新设想而解决问题。当一个问题百思不得其解时，诱发因素是极其重要的，所谓"一触即发"，就包含了诱因的媒触作用。

诗仙李白的诗人人皆知，百读不厌，他的许多绝句都是在饮酒时创作的。李白只要一喝酒，灵感就会迸发，因此有"李白斗酒诗百篇"之说。

以诺贝尔奖闻名于世的艾佛雷德·诺贝尔是一位杰出的化学家和语言学者。他的最大贡献是发明了"达纳炸药"，给世界工业的发展开拓出美好的前景。与此同时，也使诺贝尔家族发了大财，为以后设奖奠定了经济基础。

诺贝尔父亲的火药制造工厂由诺贝尔管理，他一边经营一边研究比火药威力更大的炸药。开始，他开发出硝化甘油液体炸药。尽管这种炸药有极大的爆炸力，但是受到冲击时极易爆炸，安全性很差。工厂接连发生几次爆炸事故，因此运输时要格外小心。

有一次，工厂把装着硝化甘油的油桶堆在海滩上以备装船。不知为什么，有一个桶底出现了漏洞，把"硝化甘油"漏到了海滩的砂子上。诺贝尔想，硝化甘油是炸药，那么，被硝化甘油浸湿的砂子会不会也是炸药呢？于是他悄悄地把带油的砂子带回去做试验。出人意料的是，这些被硝化甘油浸过的砂子不怕冲击和敲砸，但是在用火靠近时发生了爆炸。就这样，在油桶底漏油之后，偶然地发现了既不怕冲击又能够爆炸的物质。在这个基础上，又经过多次试验研究，最后在 1867 年发明了既有爆炸力又安全可靠的一种新炸药，这就是"达纳炸药"。

"达纳炸药"的发明虽然出于一个偶然机会，但正是这个诱因与诺贝尔富于想象力思维的有机结合，硝化甘油从桶底漏掉才成为发明"达纳炸药"的关键环节。

X 射线的发现，是物理学的一项重大突破。在 19 世纪末，物理学中的力学、热学、光学和电磁学都已经建立了比较完整的理论。而 X 射线的发现，引发了一系列重大发现，揭开了现代物理学的序幕。它的发现者伦琴因此获得了 1901 年的首届诺贝尔物理学奖。

X 射线是德国物理学家 W. K. 伦琴在用真空管产生阴极射线时偶然发现的。据他本人回忆，1895 年的 11 月，他在连续几天的阴极射线实验之后，突然发觉，在通电流时旁边凳子上的亚铂氰化钡纸产生了一条荧光。按常理说，这种纸只有受到光线照射时才能产生荧光。现在电子管被黑纸蒙得严严实实的，光线透不出来，为什么还能产生荧光呢？伦琴毕竟是伦琴，他抓住这个奇怪现象穷追不舍。在多次实验中证实，这是眼睛看不见的一种特殊光线。它的穿透力极强，不仅能穿透黑纸，还能透过金属。伦琴又用他的夫人的手，拍出了第一张人体透视照片，这种特殊的光线称之为 X 射线。人们把它叫做伦琴射线。后来证明，X 射线实质上就是波长极短的电磁波。现在它在医疗诊断、海关检查、产品质量检验以及许多科学研究领域都有广泛的应用。

在偶然现象中获得的重大发现和发明成果中凝聚着科学家们的敏锐观察和超凡思维。装好待运的硝化甘油被漏在沙滩上，一般人对此多限于可惜，而诺贝尔把思维扩展到被浸泡过的砂子上。伦琴发现不受光线照射而产生荧光的怪现象时，联想到可能产生了一种超常的射线。这些成功都是面对偶然现象带来的诱因引发极具创造性的侧向思维。科学史上的记载表明，在伦琴发现 X 射线之前，汤姆生、勒纳德等好几位物理学家都碰到了这种现象。他们都与发现 X 射线的机会擦肩而过。只有经过长期磨练、在研究中一贯严谨自觉、摆脱了思维定势的伦琴，才抓住了外界诱因赐予的机遇，做出了杰出的新发现。

　　科学史上，牛顿从苹果落地展开侧向思维，导致了万有引力定律的提出；哈维借鉴大自然中水的循环体系而提出人体的血液循环；邓录普在浇花草时由水管的弹性受启发而制造了轮胎；秦观受到苏东坡"投石于水"的提示而对出了苏小妹的对联，等等，都是由于偶然事件的刺激，而产生的创造性思维。表面上看，有诱因就可以解决一切问题，似乎"机遇就可以带来成功"。事实上，诱因并不是引发侧向思维的关键，"机遇可以是导致成功的重要因素，但机遇绝不是导致成功的完全因素。"面对诱因，要保持高度敏感，并且积极调动自己的固有知识。而侧向思维并非在任何情况下都能发挥作用，必须具备一定的条件。这个条件就是：所研究的问题必须成为研究者孜孜以求、坚定不移的研究目标，一直悬念在心。只有在这种情况下，人的大脑皮层才会建立起一个相应的优势灶。由于优势灶有两个基本特征，即神经细胞对刺激的敏感性大大提高和脑细胞长时间保持兴奋状态。因此，一旦当侧向思维受到某个偶然事件的刺激，就容易产生与思维相联系的反应，从而对所研究的问题形成新的设想，或者提出新的问题，使侧向思维在创造活动中发挥重要作用。这一点，正如法国化学家巴斯德所指出的："机遇偏爱那些头脑有准备的人！"

三、合向思维

　　一个古老的寓言故事讲，有位神秘的智者，具有非常丰富的知识和洞悉事物的前因后果的能力，他答复任何问题从来不会答错。

　　有一个调皮的男孩对其他男孩子说："我想到了一个问题，一定可以难倒那个智者。我抓一只小鸟藏在手中，然后问他，这只小鸟是死的还是活的？如果他回答是活的，我就立刻将手里的小鸟捏死，丢到他脚边；如果他说小鸟是死的，我就放开手让小鸟飞走。不论他怎样回答，他都肯定是错。"

　　打定主意之后，这群男孩子跑去找到那位智者。调皮的男孩子立刻问他："聪明人啊，请你告诉我，我手上的小鸟是死的，还是活的？"

　　那位长者沉思了一下，回答说："亲爱的孩子，这个问题的答案就掌握在你手中。"智者的回答看起来好像是一个两头堵的方法，而实际上却考虑了事物的一切可能，是一个典型的合向思维。

　　沈括在他的名著《梦溪笔谈》之中记录了这样一个典型事例。

宋朝真宗年间（公元 11 世纪初），皇宫曾经被焚。皇帝急命大臣丁渭负责重建，限期完成。丁渭深知重建皇宫的工程浩大：一要从城外取来大量泥土做地基；二要从外地运来大批的建筑材料，最后还要把用剩下的废料污土运出城外。工作量惊人，时间又紧，无论是工程质量出问题，还是延误了工期，都是要杀头的。

怎样完成这个浩大的工程呢？他想，如果能统一筹划，在实施第一步工程的同时，为第二步工作做好准备；在进行第二步工作时，又为下一步工作打下基础。这样，各项工作互相补充、互相依存，就可以达到既快速又保证质量的目的了。于是，他制定了以下的统筹方案，进行建设。

一开工，丁渭就命令民工"借道铺基"，在城里通往城外的大道上取土，用来铺设皇宫的地基。土沿着大道运来，没几天就把地基铺好了。这时大道成了又宽又深的大深沟。

接下来，"开河引水"。就是把取土造成的大沟和城外的汴水河挖通，使原来的大道成了一条河，这条河和汴水河通着。于是，外地的大批建筑材料可以沿着这条河一直运到工地旁边，使取用材料极为方便。在这样的条件下，工程建设日夜不停，进展很快。

最后，在皇宫建成之后，丁渭命令："断水填沟。"就是把汴水河与大沟截断，在排水之后，把一切废料、垃圾全部扔进大沟。很快，大沟又变成了一条新的大道。丁渭的这一套妙计创造了投入少、工期短、质量合格的工程建设奇迹。按现代的说法，就是创造性地应用"运筹学"的典范。1000 年前，世界上还没有运筹学这门科学，当时我们的祖先运用这门学科的思想就已经很精湛了。

丁渭的这一成果，从科学理论应用角度看属于"运筹学"的应用，而从思维角度看则是典型的合向思维方法的应用。所谓合向思维就是将思考对象有关部分的功能或特点汇集组合起来，从而产生新设想的一种创造思考方法，又称合并思维法、组合法。

合向思维法是一种简单实用的创造性构思法，人们在发明创造中经常运用，在科学实践中取得了广泛的成果。美国画家海曼·利普曼是个粗心的人。他在工作室作画的时候常常丢掉橡皮。想用橡皮的时候又不知它掉到什么地方，或许被埋在纸堆里，也许被放在什么角落，添了不少麻烦。有时他用细绳把橡皮拴在铅笔后端。这样一来，只要手中握着铅笔，便不会把橡皮丢掉，什么时候都不用为找橡皮花工夫。

他的朋友威廉看到了拴着橡皮的铅笔。心想，何不索性把橡皮和铅笔融为一体，成为一件东西呢？经过几次试制、改进，生产出了带橡皮头的铅笔。它比把橡皮拴在笔上更方便。威廉为这件小发明申请了专利，并向生产这种铅笔的厂家收取了技术转让费。由于这种产品受到了广大消费者的认可，销量连年递增，威廉靠这项专利技术的转让赚了大钱。

这就是历史上最简单而又很成功的组合发明成果。事实上，在发明史上，这样的例子很多，例如，拖拉机与大炮的合并，出现了坦克；闪光灯加上自动调节器，再加上照相机，组成了"傻瓜"照相机；收音机加上录音机，再加上音箱，便成了组合式收音机；汉语拼音和扑克结合，发明了在娱乐中增强学生记忆的"汉语拼音扑克"；蘸水笔与墨水瓶的组合，出现了书写方便的自来水笔；电子计算机技术和机械技术的组合，发明了数控机床等。

合向思维在不同领域中的表现形式各不相同，在科学研究、调查决策活动、技术发明中常用的合向思维表现为下列形式。

合向思维在科学研究中的表现形式为"辏合显同"法。所谓"辏合显同"法是通过把原来是杂乱的零散的材料聚合在一起，再从中抽象出一种显示它们本质的新特征的创造性思维活动和方法。

"辏"，原是指车轮聚集到中心上，后引申为聚集，"辏合显同"就是把所感知到的对象依据一定的标准"聚合"起来，显示出它们的共性和本质。

"辏合显同"在科学研究中是非常有用的。1742 年，德国数学家哥德巴赫写信给当时著名的数学家欧拉，提出了两个猜想。其一，任何一个大于 2 的偶数，均是两个素数之和；其二，任何一个大于 5 的奇数，均是三个素数之和。这就是著名的哥德巴赫猜想。从猜想形成的思维过程来看，主要是"辏合显同"的作用。我们以第一个猜想为例，"辏合显同"的步骤可表述为下面的过程：

$$4 = 1 + 3 \text{（两素数之和）}$$
$$6 = 3 + 3 \text{（两素数之和）}$$
$$8 = 3 + 5 \text{（两素数之和）}$$
$$10 = 5 + 5 \text{（两素数之和）}$$
$$12 = 5 + 7 \text{（两素数之和）}$$

这样，通过对很多偶数的分解，"两素数之和"这个共性就显示出来了。

"辏合显同"法主要有以下几种类型。

第一种，审视法。这是"辏合显同"的先行方法，即对研究的对象用审视的眼光去分析，为能显同打下基础。世界上的事物尽管形形色色，各不相同，但只要我们对研究对象的形态、属性、结构、功能以及运动过程等进行抽象概括，就能找出同类事物的共同点，确定其共性。

第二种，综合法。即通过把原来是杂乱的零散的材料聚合在一起，并进行综合考察，分析研究，从而得出创造性效果的方法。比如，在 1935 年，有一个名叫雅各布的德国新闻记者，出版了一本小册子，书中详尽地描绘了希特勒德国军队的组织机构、参谋部的人员分布、160 多名部队指挥官的姓名和简历、各个军区的情况，甚至还谈到了最新成立的装甲师里的步兵小队。这些极端重要的军事秘密，是怎样泄露出去的呢？希特勒勃然大怒，下令追查此事，德国情报机关设法将雅各布绑架到柏林审讯他。雅各布说，他这本小册子里说的每一件事情都是德国公开的报纸上登过的，而且把证据都拿出来。原来，雅各布长期搜集德国报刊上发表的所有涉及军事情况的消息报道，做成卡片，进行细致的分析，就连丧葬讣告或结婚启事之类也不放过。日积月累，零星材料越来越多，雅各布再经过分析、比较、推断，综合成了一幅德国军队组织状况的清晰图画，而这幅图画与真实情况竟然相差无几。

第三种，集注法。即集中力量贯注于研究对象的思考方法。法国昆虫学家法布尔用毕生精力对昆虫世界进行观察，鲁迅称他是一个在科学上"肯下死功夫"的人。一次，他在路上行走，突然看见许多蚂蚁正在齐心协力搬运几只死苍蝇，立即抓住这个观察和研究蚂蚁生活习性的好机会。他不顾潮湿肮脏，趴在地上，用放大镜专心致志地一口气观察了 4 个小时。行人觉得他的行为怪异，纷纷前来围观，说他是"呆子"和"怪人"。法布尔对此全不在意。为了观察雄性蚕蛾如何向雌蛾求偶，竟用了 3 年时间，他的观察正要取得结果时，"新娘"不巧被一只螳螂吃掉了。法布尔很难过，但没有泄气，从头再来，又用了大约 3 年时间，终于获得了完整准确的观察资料。根据自己对 400 多种昆虫的猎食、营巢、生育、抚幼、搏斗等现象的研究，法布尔写出了十卷本巨著《昆虫记》，揭示了昆虫世界的种种规律。

在进行按"辏合显同"的思维活动时，必须对大量杂乱零散的材料进行"去粗取精、去伪存真、由此及彼、由表及里"的加工改造制作，即要选择材料、鉴别材料、联系材料和深化材料，只有这样，才能在异中显同，抓住事物的本质和规律。

KJ 法是在调查、决策活动中常用的一种典型的合向思维方法，可以在以调查为主的社会实践活动中使用。KJ 法是日本东京工大教授川喜多二郎在尼泊尔喜马拉雅山从事多年的探险所积累的经验的产物。1964 年提出来以后，作为一种新的思维方法，被广泛运用。KJ 是川喜多二郎英文名字的字头。

这种方法，首先将收集到的大量事实以及与课题有关的分散想法进行组合、归纳、整理，找出课题的全貌，从而发展成一种新的想法。

KJ 法的程序如图 3-6 所示。这种方法，一般多用于全面考虑一个课题时使用，在使用这种思维方法时，往往要考虑的问题是较为复杂的。且参与的人员较多，尤其是有许多评价要参与其中时使用。KJ 法应用的范围很广，使用此方法可以使原来零乱的材料自然地编成整体，从细碎的情报中挖掘潜能，使用此方法可以使使用者养成重视收集零星材料的习惯，提高分析和综合问题的能力。

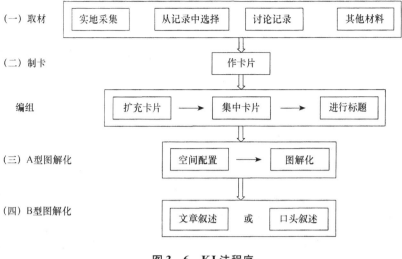

图 3-6　KJ 法程序

例如，对一个待解问题的方案进行评价，就可以采用该方法。一般在应用的时候采用如下步骤：

第一步，取材。即通过多种渠道，采取各种方式调查搜集与该课题相关的情况和材料。

第二步，制卡。参加评价的人员制作卡片，通过所掌握的材料，将自己的分析和结论写在卡片上，但作者在卡片上不署名。卡片制作好以后，主持人将卡片收起来进行混合，再发给每个人；这时，要尽量使每个人拿到的不是自己的卡片。然后，主持人任意叫一个人读手中的卡片，读完后，问有没有与此相同的卡片，如果有，也读一遍，以加深印象，再将这些内容相同的卡片放在一起，重复这一过程，直到所有卡片都读完为止。这一过程结束后，对每一组卡片进行总结，确定一个标题。

第三步是 A 型图解化，将这些分好组的卡片放在一张大白纸上，内容有联系的放在一起，然后再将各张卡片贴在纸上，按照评审方案的标准，划出各张卡片的范围。这样，通过空间配置和图解化，对方案的评价结论就基本上出来了。

第四步是 B 型图解化。将卡片上的意思写成书面材料或者作口头叙述，得出对这个方案的评价结果，以确定该方案的去留。通过 KJ 法，一方面对方案进行评价，另一方面，在评价过程中使参加评价的人员培养了自己的思维能力。

合向思维看似简单，但是如能尽量把不同质的、意想不到的东西加以组合，这个想法便是前所未有的、崭新的了，用合向思维可以使社会实践工作的天地无限广阔。

第四节　社会实践所需的问题意识

下面几个日常生活中的例子都可以说明创造性解决问题无处不在：

一个三角形求面积的问题对于有小学高年级文化水平的人可以说是一个没有问题的"问题"，而对于一个没有学过面积计算方法的人（无论是成年人还是儿童）他们都将面临一个计算难题，如果他们没有借助外来的知识或帮助而准确的计算出三角形的面积来，尽管方法可能笨拙但对本人计算的结果和方法无疑是一次创新的过程。

一位野外旅行者行进中鞋跟脱落了一只，继续走路便成了问题。要解决问题首先应当想到的是修复。当缺少修复条件时，拆掉另一只鞋跟变成了一双平跟鞋以解决突发的问题，也不失为一个绝妙的创举。

如果是遇到一段泥泞的道路而又不想脏了你的新鞋呢？完全可以利用路边的秸秆捆成束，再紧紧地绑在鞋底变成高底鞋，帮你渡过难关，其中也同样存在创意的构想。

引发创造动机的因素是各式各样的，而激发其创造火花的触媒却只有一个，那就是"问题"！

问题也是多种多样的，从内容到形式，都是千差万别的，但它们有一个共性：都是由人们面临一项任务或某种需求，而又没有直接的手段去完成时所产生的。问题是人们遇到的一个情境，一个没有直接、明显的方法、想法或途径可以遵循的情境。志愿服务活动中产生了问题，就必须努力解决。要做好志愿服务工作，首先也必须研究问题。

"问题"一般说来有三个要素。

1. "问题"的初始状态：是指一组已经明确知道的，关于问题的条件的描述。

比如汽车"舒适性"问题，其条件是汽车作为弹性系统，在刚性（实际也有弹性，只是很小）路面上行驶，路面纵横方向均有不平度，人坐在汽车上（座椅可能是弹性的，也可能是刚性的），人与汽车均有一定的重量，汽车行驶系承担全车重量，承受和传递路面作用于车轮的各种力和力矩，吸收振动和冲击。这些初始条件都直接影响到汽车的舒适性问题。

初始条件是问题产生的原因，要解决问题也必然与初始条件密切相关。

菜刀由钢制成，一面开有刃，这就是刀锋利还是不锋利问题的初始条件。要解决刀不锋利的问题，就必须了解初始条件——钢的牌号、成分、厚薄、热处理规范，以及最好的磨砺方法等。

2. 问题的目标状态（目的）是构成问题结论的明确描述，即问题要求的答案。

在前面的例子中，汽车"舒适性"问题的目标是乘坐者无不舒适感觉。刀刃问题的目标是锋利。两者都要求达到要求的指标。

3. 差距。差距是指问题的给定目标与初始状态之间的直接或间接的距离。差距必须通过一定的思维活动和具体措施才能找到答案，并进一步通过技术措施达到目标。差距的大小直接反映了"问题"解决的程度。

问题有不同的类型，依据性质可把问题归结为明确的问题和模糊的问题，按问题情境分类可以划分为呈现型问题、发现型问题和创造型问题。按问题的目的又可划分为研究型问题和应用型问题。

解决问题的过程是千变万化的，一般可以分为四个阶段：提出问题，确定问题，解决问题和评价。因此，我们认为要提升大学生志愿者能力，就要沿着解决问题的过程进行相应训练。

一、提出问题和确定问题训练

提出问题又称为形成问题，是创造的起点。形成问题就是在以前经验或直觉分析的基础上，对问题情境的认知状态，是发现与组织问题的过程。

在研究型的问题中，往往提出一个创意，就在很大程度上解决了一个问题。

在发现型问题和创造型问题情境下，提出新问题、新的可能性和以新的角度去考虑老问题，则必须有创造性的想象，也是科学创造取得进展的标志。如果人们发现了前人未知的思维产品：如设计出某种新产品，或一个问题的解决模式，一个新的概念等，就是一种创造性的活动。

提出问题不是简单的概念描述。为使创造过程深入发展和取得创造性成果，必须明确创造的目标（寻求的结果）和阻止解决问题的各种因素（障碍），这样才能更清楚创造开发的努力方向，并且更进一步的提出有价值的问题。提出问题的具体策略与方法有如下几种。

（一）发散加工

发散加工就是采用发散性思维，以寻求思维的广阔性，尽可能在求解中产生尽可能多的设想性方案或问题。一般采用以下方法：

1. 提问法

提问法是发散加工的基本方法，通过对问题的结果和障碍进行提问。并仔细查问这些疑问，发现有价值的新问题作为创造活动中的求解目标。

2. 列举缺点和希望点

列举缺点和希望点是提问法的一个变式。

列举缺点即首先将问题层次化，然后分析事实、发现缺点并从中找出可能克服或改进的方式方法。

列举希望点是通过提出对事物的希望或理想，将问题的目的聚合成焦点来加以考虑。

列举缺点和希望点是一个问题的两个侧面，但这两种方法在程序上的相似性和应用上的相同目标性，使两者可以融合在一起对创造性开发起到同样的启发作用。

缺点和希望点列举法最适合于硬件领域，但也可适用于软件领域。在硬件领域可以用来寻找产品质量、产品性能等当中的问题点，在软件领域可以用来寻找政策、管理、实施方案等问题。

3. 列举属性

列举属性是一种提出问题的技术。进行属性列举时，首先将事物对象分解成各个组成部分，并针对每个组成部分，寻找其属性与功能特征，再按属性特征找出对应的可行性方案和替代办法。

事物的属性是客观的，事物单元分得越小，就越容易发现问题。比如：刀是钢的，细化为刀体是钢的，进一步细化为刀刃是45$^{\#}$钢的，就可以根据45$^{\#}$钢的特性解决刀不锋利的问题。

属性列举法应用范围很广泛，既可用于寻找问题，又可用于创造性训练。

（二）收敛加工

在发散加工中提出了很多问题，这些问题中有些可能是无意义的（不客观、不具备实施条件、超出想象等），收敛加工的目的就是在众多问题中，根据客观条件，选择具有重要意义的领域，进行创造性活动，以追求最好的结果。

选择的领域应当是客观的、有价值的和现有条件能有所作为的。收敛加工具体有两个方面。

1. 关系收敛

关系收敛是问题领域与研究人员主体的协调问题。收敛加工的标准是：第一，选择的问题领域是研究主体影响力足够的范围；第二，和研究主体的动机是一致的。本着上述原则，对研究主体力所不及的应坚决剔除或以后再行考虑。

2. 展望收敛

展望收敛是指运用一定的选择标准，选择最有价值的问题，其标准是：第一，熟悉程度。越熟悉的问题解决起来越容易；因此，应尽量选择较熟悉的领域，以避免半途而废。第二，重要性。通过需求状况、理论价值、经济效益等方面分析，应尽可能选择比较重要的问题，争取获得较有价值的成果。第三，紧迫性。就是分清轻重缓急，注意时间和进度，将急迫的问题放到优先位置考虑。第四，稳定性。就是摆正时空位置，优先考虑时空、结构环境等变化，保证解决问题结果的稳定性。

（三）运用创新技巧

正确运用创新技巧，可以更好地发现有研究和开发价值的问题。运用创新技巧，

主要要关注如下几方面问题:

1. 增强问题意识

问题意识就是对问题的感受能力。创造活动首先源于问题意识,没有问题意识,也就难以注意和提出新的问题。创造活动也就无从谈起了。日常工作与生活中随时都会遇到问题,有些问题是稍纵即逝的,因而只有保持对问题的敏感性,才能为提出问题奠定基础。

2. 保持好奇心与提高观察力

好奇的人不一定都有创造力,而有创造力的人大多数都很好奇,真正的好奇心经常带来意想不到的创新。好奇会给人带来机会,而得到机会还要观察和思考,否则也难以发现问题,而只能是走马观花。有好奇心还要坚持探索,才能深入某个领域,加深了解。这样,常常会得到意想不到的结果。

3. 掌握问题产生的途径

掌握问题产生的常见途径可以有效地提高一个人对问题的敏感度。提高对问题的敏感度的方法主要有如下几种。

（1）抓住经验事实同已有理论的矛盾

抓住经验事实同已有理论的矛盾是科学问题产生常见的途径。新的观察和实验结果,以及多数反常现象,都可能与现有的理论概念发生冲突;冲突积累到一定程度,现有理论及辅助原理、假设等难以解释这些经验事实时,新的科学问题就必然会产生。最重要的是要能从一些变化中洞察到其中不相容的程度,从而提出新的问题。

（2）抓住理论的逻辑矛盾

理论的一个基本要求应该是自洽的,如果理论内部出现逻辑矛盾,就将产生矛盾的论断。因此,抓住理论的逻辑矛盾是实现理论突破的关键。必须要牢牢抓住此类问题。

（3）抓住规律性的不良现象（故障、次品、缺陷等）

规律性的现象,反映了本质上的联系和问题。找到规律及其现实条件,在质疑中寻找问题。

（4）注意争论

不同学术观点的争论是科学史上的常事,争论的焦点问题,也是学术研究的重点问题。

（5）注意不同知识领域的交叉地带

科学的发展呈现出细化、交叉、综合的大趋势,在交叉区域边缘之处,也是有意义的课题潜在之处,从中寻求有意义的课题,可以为科学发展作出开拓性贡献。

（6）从急待开发的领域寻找问题

急待开发的领域,因为"新",也是问题比较集中的地方。开发过程,就是创新的过程，开设的关键部位，也是问题突破的重点和取得成果之处。

（7）在拓宽研究领域和应用领域中寻求问题

在拓宽研究领域和应用领域中寻求问题有三个主要方向：

第一，寻求领域拓宽的途径。眼睛只盯着一个问题领域，往往会阻碍发现更新鲜、更充分、更值得探讨的问题。当思维的惯性使自己在一个特定领域中循环思索时，要努力使自己从循环中跳出来，从其他方向寻找材料得到启发，就会有新的问题展现出来。

第二，在拓宽研究和应用领域过程中把障碍作为问题研究。因为，对于可以拓宽的领域，遇到的障碍就是问题。

第三，把由外部世界观察到的刺激强制地与正在考虑的问题建立起联系，使其原本不相关的要素变成相关，进而产生待研究开发的问题。

总之，提出问题的策略与方法很多，只要认真去寻找并形成问题，就找到了创造的起点。

确定问题实际上是一个问题的重新组合的过程。在这一过程中，为了更好地重组问题，就要对问题的要求进行研究，一方面，可以通过对目标要求进行分析，找出问题的实质目标；另一方面，可以通过对目标要求进行分析，转化要求。

有一个著名的九点问题："用铅笔把九个点用最少的直线联结起来，在画线时，铅笔不准离开纸面。"很多人都设想画的直线只能在九个点组成的直线内，尽管这种限制在问题中并没有被提到过。如果画线的人让自己把直线拓展到图形之外，那么只要用四条线就可以完成任务。这个问题曾引起了诺贝尔物理学奖获得者、"夸克"的提出者盖尔曼的兴趣（图 3-7）。他总结说"问题的阐述涉及发现问题的真正边界"。九点问题给我们最大的启发是，许多难题产生于解决者在潜意识中将问题的规则作了过严的规定。这也是一种思维的惯性，自己很难打破它，除非别人点拨。因为这些规则是无意识中认定的，自己很难发现。

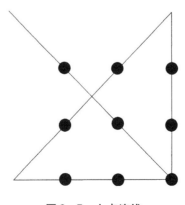

图 3-7　九点连线

九点连线的问题就是通过找出问题的实质目标，找到解决方案的实例。前文提到的亚历山大王到了哥丹城，一剑劈开"绳结"的故事就是通过对目标要求进行分析、转化使问题得以解决的实例。

二、解决问题训练

在解决问题阶段，首先要从需要解决问题的整体思考问题，分析整体中各要素的结构是否达到合理配置优化。

中国历史上有一个著名的孙膑赛马的故事。春秋战国时，一次鲁国和齐国比马，各牵上、中、下三匹马进行比赛。孙膑分析，如果着眼于局部，齐国的上马未必比得上鲁国的上马，中马、下马也是如此。但从整体考虑，只要胜两局就赢了全局。于是他用上马与鲁国的中马比，用中马与鲁国的下马比，用下马与鲁国的上马比，虽然一局输的惨，但是却胜了两局，从而在整体上超过了鲁国。这就是从整体考虑，得出一个得胜的最佳方案，他不过是把赛马的顺序给调整了一下。

其次，面对问题，可以利用规则去解决问题。

从前有两个相邻国家关系很好，不仅互通贸易，而且货币也互用，即甲国的100元就等于乙国的100元。一次，两国发生摩擦而导致关系恶化，虽然两国人民还可自由往来，但甲国国王却宣布乙国的100元货币只能兑换甲国的90元货币。随即乙国国王也宣布甲国的100元货币只能兑换乙国的90元货币。某人虽然手中只有甲国货币1000元，却乘机大捞了一把，发了横财。他的具体做法如下：先在甲国用甲国钞票1000元购物100元，并声称自己将到乙国办事，要求找给乙国的钞票。由于甲国钞票的90元等于乙国的100元，所以找回乙国钞票1000元。然后，他跑到乙国又用乙国钞票1000元购物100元，再要求找回甲国钞票。此后又到甲国购物……如此往返下去，他自然要发一笔横财。

这个例子正说明，有时解决问题的规则是存在漏洞的，只要利用规则，就可以创造性地解决问题。

再次，面对较难的问题，可以通过改变规则和打破规则去解决问题。

古时候，阿拉伯有一个大财主，家财万贯。财主的两个儿子为了能在财主死后多分得财产，你争我斗，绞尽脑汁。财主担心自己死后儿子将因争夺财产而互相残杀，决定用一个公平的方法解决财产分配问题。一天，财主将儿子都叫到跟前，对他们说："你们骑马跑到沙漠里的绿洲去吧，谁的马胜了，我就把财产传给谁。但这场比赛不比往常，不是比快而是比慢。我先到绿洲去等你们，看谁的马后到。"

兄弟俩听了财主的话后，骑着各自的马开始慢吞吞地上路进行赛跑了。可是在干燥炎热的沙漠里，骄阳似火，慢吞吞地赛马叫人无法忍受。两人正在痛苦难耐、下马歇息的时候，一位智者过来开导了他们几句，兄弟俩听了之后都非常高兴。稍后他们上马开始快马加鞭、绝尘而去。智者给兄弟二人的建议就是让兄弟俩互换马匹。由于财主父亲为两个儿子设立的比赛是以谁的马迟到为胜，所以让自己的马迟到就相当于让对手的马早到。因此，互换马匹以后，两兄弟都会策马飞奔。

这个例子正说明，有时解决问题的规则可能是没有活力的，只要改变规则，就可以创造性地解决问题。中国当代的农村联产承包责任制给农村带来的变化，正是以邓小平为领导的党中央创造性地改变了农村土地使用规则取得的成功。

一天，小酒店里进来 3 个身佩手枪的牛仔。在喝了几瓶烈酒以后，其中一个牛仔指着桌上的四个空酒瓶说他能用三枪将其全部打碎；他把其中的两只酒瓶摆成一条线，用三枪将四个空酒瓶全部打碎。第三个牛仔则说他两枪就可以打碎四个瓶子；他把四个空酒瓶分别以两只酒瓶为一组摆成一条线，用两枪将四个空酒瓶全部打碎。第二个牛仔说他一枪就行了。这时，第一个牛仔和第二个牛仔提出摆成一条线的空酒瓶最多不能超过三只，第三个牛仔仍然说可以实现。他举起枪，一枪打断了桌子腿，桌子被打坏了，桌子上的所用的酒瓶都被摔到地上而砸碎了。

这个例子正说明，有时解决问题的固有规则可能是没有办法直接解决问题，只有打破规则，才可以创造性地解决问题。

三、评价问题训练

在解决问题过程中，除了独特性、新颖性的追求外，还要保证方案的适宜性。因此需要在提出解决方案以后，对其进行评价。评价的标准侧重于有效性、恰当性、实施性和可行性。因此，对问题的评价就显得十分重要。

对于实际生产、生活中的问题的评价一般包括技术评价、经济评价和社会评价三个方面。社会工作领域中的问题评价最关键的标准是社会满意程度。

社会评价是评定方案实施后对社会带来的利益和影响。社会评价考虑的因素相当多，一般视不同情况而有所侧重。要评价的方面有：

是否符合国家科技政策和国家科技发展规划的目标。

是否有益于改善劳动环境和社会环境，如考虑空气、水、噪音污染；减少工作事故和产品事故；防止交通堵塞；防止对心理、风俗和习惯的不良影响等。

是否有益于提高人民生活，包括有利于人民生活的多样化、高效化；有利于扩展人们的活动范围；有利于提高文化教养。

是否有益于提高生产力，包括扩大生产规模、提高生产率、加工制造的高效化、节省人力、物力。

是否有益于资源利用，包括节省资源和能源，扩大资源利用范围和程度，开发新能源，可否回收再利用等。

评价方案社会效果的内容较多，有些内容一时难以权衡利弊得失。例如，第二次世界大战期间发明了DDT，对防治虫害起了巨大作用，发明者获得了诺贝尔奖。但是人们何曾想到它的广泛施用威胁了生态平衡，以致最后不得不禁止使用。此外，遗传工程和人工智能的发展也都出现过争论。可见，同前两种评价相比，社会评价更为复杂，非确定性因素更多，它与生态平衡，社会发展，人的生理、心理和生活习惯等都有密切关系。因此，社会评价更要求评价者有广博的社会知识和战略眼光。

在方案设计和挑选的过程中，常常要进行多次评价。在创造性地提出解决问题的种种初步设想或初步方案之后，要先进行概略评价，把不可行的或水平不高的方案舍掉，留下少数较好的方案；然后，对少数方案做技术设计或施工图设计；再行详细评价、选出供实施的最好方案。不论概略评价还是详细评价，都是从技术先进、经济可行、社会有益三方面着眼的，并把这些指标联系起来进行综合比较的。

四、问题意识及其相关训练

（一）问题意识训练

一切人类创新均来自于问题。发现和认识问题有着同等重要的意义。待解问题的目标就是使消费者可以使用上更优质的产品，这就要求解题者善于发现和提出问题，根据问题，解题者才会不断寻找新的目标、有意识地及时研究和解决新问题。

培养问题意识，在解题训练中需要注意一些问题：有些选题可能在原理和方案可行性、新颖性上都没有问题，但却没有市场或社会使用价值，因此是不可选的。在计算机汉字录入系统开发的过程中，各界人士开发的录入方法有几千种之多（软件也号称"万码奔腾"），但最终被大家所使用的仅仅几种而已，究其原因就是选题确定的方案不实用。因此，在选题训练阶段，要注意选题是否容易被大众所接受。同时，还要充分考虑解题方案的原理和结构是否成熟、现实，因为原理正确技术不成熟也会使工作失败。计算机的思想模型——"图灵机"早在几百年前就已经被提出，但由于物理学的不发达，"图灵机"的设计思想根本无法实现。

要防止这种现象的发生，在进行训练时，就要培养大学生的问题意识，针对一个设想多问几个为什么。以公益志愿服务活动设计为例，就可以问：

公益志愿服务活动与国家倡导的理念吻合吗？

公益志愿服务的方案所需的技术或方法早已成熟了吗？

公益志愿服务带来的结果对居民的利处在哪里？

本项公益志愿服务活动有持续开展的价值吗？

本项公益志愿服务活动有多大的推广范围？

本项公益志愿服务活动容易被别的活动替代吗？

本项公益志愿服务活动会受到被服务者欢迎吗？

本项公益志愿服务活动会收到良好的社会效益并形成较好的口碑吗？

大学生应当常常将上述问题提出来，不断提醒自己，渐渐的就可以养成良好的问题意识了。技术创新来自于丰富的想象，但并不是每一个设想都会变成现实的产品；要提高解题的成功率，就要提高问题的针对性。因此，在社会实践活动开始前，大学生应该将可以想到的问题问过自己以后，连同方案一起交给其他合作者进行再次推敲。

（二）问题明确训练

创新源于问题，但问题不等于具体题目和创新的具体任务。要实现解决问题的目标，就必须明确任务，也就是在众多信息中确立目标问题。

问题明确主要包括两种情况：第一种是由一个问题转化成另一个问题；第二种是将一个较难求解的问题转化成一个相对容易求解的问题。

如果问题明确的情况属于前一种，就需要解题者不断缩小思考范围，一步一步地达到目标。这样就可以把与核心问题关系不大的枝节性问题一点一点地剥离掉，进而发现关键问题。

需要指出的是，当面临问题是一个大问题时，它大多是一系列问题的组合，要把大问题转化成小问题，就要归纳问题涉及的范围，指出该问题的核心内容，再构造一个新的问题表达方式。如果转化后的新问题仍然能够准确表示解题目标，就用该问题替代原来的问题。问题确定不一定是一次就能完成的，因此，该工作是一个循环往复的过程，当最后的目标使解题者认为满意了，待解的问题就可以确定了。

而对于一些较难解决的问题，往往因为看起来较难，问题一被提出就会被一部分人放弃；但是，如果把比较难的问题分解或转化，就可能解决问题。

一个较难的求解问题，经过转化以后同样是可能解决的；因此，解题者要实现目标就敢于提出设想，并且努力寻找将设想转化成可以实现的表达方式。

待解问题目标明确以后，要解决问题，还必须建立一个具体的实施方案，并且要对方案加以细化，这就是方案细化工作。

第四章 高校实践教学与工作

本章从高校思想政治课实践教学的现状与问题开始分析，探索了实践教学的内涵、意义、课程设置、教学组织和评价方法；分析了大学生社会实践教育的作用、特点、原则以及应注意的问题；探讨了高校大学生社会实践的项目化运作等各方面的知识；剖析了社会实践的思想性与专业性的统一关系、社会实践对大学生团结协作精神的培养功能和科研创新能力的培养功能及其方法论；最后总结了社会实践改革的各方面知识和北京科技大学的社会实践经验。

第一节 高校思想政治课实践教学

思想政治课是对大学生进行思想政治教育的主阵地和主渠道，在学生思想道德观念和政治理论素养的培养上担负着重要任务。从目前现状看，情况不容乐观，层出不穷的新问题使思想政治课教学面临着严峻考验，深化教学改革势在必行。除进一步加强课堂教学外，应不断探索新途径、新方法。积极开展社会实践活动，使学生在了解、接触和服务社会的过程中，运用所学理论观点，观察、分析、思考、解决现实生活中的问题，提高教学的实效性。

一、现状与问题

目前，高校思想政治理论课实践教学的现状与问题突出地表现在以下几方面：

1. 各自为政，缺失合力。负责授课的教师与组织学生开展活动的教师分属不同的管理系列，两者不能有效结合，从而"知"与"行"之间的距离人为拉大，这样花费了时间、精力和财力，却没收到良好的实践教学效果。

2. 详细制订方案，草草落实行动。理论课实践教学即是走出课堂，深入社会的"社会实践"教学已成"惯性"认知。"惯性"认知付诸行动是要受到时间、空间、场域、经费及师生比例等条件限制的，这些制约因素导致理论课教师主导地位缺失或处于虚位状态，再加上实践教学活动本身缺乏统一的标准和完善的机制，在组织实践教学活动时，放弃或减弱实践活动的开展。负责学生工作的教师单纯地为组织活动而组织活动，大学生在参加活动时抱有参观的心态，缺少"知"的提升。周密的计划和严密的组织，以及相应的条件支撑和机制保障是社会实践教学得以正常开展的基础，有的高校没有或者很少开展实践教学活动，原因即在于此。有的理论课教师直截了当地表示"联系社会实际的最直接的方法是参观、访问、调查等社会实践活动。尽管谁都知道这种方法很好，但在'两课'教学中，这种方法采用最少，不是不想或不愿采用，而是由于这种方法有太多的实际困难。"

二、人为的序列划分与整合困境

高校思想政治理论课教学定位于不断优化课堂教学的同时，努力探索行之有效的实践教学模式。也就是说，要把"课堂教学"和"实践教学"有机地整合起来，这就要求，首先要从课程的总体设计入手，浓缩课堂教学，增强相应的实践环节；其次把课堂和实践教学融为一体，使课堂内外形成相互联系，相互映衬，相互促进的整体。理论课程有一定的前导与后继关系，实践教学也存在一个循序渐进的过程，但是，如何把"课堂教学"与"实践教学"有机整合起来一直是困扰广大思想政治理论课教师和研究者的课题。

在这里，"课堂教学"即是"课堂理论教学"；"实践教学"即是"社会实践教学"。这种理论课教学设计的路径实际上就蕴含着两种教学首先是分离的，一个在课堂内展开，一个在课堂外展开，然后再寻找二者整合的途径，这就难免出现各行其是和难整合的困境。实践教学应存在于整个教学过程之中。"课堂教学"应该包括"课堂实践教学"和"课堂理论教学"，高校理论课教学在任何时候都应该是"理论教学"和"实践教学"的有机整合。"社会实践"活动的开展要受到各种因素的限制，如果这种整合仅仅是要等开展了"社会实践"活动以后才开始，照此常理，思想政治理论课教学一学年能有几次整合呢？整合的效果又如何呢？如果我们能高度重视"课堂实践教学"，那么，"理论"和"实践"的整合在每一堂课都会发生。

三、实践教学的内涵

1. 实践的内涵

马克思主义对历史上的实践观进行了扬弃，认为实践不仅是与认识相对应的范畴，还是人的存在方式。实践有广义和狭义之分。当人们认识到"全部社会生活在本质上是实践的""人本身就是一种实践性的存在""实践构成了人的存在方式"时，实践就具有了广义和狭义之分。广义的实践是指"只为人所特有的对象性活动"，还可以表达为"人以一定手段有目的地、能动地改造世界的对象化活动"。狭义的实践是与理论（认识）相对应的范畴，是理论认识的运用，是"区别人以精神、观念的方式把握客体的活动，如认识、理论活动等"。

2. 传统实践教学理念的突破与超越

在高校思想政治理论课教学中，教师们对实践教学的含义认识不统一。主要有以下几种观点：

（1）理论课实践教学是一个教学环节。实际上，理论课"实践教学"是关于"教学应该做什么"和"怎么做"的问题，而不是关于"教学是什么"的问题。但是，它又绝不是一套操作技能或教学技艺。这种理解和诠释不是主体的行为方式，而是人本身的存在方式。理论课实践教学不能简单地等同于理论课实践性环节，不只是表现为实践性，而是实践性学习与研究性学习并重的课程；不是教学层面的一种教学方式，而是课程层面的一种具有独立形态的课程；它具有自身独特价值和功能。

（2）实践教学是理论课教学计划外的社会实践活动，组织实施、管理、考核部门应是团委。

（3）辅导员、班主任应是实践教学的具体组织者。

（4）理论课教师是实践教学的组织者，但把实践教学仅仅理解为参观、考察或假期社会实践等活动，忽略了实践教学是一种教学模式。这种观点把实践教学看成是教学之外的一种方法。实际上，教学方法并不是独立地存在于教学之外的方法，而是渗透在教学各个环节之中。

理论课实践教学的基本目的是让学生接触社会，将理论与社会实际联系起来，使马克思主义理论真正成为学生世界观、人生观和价值观的理论指南。那么，学生接触社会的方式和手段到底有哪些？这直接决定了实施实践教学的基本方式。按照一般的思路，学生要"实践"就要走出校门，通过参观、社会调查等手段接触和了解社会，这种实践教学理念实际上是在狭义的实践观范围内理解实践教学，即是社会实践教学。现在高校普遍开展的"实践教学"的形式有：建立实践教学基地；各种校园文化活动和社会实践活动。社会实践教学在目前会遇到各种困难和挑战。首先，它需要相应的资金支持。目前高校普遍没有理论课实践的专项资金支持，即使有也数量有限。事实是，即使学校高度重视，也很难在短期内解决巨额的资金需求。其次，社会实践教学资源短缺是长久的话题。最后，社会实践教学组织困难。

在看到目前社会实践教学"重形式，轻实效""内容简单""组织形式不规范"的弊端和困境的同时，一方面，我们应该考虑，社会实践是否是学生接触社会的唯一方式？由于主客观条件的限制，社会实践可不可能成为在校大学生普遍接触社会的方式？

另一方面，如何在现有的条件下，增强理论课教学的实效性，让学生在进行理论学习的过程中能充分把握时代的脉搏，这需要进行新的探索。我们亟须解决的问题之一就是对实践教学的内涵和教育教学理念的理解是否准确和到位，这直接关系到整个理论课实践教学的开展。

"实践教学"的目的在于培养学生应用马克思主义理论分析、解决问题的能力，面对纷繁复杂、千变万化的社会矛盾做出正确的行为选择的能力，帮助学生构建正确的思想品德体系。理论课的实践不同于一般的专业实践，后者的主要目的是技能的掌握和熟悉过程，是经验的积累，建立在学生"亲历"和动手的基础上；前者了解社会也是为了更好地掌握理论，从方式上看，仍是一种认识问题，不同的是，由从书本、教师那里认识，转向从实践中认识。

基于以上特点，有的研究者指出，"可以考虑把'社会实践'搬回学校，让全体学生能够在学校里'看'社会"，并提出了这一设想的主要思路和基本要求。实际上，这不是把"社会实践"搬回学校和课堂，而是思想政治理论实践教学本身就应包含课堂实践教学的题中应有之义。"顾名思义，实践教学应是一种教学活动，实践则是达成教学目标的途径和手段。实践教学是在思想政治理论课教师精心组织下，按照既定的教学计划，利用图像、案例、情境等实施的教学活动。""实践教学即在理论课教师组织下，为了实现理论课教育教学目标，根据既定的教学计划，利用直观鲜活的图像、案例、情境等，激活学生学习的主动性、积极性，使学生通过调研、研讨等方式直接参与教学活动，感知社会，体验人生，实现'教化'与'内化''知'与'行'相统一的一种教学模式。"因此，只要教学内容是活生生的事实，图像和各类资料；教学形式是近距离的接触和亲身的感受；学生不再是"填鸭式"教学的对象，而是积极的实施者和参与者；学生在亲身的经历、亲自的考察中锻炼自己的理论联系实际的能力，用事实说话，强化了教学内容的现实性、针对性，激发了学生学习的主动性、积极性和创造性，变被动接受为主动学习，增强了课程的教学效果，这就可以称为"实践教学"。高校理论课实践教学应该是"课堂实践教学"和"社会实践教学"的有机结合。

四、组织学生参加社会实践活动的重要意义

社会实践活动是人类能动地改造自然和改造社会的活动。思想政治课的社会实践活动是指与思想政治教育目标相关的，学生结合所学理论知识关注社会、接触社会和服务社会的实践活动。在思想政治课教学改革的过程中，组织学生积极参加社会实践活动，对提高思想政治课的实效性和学生思想政治素质，无疑有着重要的作用。

1. 激发学生学习兴趣，提高学生参与意识

俄国教育家乌申斯基曾经谈到："没有丝毫兴趣的强制性学习，将会扼杀学生探求

真理的欲望。"教育学和心理学研究也表明：当学习内容与学生已有知识和生活经验相联系时，学生对学习会更有兴趣。如果将政治理论与学生现实生活有机结合起来，学生的学习兴趣就会提高，在思想政治课教学中开展社会实践活动便是一种有效举措。学生通过考察社会现象，将教材内容与社会生活紧密联系起来，使理论知识成为学生看得见、摸得着、听得到的现实，让学生感受到生活化的思想政治课，运用有关理论分析现实生活中的问题，从而唤起学习兴趣，激发学习欲望，进而积极主动地参与社会实践，达到学与做、知与行的真正统一。

2. 培养学生综合素质，提高实践能力

卢梭说过："真正的教育不在于口训，而在于实行。"实践是辩证唯物主义认识论之首要的和基本的观点，它在人类认识和改造世界中，起着十分重要的作用。因此，除认真教授理论知识外，还必须让学生积极参加社会实践活动，体验社会生活，做到既"读万卷书"，又"行万里路"，运用思想政治课所学的理论观点观察、分析其中的原因，解决生活中的实际问题，进而帮助学生更好地掌握知识、增强能力、提高综合素质。

3. 推动思想政治课教学改革，提高教学的实效性

由于思想政治理论课较其他课程更加理论化，加上有些教师教学方式简单化，给学生造成一种思想政治课"空洞说教""脱离实际"的错觉。积极开展社会实践活动可以有效地改善这一状况。学生通过社会实践，亲自观察社会现象，体验社会生活，有助于加深对所学理论知识的理解和把握，推动思想政治课的教学改革，提高思想政治课教学的实效性。

第二节　大学生社会实践课程

大学生社会实践课程，是理论与实践相结合的新课程。它依托地方资源，通过大学生自身的体验和认知，真正实现由知识到能力、由理论到实际、由接受到创造、由学习到生活的沟通，使学生在实践中体验和丰富理论，加深对理论的深刻认识。作为一门课程，大学生实践课程应具有课程的规定性，克服随意性与盲目性。实践课程的本质特点，决定了它与理论课程具有不同的组织实施方式，其教学组织形式、过程、方法和评价有其自身的特点。

大学生社会实践课程开设需要注意以下内容。

1. 结合大学生思想政治教育。中宣部、教育部《关于进一步加强和改进高等学校思想政治理论课的意见》（教社政〔2005〕5 号）指出："高等学校思想政治理论课所

有课程都要加强实践环节。"在学校团委组织下的革命传统教育社会实践活动、社会调查和社区建设的实践活动、参加志愿者活动、参加公益宣传等形式的社会实践活动，对于帮助大学生深刻了解国情，提高坚持党的基本路线的自觉性，走与实践相结合、与工农群众相结合的成长道路，对提高全面素质尤其是思想政治素质具有重要的意义。

2. 结合专业特点进行社会实践。大学生社会实践应该引导大学生充分利用学校资源，围绕大学生的专业背景策划选题，发挥专业优势，结合地方经济特色，这样才能在社会实践中产生价值，对社会作贡献，同时为自己今后的就业做好准备。进行社会实践规划时需要从实际出发，做具体分析，结合自身专业优势。指导教师可以根据社会实践的具体要求，结合学生所学专业的特点和当地的实践资源，有的放矢地设计社会实践的目标、内容和步骤。

3. 结合创新教育进行社会实践。创新教育是以培养人们创新精神和创新能力为基本价值取向的教育。创新思维是创新能力的核心，大学生长期接受传统教育，在观察力、想象力、创新思维能力等方面培养不够，尤其是缺乏质疑能力和批判精神的培养。社会实践给了大学生充分展示自我的空间，在社会实践活动中会面对许多复杂、实际的各种问题，在解决问题的过程中，能够培养敏锐的观察力、创造性的想象力、独特的知识结构以及活跃的思维，而这一过程正是对大学生创新思维开发和培养的过程。

一、类型

根据不同标准，大学生社会实践课程可分为不同的课程类型。

1. 教辅性实践课程。指在各专业教学中，为加强理论知识教学而开展的辅助性实践教学课程。它是课堂教学的重要组成部分，是巩固理论教学成果的重要环节。教辅性实践课程强调与专业理论学习的一致性和协同性，通过实践教学的手段，进一步深化对专业理论知识的学习，深刻体会蕴涵在各门课程中反映人类文明成果、弘扬民族精神、体现科学精神、揭示事物本质规律的内容，培养大学生的创新精神和实践能力。教辅性实践课程是课堂理论教学的延伸，是实现专业教学目标的有机组成。

2. 研究性实践课程。指学生从社会生活中选择和确定研究专题，是主动地获取知识、解决问题的学习课程。作为一门实践性很强的课程，它以社会实践为主要形式，强调亲身经历，要求学生积极参与到各项活动中去，在"做""考察""探究""创作"等一系列活动中发现和解决问题，发展实践能力和创新能力。研究性实践课程作为一门全新的课程，立足于改变学生的学习方式，强调一种主动探究式的学习，与原来的学科课程相比，突出了实践性、开放性、自主性和过程性。

二、教学组织

大学生社会实践课程的教学过程与传统的课堂教学相比，明显的特点在于：丰富的感性体验与理论思维相结合，强烈的现场参与感触发和增强理论思维的兴奋点；教学内容与形式不再是抽象的概念、判断、推理等逻辑形式，而是活生生的事实、图像和景观。大学生社会实践课程的教学过程，主要包括以下阶段：一是确定实践活动的主题。在教学过程中，教师根据课程的教学计划和要求，结合地方经济社会发展的需要，启发和引导学生确定实践活动大的方向和选题范围，并为实践活动的开展做一定的知识储备，激发学生参与实践探索的愿望。学生根据自身的兴趣与能力，确定具体的实践活动主题。二是制定实践活动的计划。包括实践活动的目的、意义、方法、进程预期效果，等等。计划的制订不仅要在教师的指导下进行，而且还要对实践活动加强调查研究，增强计划的可行性，确保实践活动有条不紊地进行。实践总结可以是调查报告、心得体会、研究论文等，也可以是研讨会、交流会、刊物、墙报等形式。无论哪种实践总结，都必须紧紧围绕实践主题展开，并从理论认识上加以提高。

在大学生社会实践课程的教学过程中，教学方式的运用也是多种多样的。在教学空间上，实践课程要充分利用课堂、校园，尤其是当地的课程教育资源，让学生在更大的教学空间得到提高。一般来讲，校内实践课程以班级活动为主，根据不同的学习内容和不同学生的个性特点，辅之以小组活动和个体活动；校外实践课程更多的是采用小分队和个人单独活动的形式。实践课程，主要采用参观见习、实践体验、问题探讨三种形式。参观见习是基本层次的实践教学，主要是组织大学生参观实践教学基地，感知社会发展变化，增强国情意识和社会责任感。各地方高校要坚持走"产、学、研"结合与互动之路，建立健全校地合作、校企合作机制，为大学生的社会实践活动提供长期的稳固的基地。有时也可组织观看相关专题展览或录像教学，如用反映社会新变化、新进展、新观念的纪录片、专题片或新闻影像资料进行插播式教学等。实践体验可分为直接体验与间接体验两大类。间接体验是邀请当地的有典型代表意义的优秀企业家、带领农民奔小康的致富能手等，组织学生听其社会体察或创业体验的报告、座谈，内容主要是结合经历谈对社会的理解，提出存在的问题和经验教训。

问题探讨这一形式是让学生运用理论分析和解决社会实际或生活实际问题。

1. 实践课题研究。指导学生从事研究性实践活动。在教师提供参考性实践课题和指导选题基础上，由学生自主研究后提交结题论文或决策建议。

2. 实践问题探讨。鼓励学生对感兴趣的实际问题进行专题探讨，包括对热点问题和兴趣问题的探讨。

3. 现象辩论。由教师将某些社会问题，设成辩题，分成正反方组织辩论。操作时不一定照搬辩论赛模式，可自由辩论，由全体学生参与。

需要特别指出的是，问题探讨是一种科学实践，必须以广泛的调查研究为前提。教师可根据不同的教育资源和教学目标，进行教学方法的选择与探索。

三、评价要求与方式

课程评价是确定课程与教学计划实际达到教育目标程度的过程。为确保实践教学效果，在实践教学中与实践教学后，要对学生进行认真的考核评价。在评价中，应关注学生在活动过程中的真实表现、体验与感悟。凡涉及学生态度、价值观、认知的变化，都是评价的重要内容；学生的研究报告、论文、心得体会等，都是评价学生发展状况和水平的综合性依据。

考核与评价是检验实践教学成效的关键，必须做到真实、公正。考核不能只单纯注重结果，更要注重对学生在实践过程中表现出来的理想、信念、智慧、能力等做出综合评价。"评价最重要的意图不是证明，而是为了改进。"通过评价，学校和教师可以从反馈的信息中发现其管理和教育教学中的优势和不足。评价人员可以向被评者提出存在的问题和建议，被评者也可以此为动力，在认真听取、总结分析评价人员意见的基础上，选择正确的途径与方法，改进自己存在的缺陷。应注重考评实践教学对学生世界观、人生观、价值观形成和转变的效能，力戒形式主义。指标应简便，便于实施；各项指标要用可操作性的语言加以定义，所要求提供的信息符合实情，具有实际意义。在实践课程教学中对大学生进行评价是一项复杂的工作，任何一种单一的评价方式都难以做到客观公正。因此，实践课程考评要求我们综合运用各种评价方式。

1. 形成性评价与终结性评价相结合。形成性评价主要是指对学生实践行为与效果进行日常性记载，主要面向个体实践活动以及集体实践活动中具有个性特征的活动；终结性评价一般是在修完某门课程之后，对学生实践课程所做出的全面评价，是以形成性评价为基础和前提的，具备大量的第一手材料，具有较强的严肃性和科学性。

2. 动态评价与静态评价相结合。静态评价是对学生的理论知识水平、言行和思想进行"1＋1"式的评价，对被评对象做出某种资料、资格证明，得出学生某阶段或在某件事情中的评价结论。学生成长是一个不断发展的动态过程，评价应该是动态、发展的综合，应寻找动态发展过程，而不是就事论事。动态评价有一个分析过程，通过分析、比较、评价，把握学生思想与行为发展变化的特征和轨迹。静态评价、动态评价需要在评价过程中综合运用，并有机地结合起来，从而对学生实践行为做出准确、客观的科学评价。此外，还要注意多种考评方式的综合运用。如：校内、校外考评相结合，以校内考评为主；奖励性、处罚性考评相结合，以奖励性考评为主；团队、个体考评相结合，以团队考评为主等各种综合考评方式。

第三节　大学生社会实践教育

一、大学生社会实践教育

大学生实践教育在当前高校教育体制下显得越来越重要，这是现代人本教育思想发展的要求，也是现代人才观和国家科教兴国战略的要求，更是符合教育规律和成长成熟的根本要求。然而，目前把实践教育当作课堂教育的延伸，是第二课堂，在地位上从属于第一课堂。这易于把社会实践教育作为可有可无的事情，易导致说起来重要，做起来不重视的现象。如果说课堂教育重在"知"的教育，那么社会实践教育则重在"行"的教育。完整的教育是知行统一的教育。

1. 课堂教育和实践教育不可偏废

（1）从教育模式上看，课堂教育是教与学的互动过程；而社会实践教育是学生与社会的互动过程，指导老师是教练而非教师，发挥指导作用。

（2）从教育内容来看，课堂教育主要是知识的传授，理论性、系统性强；社会实践教育有实践主题，运用到的知识是综合性的，是现场的案例教育，涉及内容富有强烈的现实性。

（3）从教育手段来看，社会实践教育的教育手段除了必要的课堂教育手段之外，最突出的手段就是亲身体验方式，其实就是一种生动的案例教学，学生自己就是案例中的角色，学生需要解答的也是在实践中遇到的各种问题，当然问题的解决也需要实践来进行。

（4）从教育效果来看，课堂教育重在理论的阐述，即使有相关丰富的结合实际的案例分析，但都是为了加深学生对思想政治理论和道德品质的深刻理解，解决的是认识问题；社会实践教育是有理论作指导、突出身体力行的"演排"，是一种更加生动的课堂，解决的是行动问题，由于大学生是自导自演，所以在思想认识上能够及时找到存在的根本症结，在行为能力上也能够得到及时的纠偏，有见效快的特点。

可见，社会实践教育和课堂教育各放异彩。但从成人成才规律来看，社会实践教育具有明显的教育优势。但二者的联系密切，课堂教育可以通过社会实践教育得到进一步的加深理解和落实，而社会实践教育又可以促成课堂教育内容、方式的改进和教育效果的增强。

2. 社会实践教育的作用具有明显的实践性特点

（1）加强德育。思想政治素质和道德素质是 21 世纪人才首要的素质。大学阶段是大学生思想政治素质和道德素质进一步历练和成熟的阶段。培养他们科学的世界观、人生观和价值观显得尤为重要。而培养的途径除了课堂的理论教学之外，重要的就是社会实践教育。在社会实践过程中，通过走进农村、走进企业、走进社区，让他们切身体会民情、社情和国情，进一步培养其社会责任感和时代使命感，让他们学会探求社会发展的真善美。社会实践活动能触及大学生德育世界最深层次的问题，也只有通过社会实践才能解决这些存在的问题。

（2）提高实践能力。实践是主观见之于客观的过程，是对一个人综合素质和能力的检验。在实践中，不仅要改造主观世界，学会运用批评和自我批评的方法，还要改造客观世界，要遵循客观世界的发展规律，不能视规律不见。这都会直接表现在实践能力和实践效果上。大学生是即将走进社会的知识青年，有着满腔的热血。如何让热血在青春和智慧中得到尽情地挥洒，提高他们的社会实践能力则是十分重要的现实问题。实践的内容是丰富的，方式是多样的。如何培养他们的实践精神和实践潜能对大学生来说是最为紧迫的事情。

（3）认识社会、认识自己。如何认识社会和认识自己是大学生必须理性客观面对的问题。大学生是准社会人，他们的活动范围主要是学校、家庭和社会三个领域。因此，大学生的思想认识会受到社会、学校和家庭三方面的影响。这时，如何客观理性地认识社会就会变得复杂起来。社会的发展不会因某个人的认识而改变，但是对社会不正确的认识却会改变他的一生。大学生要学会辩证、历史地看待社会的过去、现在和未来，这样才能保持一颗清醒的头脑，不至于被社会的乱象所蒙蔽。大学生在社会实践中，要学会带着思考、带着问题走进农村、企业和社区，认真分析现状，尽可能地寻找解决问题的对策，同时，在实践中认识自我，反思自我和超越自我，达到一种个人和社会在现实支点上的良性互动平衡。社会实践教育既是加强学生思想政治素质和道德品质的教育过程，又是提高实践能力，进一步认识社会、认识自己的教育过程，是一种综合教育。在社会实践教育中要进一步贯彻《关于进一步加强和改进大学生思想政治教育的意见》，坚持德育为先、思想政治教育放在首位的重大教育原则。

二、大学生社会实践教育的原则

1. 坚持将思想政治教育放在首位的原则。思想政治素质是当代人才第一素质要求。思想政治教育的核心是关于世界观、人生观、价值观的教育。而社会实践教育是培养当代大学生科学正确的世界观、人生观和价值观的重要途径。在实践中，教育大学生学会辨别什么是科学合理的，什么不是科学合理的；支持什么反对什么。要学会找到一种评判标准的度，即人民的尺度，历史的尺度。必须将思想政治教育的原则放在社会实践教育的优先地位。

2. 坚持与专业知识结合的原则。大学生是知识青年。在广阔的社会实践中，如何体现出当代大学生的风采，专业知识是有着强大力量的。不管是理论知识、还是文史知识等，它们对推进社会经济文化社会建设提供了精神支持、智力支持。社会需要大量的知识青年改造和推动。

3. 坚持与学习结合的原则。在社会实践中，要明确向谁学习，学习什么，怎样学习，最后要检查学习效果。大学生要始终把学习放在心中。不学习就会被日新月异的社会进步所淘汰，社会实践教育并不是走过场，摆架子。社会实践教育是否取得实效，就是看学习效果如何，最终是会落到提高大学生的思想政治素质这个点来。

4. 坚持群众原则。要和群众打成一片，学会说和群众一样的话，做和群众一样的事，和群众同甘共苦，从内心体验群众的疾苦和幸福，努力培养当代学生务实、为民的现代公民素质。让学生充分认识到人民群众是推动历史前进的主要力量，只有依靠群众，为了群众并与群众分享发展带来的成果，坚持正确的群众路线，才能得到群众的拥护，才能促进社会不断进步。

5. 坚持实际原则。必须结合青年大学生实际情况加以有针对性的正确引导，对其在实践中出现的问题，要冷静分析，找出问题的症结所在，并研究对策，帮助大学生在实践中健康成长，健全人格；同时要注意方式方法的运用，不能用过激的手段进行教育，要给大学生一段适应改进的时间。

6. 坚持针对性原则。这是取得教学实效的前提和基础。思想政治课的社会实践活动，要善于针对学科实际和学生实际，包括学科特征、教学目标、学生的身心特点、思想状况、实际需要和薄弱环节，采取与之相适应的实践形式和方法，有的放矢，切实提高实践活动效果。

7. 坚持自主性原则。在社会实践活动中，必须明确活动主体是学生，一定要引导学生主动参与，积极实践，始终处于活动全过程中的主体地位。教师切忌包办代替，应成为学生社会实践活动的组织者和指导者，善于创造条件，优化环境，给学生更多自主的时间和空间，鼓励学生自愿选择、主动参与，激发学生的参与兴趣和创造性，提高学生的探索欲望和热情。

8. 坚持灵活性原则。社会实践活动应针对不同对象和情况，采用灵活、恰当的方式进行，内容应丰富多彩，形式可灵活多样，切忌"一刀切"。就内容来说，既有外出参观考察活动，又有社会服务活动，还有社会问题调查等。从形式上看，既可以是学校统一组织安排的大规模实践调研活动，也可以是思想政治课教师单独组织的实践活动，还可以是学生自发组织、分散进行的社会实践等。

9. 确保安全性原则。现在大学生一般都活泼好动，崇尚个性张扬，加上近年来学生安全事故时有发生，因此，在组织学生参加社会实践活动时，要做到周密安排、科学规划、措施得力、人员到位，提高活动的组织性、纪律性以及学生的安全防范和自我保护意识，既不能因噎废食，又要确保活动的安全、有效。

三、大学生社会实践教育应注意的问题

1. 以实践活动为载体。社会实践活动是一个历练大学生的平台，内容丰富、形式多样，要加强活动总体和过程质量的监控，以取得良好的实践效果。而实践效果以是否增强了理想信念、党团意识、责任意识、群众意识、社会责任感、历史使命感等作为衡量的标尺。要成立考评机构，制定考评细则，积极动员和引导大学生投入到实践中去接受锻炼，成长成才。

2. 以学生为主体，以老师为主导。在社会实践中，学生是实践的主体，指导老师对实践计划包括时间进度、效果以及在实践中出现的具体问题加以指导，形式可以分为现场指导和开总结会两种，要给同学们足够的时间发表意见，不要搞课堂上的那种"满堂灌"，适时对同学们的想法和意见一针见血地指出问题所在，然后让大家讨论寻找解决问题的思路和办法，最终形成统一认识，解决实践中操作层面与思想认识层面上的困惑。特别是在学生与实践单位的专家学者进行交流学习的时候，指导老师要学会引导学生发问，尽可能最大限度地学习到单位的优秀经验和做法。同时，要防止老师包办或放任不管的现象发生。

3. 加强过程管理。要注意加强实践目标的维护和改进，人力资源的开发和利用，实践成本的控制和管理。社会实践归根结底是看个人目标是否实现，虽然离不开实践目标的规定。加强个人主观世界和客观世界的改造是一个艰难而复杂的过程。只有不断加强过程教育和管理，才能取得实效。实践效果如何取决于是否优化整合了整个实践队伍的人力资源。只有充分发挥了他们的优势，挖掘了可能的社会资源，优势互补，形成合力，才能如期实现目标，个人才能取得满意的成绩，并得到社会的认可和群众的首肯。当然，要使实践节约成本，必须加强成本控制。成本包括经济成本、人力成本、时间成本、精神成本和心理成本，等等。只有充分酝酿、总体把握，才能做到实践成本的有效利用，不浪费有限资源。

4. 培养实践精神和实践能力。实践精神包括实践理念、敢于实践、善于实践、乐于实践。大学生是国家建设和民族发展的生力军，要树立人民群众的实践理念，逐渐培养他们"为了人民、依靠人民"的理念。社会是一个广阔复杂的天地。对于尚未踏入社会的大学生来说，对社会的认识是不成熟的，有一种熟悉的陌生感。因此，要培养他们敢于实践的信念和决心，在实践中不要怕犯错，关键在于培养他们运用批评和自我批评的方式加以改进。依靠群众为了群众的方式方法，既改造主观世界，又改造

客观世界，培养他们乐于与群众接触的态度和意识。在实践中取得的成绩离不开群众的鼎力支持，要牢固地树立历史是人民群众创造的观念，杜绝个人英雄主义作风。同时，让每个成员深刻理解团队的力量，只有弘扬团队精神，加强团队管理，才能最直接地取得骄人成绩。相对于实践精神，实践能力更显出其直接的现实性特点。大学生要学会带着问题走进社会实践的领域中去。这些问题可以是政治的，也可以是经济、文化、社会各方面的。在实践中，要学会发现、分析和解决问题、归纳总结规律和特点。

5. 实践保障问题。包括制度保障、安全保障、财务保障、身体保障等。在实践过程中，要加强制度建设。实践队的组织纪律性是顺利进行社会实践的重要保障，每个成员必须自觉遵守和维护相关规章制度。在实践过程中，还必须对天气状况和交通状况以及实践作业安全状况做充分了解，及时做出安排，保证实践中不出事故或少出事故。实践活动的开展还必须拥有一定经费的支持，当然要持节约办好事的原则。对实践队的财务管理可以指定同学负责，及时向实践队作财务汇报。队员的身体健康好与坏也是实践能否顺利进行的一个重要条件。

第四节　大学生社会实践工作

社会实践工作在高校的思想政治教育中起着积极而有效的作用。不断强化大学生社会实践的思想政治教育功能，积极探索科学合理、富于时代性和创造性的社会实践运行机制，培养高素质创新人才是高校适应新形势、实施创新教育、推进大学生成长成才的客观要求。

一、总体要求、原则和目标

1. 总体要求。全面贯彻党的教育方针，遵循大学生成长规律和教育规律，坚持社会实践与课堂教学并重，以了解社会、服务社会为主要内容，以提高大学生的思想政治素质和专业技能为目标，以稳定的实践基地为依托，采取灵活多样的方式方法，使大学生走出校门，在实践中受教育、长才干、作贡献，努力成长为中国特色社会主义事业的合格建设者和可靠接班人。

2. 原则和目标。坚持育人为本，牢固树立实践育人的思想，把提高大学生思想政治素质作为首要任务；坚持理论联系实际，提高社会实践的针对性、实效性和吸引力、感染力；坚持全员性、全程性，课内与课外相结合，校内与校外相结合，集中与分散相结合，争取使每一位大学生都能参加社会实践，努力把思想政治教育贯穿于社会实践的全过程；坚持受教育、长才干、作贡献，推动大学生社会实践长期健康发展；坚持整合资源，调动校内外各方面积极性，努力形成全方位、多层次的校内外大学生社会实践协调发展的良好局面。

二、拓展领域、丰富形式，开展丰富多彩的社会实践活动，促进大学生全面发展

1. 深入开展社会调查。要组织大学生围绕经济社会发展的重点、热点问题，深入农村、城市社区及厂矿企业等进行调查研究，提出解决问题的意见和建议，形成调研成果。要加强对大学生社会调查选题、途径、过程的管理和指导，每个学生每学年要开展一次社会调查，并写出一篇较高质量的社会调查报告。通过社会调查，进一步加深大学生对社会的了解，帮助他们正确认识社会问题和现象，并以科学的方法去分析、解决问题，增强社会责任感。

2. 大力倡导科技文化创新活动。鼓励大学生积极参加"挑战杯"系列竞赛、数学建模竞赛、电子设计大赛等科技竞赛活动，引导大学生在实践中积极参与理论研究、工艺创造和技术革新的传播，提高大学生的科学素养，培养他们崇尚科学、求真务实、开拓创新的科学品质和团结协作的团队精神，提高他们的创新创业能力。

3. 广泛开展生产劳动和社会服务。积极创造条件，引导大学生参加生产劳动，培养大学生的劳动观念和职业道德。大力倡导大学生参加志愿服务等公益活动，引导大学生运用所学知识和技能服务人民，奉献社会，培养为人民服务的道德观，弘扬社会主义道德风尚。拓展社会服务的新领域、新载体、新形式，鼓励大学生参加志愿服务西部计划、贫困地区支教计划、青春红丝带志愿行动等活动。

4. 扎实开展勤工助学。建立规范有效的勤工助学管理制度，鼓励大学生在完成学业的同时，积极参加勤工助学活动。广开渠道，努力帮助经济困难的大学生参加勤工助学，取得合理的经济收入，增进对社会和国情的了解。要在全社会营造支持大学生参加勤工助学的良好氛围，在活动中培养艰苦奋斗、自立自强的品格。要坚决禁止大学生参与传销等非法活动。

5. 充分利用爱国主义教育基地，大力开展革命传统教育。有计划地组织大学生到革命纪念地、经济社会发展成效显著的地方参观学习，了解中国革命、建设和改革开放的历史与成就，增强大学生对党的感情、对中国特色社会主义的热爱，激发他们全面建设小康社会、实现中华民族伟大复兴的责任感和使命感。活动要突出教育主题，力戒形式主义。

6. 不断完善以教学实践、专业实习为主要内容的实践教学体系。把实践教学作为课堂教学的重要组成部分和巩固理论教学成果的环节，根据不同专业的要求，不断改革教学实践内容，改进实践教学方法，合理制定实践教学方案，拓宽实践教学范畴，整合实践教学资源。使大学生在参与实践教学的过程中，深刻体会蕴涵在各门课程中反映人类文明成果、弘扬民族精神、体现科学精神、揭示事物本质规律的内容，培养大学生的创新精神和实践能力。

7. 深入开展"三下乡"和"四进社区"活动，鼓励和引导大学生积极参加"争创文明校园，争做文明大学生"活动。遵循大学生成长成才规律和教育规律，根据大学生思想政治教育的重点和不同年级、不同专业的特点、不同学生职业发展的需要，深入开展好文化、科技、卫生"三下乡"和科教、文体、法律、卫生"四进社区"活动。要像组织课堂教学一样，精心设计、周密安排，根据需求选派相关专业的大学生团队，为群众办实事、解难题。各级团组织要统一协调、安排好活动的时间、地点和具体内容。大学生在校期间至少参加不少于两周的该类活动，实践单位要对大学生的表现做出鉴定。开学初，要以团支部、班级等为单位进行交流总结。高校要主动与企事业单位沟通，不断创新、拓展大学生社会服务的形式和领域，倡导大学生参加志愿服务等公益活动，培养大学生的劳动、服务观念和意识。

三、大学生社会实践活动的项目化运作

1. 大学生社会实践活动项目化管理是保证社会实践取得实效的一种有效措施

对社会实践进行项目化管理，是研究社会实践发展的趋势。结合高校的实际情况，借鉴高校教师科研项目管理的做法，提出一种创新的对社会实践进行管理和指导的有效模式。其基本点是有计划、有步骤地从大量申报课题中抽选出若干课题作为重要课题予以立项。对立项的课题，学校给予重点支持，选派指导教师，划拨必要的活动经费。实践活动的组织由学生自主进行。社会实践结束后，学校对课题进行系统的评估，并评选出优秀课题给予奖励。

2. 大学生社会实践活动项目化运作的内容

实施暑期社会实践的项目化运作，是对高校社会实践资源进行优化整合的一种系统管理方法。高校暑期社会实践项目化是规范管理的措施，是注重实效的体现。

（1）成立一个有别于传统组织的新型管理组织，能同时迅速地从纵向、横向协调解决贯穿于各组织部门发生的种种问题，负责把暑期社会实践的活动主题和内容优化整合，实行项目罗列。

（2）项目化管理组织负责制定项目化的具体方案，如暑期社会实践项目申报书、项目指导专家或教师、项目评审办法等。

（3）进行暑期社会实践项目招标、投标、运作和经费审核。

（4）对暑期社会实践项目进行监督和评估。

（5）进行暑期社会实践项目总结、评优、表彰和展览，开展暑期社会实践二次教育。

同时，在项目设计上要坚持与时代主题相结合，结合知识创新、技术创新的时代主题，坚持与地方需要结合。按照"按需设项、按项组团、双向受益"的原则，切实针对地方经济发展的实际需要开展活动，着力为地方解决一些实际问题，使各项服务活动富有实效。坚持与专业特点结合。依托和利用专业优势，确定一批重点服务项目，组织学生运用专业知识解决技术问题、开展社会调研，从而激发青年学生成长进步、奋发有为的主动性、积极性和创造性。

3. 在项目管理模式下的社会实践具体步骤

（1）选题和申请。学校社会实践项目办公室提供部分社会实践课题供学生选取，同时学生也可以自行选取题目，填写统一的社会实践项目申报表，上报学校统一审批。

（2）立项。项目办公室根据课题申报情况，按社会实践评定标准，对所有课题根据其内容的完整性、实践时间安排的合理性、预定成果的可靠性等进行统筹的选拔并最终确定立项项目。

（3）选派指导教师。指导教师一般由学生所在系的任课教师担任。在学生立项的同时将指导教师情况随立项申请一起报送校项目办公室，也可由校项目办公室帮助实践课题组选派指导教师。

（4）社会实践的开展。各立项课题组成员在教师的指导下，根据日程安排开展实践活动，要求学生在实践时保留证明信、宣传单、宣传册、活动照片、音像资料等，以备评估查验。

（5）实践报告的撰写。社会实践活动结束后，学生在教师的指导下根据实践情况撰写社会实践报告。新学期开始后两周内各课题组向校项目办公室提交社会实践报告及相关实践成果。

（6）评估。学校项目办公室组织相关专家对社会实践成果进行评估，分两个阶段：一是对实践报告及实践成果真实性、完整性、规范性的评定；二是听取各课题组负责人对实践内容和实践情况的报告，针对其问题进行分析论证，最后给出相应得分，从而确定评估结果。

4. 社会实践项目化管理模式的显著特点

（1）管理严格。从立项、开展到评估都严格按照既定方案进行统一管理和指导，实践活动中可能会出现的每一个问题和细节都在方案中明确标明。

（2）立项资金批次化。根据申报情况给予不同档次的项目以不同额度的资金支持，资金采取分批次支付的原则，即活动开展初期支付一半资金，待评估后根据答辩情况确定剩余资金是否支付，评估中被评为差的项目将不再支付剩余资金。

（3）计算工作量。根据项目开展情况以及评估情况，对立项社会实践项目的指导教师计算工作量,工作量的多少以评估后的结果而定。

(4)评估环节指标化。评估环节不仅仅要求立项课题组提交实践报告,同时要提交各种实践成果,而且评估标准中对每一项成果都给定了相应的得分,保证了实践成果的完整性。

5. 运用社会实践项目化管理模式需要把握的几个关键点

(1)选题要充分。采取给定题目与自由选题相结合的方式。首先,学校积极准备,从社会实践的各方面、各领域圈定一定数量的、适合学生开展的活动题目,并下发到学生手中。参加实践的学生可从中选取自己喜欢的适合的题目,也可根据自己的爱好、专业特长提交其他题目,这样就充分发挥了学生的自由度,有利于调动他们参加社会实践的积极性。

(2)立项要精练。由于受人力、物力、财力所限,确定为社会实践重点项目的课题是有限的。因此,为重点保证立项课题的开展,必须要对项目进行精选。精选原则为:①要着眼于当前地方社会经济建设中的重大事项;②要着眼于当前社会热点问题;③要着眼于涉及学生利益的热点问题;④要着眼于学生专业知识的应用与提高。

(3)学生是主体。要在社会实践活动中充分发挥学生的主观能动性和创造性,给学生更加自由的空间。学生的主体作用在项目化管理模式下的社会实践具体步骤中要有充分的体现。首先,在选题阶段要给学生充分的自由度,让他们能够根据自己的特点提交课题。其次,在社会实践具体实施过程中,学生主体作用体现要更为明显。最后,在评估过程中,学生可以把自己的实践经历、取得的成绩以及自己对社会实践课题的想法、建议,充分地进行讲解和表述,通过自身的表现赢得评委。

(4)评估要科学。对学生社会实践的评估不单纯是对实践报告、研究成果的评价,更重要的是对学生开展实践活动的方式和过程进行系统地了解和全面的分析,这样做既可以检验学生实践成果的水平,同时也可将其中好的方面作为经验保留,为今后实践活动提供借鉴。

(5)成果要拓展。对学生实践成果进行评估后,要最大限度地对实践活动的教育效果进行拓展。如将社会实践报告编印成册下发给学生,扩大其在学生中的影响力;通过座谈会、报告会、成果展等宣传形式让参加社会实践的同学谈体会,讲感受,从而让更多的学生体验到社会实践的真谛;与其他兄弟院校进行实践成果交流,取长补短。

6. 实施社会实践项目化管理需要正确处理的几个关系

(1)立项与非立项社会实践项目相结合。立项的社会实践项目与没有立项的社会实践项目同等重要。被列入立项的社会实践项目不是社会实践项目的全部,它只是整个大学生社会实践的一部分,所不同的是立项的社会实践是学生社会实践活动中重点选择的项目,不能以立项的社会实践项目代替所有的社会实践活动。因此,应该在抓立项的社会实践的同时，积极组织学生开展其他的社会实践活动，力求让更多的学生参加到更为丰富的实践活动中来。

（2）教师指导与学生自主活动相结合。教师参与学生社会实践，对实践成效的取得是有益的，但必须强调学生是实践活动的主体。让学生自主进行社会实践，才能达到教育、锻炼、提高的目的。当然强调学生的自主实践，绝不是不要教师的指导，教师要起到引导、帮助和促进作用。教师更多的是帮助学生选题，设计方案，督促学生和指导学生进行评估的准备。

（3）社会实践活动与课堂教学相结合。社会实践是大学生的第二课堂。教学和实践都是培养学生适应社会能力的过程和手段，因此要注意两者密切的结合，使得学生在实践中解决理论上的困惑，在教学中培养实践的能力。因此，无论是专业课教师，还是德育课教师，都要关注学生的社会实践活动，注重解决学生社会实践中发现的问题。

7. 实施项目化管理模式后的效果

（1）实践报告水平高。报告信息量大，数据多，对问题描述有理有据，具有很高的说服力。报告图文并茂，运用了大量实例，并辅以声音和音像资料，更印证出了实践活动的水平。

（2）学生锻炼效果好。实践活动让学生真正接触到了社会，贴近了生活。在社会实践活动中学生深入厂矿社区、企业、农村等地，与当地的居民和群众进行了密切的接触，体会到了工人的艰辛、农民的劳苦，经历了严寒酷暑的洗礼，从而能够更加珍惜自己的学习机会。

（3）思想感受深刻。通过社会实践，学生不仅对党的基本路线、国家政策方针有了明确的认识，而且看到了自己的人生价值。

（4）使学生对未来充满信心。通过参加社会实践活动，学生接触到了形形色色的行业、各种各样的人，逐渐认识到自己在社会中的位置，对今后人生目标和追求的形成也有一定促进作用。通过社会实践学生能深刻地感觉到"只要有真才实学，将来就有施展能力的空间"。

第五节　大学生社会实践的思想性与专业性

一、社会实践的思想性

社会实践的思想性是指社会实践活动在提高大学生政治觉悟和思想认识上的作用，

以及大学生在活动中对社会所发挥的思想教育与宣传的作用。社会实践活动把高校的思想政治教育与当代中国基本国情有机地结合起来，可以促进大学生深刻认识当代中国的基本国情，亲身了解我国社会主义建设举世瞩目的成就，加深对党的改革开放政策的理解，增进同人民群众的感情，坚定在中国共产党的领导下走中国特色社会主义道路的政治信念。大学生在成长过程中，由于受各种主客观因素的影响，有时不能准确地认识和评估自己，会表现出弄不清自己的社会角色，摆不正自己在社会中的位置，自己的角色期望值往往过高等问题。通过参加社会实践活动，大学生可以了解社会需要什么，自己缺少什么，看到书本知识与实际能力之间的差距，才能清楚地知道自身存在的缺点和不足，从而端正学习态度，提高思想认识，重新调整、完善自己，实现理论与实践、理想与现实、个人与社会的统一，加快自身的社会化进程，以避免在毕业后走上社会时产生较为严重的落差感和不适应感。社会实践是促进大学生实现社会化的重要方式和手段。在"三下乡""四进社区"等社会实践活动中，大学生通过文艺演出、图片展览、现场解说、发放图书、散发传单等形式，向人民群众宣传党的方针、政策，传播科学文化知识，反对封建迷信和伪科学，倡导健康文明、可持续发展的生产、生活方式，促进落后地区大众的思想解放和认识的提高，为社会主义物质文明和精神文明建设贡献一份力量。对于社会实践的思想性，《中共中央、国务院关于进一步加强和改进大学生思想政治教育的意见》中明确指出："社会实践是大学生思想政治教育的重要环节，对于促进大学生了解社会、了解国情、增长才干、奉献社会、锻炼毅力、培养品格、增强社会责任感具有不可替代的作用。"

二、社会实践的专业性

社会实践的专业性是指社会实践活动在提高大学生专业知识和能力上的作用，以及大学生在活动中利用自身专业特长来对社会作出贡献。由于我国教育存在着应试型教育的倾向，学校教学方式以课堂讲授为主，多是以间接经验为主要内容的认识教育，学生从小学到大学接触的绝大部分都是书本知识和理论，鲜有机会接触实际，对专业内容缺少感性认识，造成多数学生动手能力和应用能力严重不足，一旦进入社会，难以适应用人单位的要求，不能迅速进入岗位角色，这也是一些大学生出现就业难的原因之一。而社会实践则弥补了这些不足。通过参加社会实践活动，大学生可以更多地接触实际，并从中获得直接经验。特别是与所学专业相关的实践活动，能够强化对专业理论知识的理解与掌握，为专业能力的提高提供锻炼机会。只有面对和解决一个个具体的问题，才能促使大学生对所学到的知识重新进行思考，提出疑问，在解决中进行创新，从而促进知识的完善和能力的提高。在野生动物资源学院"永远的湿地"社会实践活动中，学生们走进湿地，调动各种感官来接触和了解湿地，动物医学专业的学生还为受伤的水鸟包扎伤口，通过实践不但印证了所学理论，还学到了在课堂上和书本里学不到的知识，锻炼了动手能力。为了实践活动的顺利开展，学生们要在教师的指导下提前做好各方面的准备，其中也包括专业知识和能力的准备，学生们在此时的学习目的明确，因此，学习动力较强，对相关知识和能力的掌握也会较快和牢固。

三、社会实践是思想性与专业性的统一

社会实践对于大学生及社会在思想性与专业性这两方面的表现及作用，是一个有机整体，两者不应完全割裂开。思想性是社会实践的基础，对社会实践的专业性具有导向作用。如果社会实践仅考虑专业性，那么它只成了专业学习的过程之一，在实施中只注重专业知识和能力的提高，会忽视社会实践对大学生及社会大众政治觉悟和思想认识的影响，限制了社会实践思想性作用的发挥，不利于社会实践的深入开展。专业性是社会实践的依托，对社会实践的思想性具有保障作用。如果社会实践仅考虑思想性，那么高等学校就无法发挥自己在学科专业上的特点和优势，社会实践会出现形式单调、千篇一律的问题，无法提高社会实践的深度，只能走马观花，或者表面上场面比较大，但难以取得明显的实际效果，成了"形象工程"。接待单位承受了较大的负担，如果从中没有得到一定的成果，仅靠个人感情和面子，这样的社会实践也是难以持续发展下去的。只有将社会实践的思想性与专业性统一起来，以思想性为基础，以专业性为依托，在思想性的指导下，在专业性的保障下，社会实践才能真正发挥培养新时期德、智、体全面发展的社会主义新人的作用。

四、如何促进社会实践思想性与专业性的统一

1. 在社会实践的组织领导上，要形成学校党政领导挂帅，各部门齐抓共管的态势。大学生社会实践是思想性和专业性的统一体，因此做好该项工作不只是学生处、团委等学生管理和思想教育部门的事，而应是学校各部门、各级领导的事。为了充分发挥社会实践的思想性和专业性，学校党政领导对此应当高度重视，把大学生社会实践当作培养新时期高级专门人才的必要环节来抓，通过适当的组织形式把学生处、共青团、教务处、宣传部等有关部门组织起来，组成大学生社会实践领导小组，并明确各部门在组织领导大学生社会实践活动中的职责与分工，形成各部门各司其职、齐抓共管的态势，加强对此项工作的领导和综合协调。

2. 在确定社会实践的主题和形式时，要针对不同年级学生的特点来科学安排。大学生社会实践活动内容涉及范围广，而不同年级的大学生在心理需求、思维方式、知识水平、实践能力等方面是各不相同的。因此要遵循教育规律，在社会实践中贯彻因

材施教的原则，对不同特点的学生应安排不同的实践内容分阶段、分层次地进行。一般来说，一年级的学生入学时间较短，多数尚未接触专业课，运用专业知识解决问题的能力比较低，但他们具有较为强烈的热情和好奇心，可以组织开展社会考察、社会服务活动和爱国主义教育活动，重在发挥社会实践的思想性作用，同时为专业性做好准备。二年级学生已接触一些专业课，有一定的专业知识和分析问题、解决问题的能力，可以开展一些社会调查和一部分科技文化活动，将专业性与思想性结合起来。三、四年级的学生已经较为深入、系统地学习了专业课程，可以依托专业知识广泛开展科技文化服务，以及科技发明和创业实践活动，将专业性与思想性深入结合，从而促进自身的提高。

3. 在社会实践的开展过程中，要组织广大干部、教师广泛参与指导。目前，许多学生对如何联系和开展社会实践比较茫然，甚至不少学生不知如何撰写实践报告和科技论文，这就需要指导教师在社会实践各方面广泛参与，变一般性号召为实质性指导。指导教师在大学生社会实践过程中，不但要指导他们运用所学理论知识解决实践单位的管理或技术难题难关，还要指导学生明白做人的道理，同时要及时解决大学生在社会实践中出现的各种思想疑惑。但由于目前我国高校仍存在教与学分离的问题，专业教师仅负责教学计划规定的任务，除了授课及实验、实习之外，学生和专业教师平时很少有机会能接触，而且社会实践在课时、课酬、职称晋升等方面缺乏吸引力，除个别思想觉悟较高的专业教师之外，很少有专业教师愿意指导大学生的社会实践，社会实践的指导工作主要是由政工干部来完成，严重影响了社会实践思想性与专业性的统一。为充分调动广大干部、教师参与指导社会实践的积极性，要把参与指导大学生社会实践计入工作量，把是否参与指导大学生社会实践作为其晋升职务职称、评选优质课程和优秀教师的重要考评依据。同时，要把对大学生社会实践活动的指导与本科生导师及专业教师担任班主任工作结合起来，通过全员育人、全过程育人，来促进社会实践思想性与专业性的统一。

第六节　社会实践对大学生团结协作精神的培养功能

随着知识经济时代的到来和社会主义现代化建设事业的快速发展，社会对人际交往与合作能力的要求越来越高，团队合作精神是大多数公司企业特别是跨国公司录用人才时最看重和必备的标准之一。

一、大学生团结协作精神缺乏的现状及其原因分析

1. 大学生团结协作精神缺乏的具体表现

《中共中央国务院关于进一步加强和改进大学生思想政治教育的意见》（中发〔2004〕16 号）对大学生的思想政治现状做出了客观评价，在充分肯定大学生主流积极、健康、向上的同时，也指出了大学生自身存在的不足，其中就包括大学生的团结协作意识较差。具体而言，主要表现在如下方面：

（1）部分学生集体观念淡薄，看问题只从自我出发，强调实现个人价值的最大化，对集体的共同目标缺少深刻认识；在处理事情时，忽视他人、集体的利益，不愿为集体的事情操心出力，对集体荣誉漠不关心，致使班级、宿舍的凝聚力不强。

（2）遵守集体规范的意识欠缺。

（3）同学彼此间不能做到团结友爱，互相包容，过分强调竞争，忽视合作，缺少互帮互助的热情，交往关系过于淡漠，有时甚至造成人际关系紧张。

（4）重个人发展轻社会合作倾向蔓延。大学生在成长、发展历程中，比较注意自己的个性张扬，从依赖性逐步转向独立性和自主性，喜欢我行我素，习惯于自己奋斗，缺乏与社会、与他人的合作意识，对自己应该承担的社会义务缺乏应有的负责态度。

2. 原因分析

（1）现行教育体制对大学生团结协作精神培养力度不够。当代大学生一直成长在应试教育的环境中，过于重视专业技能、专业知识的学习，过分强调学生个人能力和个性的发展，在一定程度上放松了大学生集体意识和合作精神的培养。同时，学校集体主义、团结协作教育的内容缺乏针对性和实效性，空洞说教，流于形式，不能激发大学生的学习热情，不能有效引导大学生树立正确的集体主义观念，形成良好的团结协作习惯。

（2）"以自我为中心"的家庭环境。当代大学生中，独生子女占相当大的比例，在成长的过程中受到较多的关爱，使得学生在家庭的小集体里以自我为中心，逐渐把别人对自己的保护、照顾看成是理所当然。只注意自己的需要而忽视别人的存在，只讲索取，不讲付出，基本处于家庭的中心地位，往往使得其自我中心意识膨胀，缺乏与人团结协作的主动性。

（3）社会不良现象的错误引导。我国社会正处于新旧两种经济体制的更迭时期，由此而引起上层建筑的深刻变化，对当代大学生的思想产生了积极和消极的双重影响。以"个人主义""个人奋斗""自我实现"为主要表现形式的西方思潮和一些社会不良风气，使部分大学生受到影响甚至腐蚀，他们的思想和观念中融入了不少极端个人主义的价值观。他们过分注重个人价值的实现，凡事必须对自己有利的才做，缺乏团结

协作精神和社会责任感，甚至有部分学生做出损害社会集体利益的行为。

3. 大学生自身对竞争与合作关系的片面认识

随着我国改革开放的深入，社会主义市场经济体制的建立，竞争与合作成为现代人际关系中一种最常见的现象。学习上、生活上充满了竞争，加之就业问题的日益突出，学生在功利主义的导向下，在对待竞争与合作的问题上，往往过多强调和倚重竞争，轻视了合作中的竞争，忽视了合作中竞争优势的形成和竞争中的双赢。

二、社会实践是培养大学生团结协作精神的有效途径

1. 实践性弥补了课堂教学对大学生团结协作精神教育之不足。大学生参加社会实践可以跳出应试教育中"你教我学"的传统模式，可以较好地解决"两课"教学中存在的理论不能很好联系实际的问题。通过社会实践让学生深入基层、了解国情、体察民情，在分析社会现实需要的同时，运用掌握的科学理论知识，分析、解决现代生产实践中的实际问题。通过亲身观察体验和直接参与实践，培养和提高大学生人际交往能力和团结协作精神。

2. 社会性纠正大学生"以我为中心"的自我意识。当代大学生多数是从家门到校门，学习、生活在一个狭小的圈子里，没有经过艰难困苦的磨炼，不能准确地认识和估价自己，角色期望值过高，往往表现出"以我为中心"的处世态度。在这种情况下，参加社会实践能够帮助他们较好地认识自己的社会角色和价值，使他们已有的正确观念得到社会的认同，而不符合社会要求的行为又能得到善意的批评和指正，促使学生自觉而有意识地适应社会，正确处理与他人、与集体的关系。

3. 教育性引导大学生树立团结协作的价值理念。大学阶段是青年大学生世界观、人生观和价值观形成的关键时期，面对社会困难和社会不良现象的误导，容易滋生个人主义、功利主义思想。通过社会实践，使学生们亲眼看到改革开放以来，在党的领导下，在全国人民团结一心、众志成城的努力下，国家政治、经济、文化方面面所取得的巨大成就，同时也使学生们深切体会到我们正处于社会主义初级阶段，贫富差距、社会不公、制度不健全等问题依然存在，要认识到自己肩负的社会责任，凡事不能只顾个人利益，要有与人合作及为社会服务的热情。社会实践的教育意义在于有效地促进大学生政治、思想、道德、技能的成熟，引导大学生树立团结协作的价值理念。

4. 团队性帮助大学生正确认识团结与竞争的关系。激烈的社会竞争强化了竞争意识，但对社会竞争的片面理解也令众多大学生形成单一的"零和一"的博弈思维方式，无法认识竞争与合作之间深刻而复杂的联系。社会实践以其团队性的特点，使学生们亲身感受到无论是实地调研，还是下乡支教，无论是实践地点的联系，还是实践报告的撰写等不同的实践形式与环节都离不开团队的合作与交流，亲身体验到实践团队成

员间相互依赖，相互帮助，共同努力的群体情感，深刻认识到竞争与合作并非简单的对立，可以相互转化和促进，从而培养他们在竞争中保持合作，在合作中促进良性竞争这一更高层次的视野和胸襟。

三、充分发挥社会实践对大学生团结协作精神的培养功能

1. 提高社会实践活动的规范性、持续性、实效性及广泛性。针对目前大学生社会实践活动存在的流于形式化、缺乏规范性、持续性及广泛参与性等问题，高校工作者应开拓新思路，通过全面推进大学生社会实践活动，实现其对大学生团结协作精神的培养功能。

（1）应根据中宣部、教育部、共青团中央等部门的要求，结合学校的实际，将教学计划外的大学生社会实践统一到教学计划内，制定出"大学生社会实践规划"。

（2）建立科学的社会实践评估体系，调动专业老师指导社会实践的积极性和大学生参与社会实践的积极性。

（3）积极推进社会实践与"两课"实践教学的有机结合，进一步增强社会实践的育人功能。

（4）整合社会力量，多渠道宣传社会实践活动的重要意义，努力寻求地方政府和社会企业的认可和支持，筹措社会实践的活动经费，确保实践活动的顺利进行。

（5）重视基地建设，注重与用人单位建立长期的联系，本着社会与高校共同建设、共同管理、服务社会的原则，建立一批社会实践基地，确保基地作用持续发挥。

（6）加强队伍建设，建立一支业务精、能力强、勤思考、善研究的组织指导队伍，在精心组织、认真督导、全面总结的基础上，不断研究新情况，解决新问题，随时调整工作思路，创新工作方法适应时代要求，变活动的简单组织为工作的专门研究，使社会实践专业化。

2. 加强实践前团结协作精神的教育与指导。通过对团结协作理论的学习，能够让大学生在实践前就认识到，实践团队是一个整体，团队成员间发生矛盾是不可避免的，但是应采取积极的态度，通过沟通与交流来解决矛盾。

（1）钟爱你所参加的团队。可以通过以往参加社会实践中优秀团队的典型案例，激发学生的认同感、荣誉感和归属感。

（2）学会与团队成员间的沟通。通过一些团队沟通与合作的技能技巧讲授，个体在团队中得到尊重，个性得到发挥，个体意见得到重视，减少了团队成员间无谓的争斗与矛盾。

（3）充分发挥团队中每个成员的优势。通过团队能效分析，指导学生组建团队时应根据实践目标，选择不同年级、不同专业、不同特长的同学，形成团队成员的优势

互补，最大限度地发挥团队潜能。

（4）学会从团队的整体利益考虑问题。通过榜样的现身说法，告诉学生个人要依赖团队，并自觉地把个人融于团队之中，既不能孤军奋斗，也不能形成团队依赖，要从内心上认可自己是该团队不可缺少的一员，自己应为它出力，顾全大局，一切以团队利益为重。

3. 丰富实践内容，为学生提供可以感受团队协作精神的实践平台。由于学生参与社会实践的时间多在暑期，活动参与面较窄，多以简单的参观、走访、调查为主，有的甚至仅是参观旅游景点或进行网络调研，学生根本无法体会到为了一个共同目标，团队成员分工合作、共同努力所带来的乐趣，更谈不上团结协作精神的培养了。因此，高校工作者应拓宽视野，敞开思路，广泛征求各方意见，尤其是学生意见，根据社会实践的目的，结合自身特点，确定实践活动的形式，丰富社会实践活动的内容，将实践贯穿于大学教育始终而并非集中在暑期，提供诸如社会考察、社会调查、科技文化服务、挂职锻炼、生产实习、生产科技竞赛和发明、志愿服务、公益活动、爱心活动等能够使学生感受团队协作的实践机会，让学生通过自己的团队去发现问题、解决问题，体验团队的力量与合作的乐趣。

4. 设置荣誉奖项，表彰最具团结协作精神的团队成员。荣誉通常是社会对个人行为的社会价值进行评价的价值尺度。每个人作为社会的一分子，他的社会价值通常是以他所获得的荣誉来衡量的。个人的荣誉是社会对个人贡献的一种褒奖。从这个意义上说，设置荣誉奖项，授予在社会实践中团结协作精神表现突出的个人，并使该奖项成为学生奖学金评定、入党、就业推荐、免试攻读硕士研究生等的参考依据，用以激励大学生团结协作精神养成的积极性与主动性。获奖者可以由团队自主推选，也可以由学校结合实践单位鉴定意见考核产生。

第七节　大学生社会实践与科研创新能力的培养

一、大学生科研创新能力

科研能力是指属于各科学领域研究者共同具备的一种能力。其狭义是指从事具体科学研究工作的能力，主要包括创新能力、观察能力、实际操作技能等。随着社会进步，科技水平的快速提高，人们对科研能力有了更广义的要求，融入了许多社会人文科学的内容，其中包括组织管理能力、团结协调能力、文字和语言的表达能力等要素。

大学生的科研创新能力是指在掌握一定专业基础理论的基础上，能借助一定的实验设备和相关技术，运用基础知识、专业知识开展科学研究活动和运用科学方法探求事物的本质和规律的过程中所表现出的一种本领。一般来讲，大学生科研创新能力应包含以下几种。

1. 信息能力。能够利用资料室、图书馆及网络等查找并阅读与课题有关的中外文图书、著作、论文等资料，对搜集或调研得来的各种资料加以梳理和归纳，鉴别其真伪与价值，掌握有关课题的研究现状和在国内外的进展动态。

2. 质疑能力。对所收集到的资料和实验数据、调查结果，能从不同角度进行深入分析和研究，把握有关领域的现状和发展趋势、尚待解决的关键问题，并提出有一定创新意义的问题。

3. 思维能力。能够运用比较、综合、归纳、演绎等逻辑方法和统计方法，对需要解决的问题进行分析、判断、推理，发现研究对象的新属性，提出解决问题的新方法、新角度，或提出新看法、新观点、新假设。

4. 实践能力。能够在实验室进行验证、改进及创新实验进行社会实践、社会调查，从观察、了解和总结中发现问题。

5. 写作能力。能够运用正确的写作方法以科研论文、研究小结、研究报告为成果的形式将研究中观察到的现象、得出的结果、结论表述出来，使其满足进行交流、讨论及总结的需要。

二、影响大学生科研创新能力的因素

1. 中小学阶段传统教育。中小学阶段接受的家庭教育和学校教育，有很多不利于创新能力发展的地方，学习上以灌输式教学为主，生活上完全是父母的大包大揽，按照父母的意愿选择本应是学生自己选择的学习方式、努力方向甚至是爱好，很少给学生自我做主的机会，这种保姆式的关心不利于自理能力、动手能力的培养，很容易使学生在思想上形成轻实践、轻技术创新的错误认识。

2. 高校培养方式。受传统教学观的影响，高校教师常采用以讲授为主的教学方式，只注重单方面的灌输，不重视学生的参与，学生往往无条件地服从于教师，教学变成了教师对学生单向的培养活动，由共同体变成了单一体，长此以往，势必将扼杀学生的独立性和创新意识。

3. 自身素质。科研创新必须要有吃苦耐劳的精神，坚忍不拔的意志，同时具备必要的基础理论功底和实践技能。有的学生对科研创新活动存在畏惧、避让心理，思考、分析、推理能力差，遇到困难和挫折有退缩情绪，发现问题缺乏必要的逻辑推理能力。

4. 科研创新活动氛围。高校科研氛围对大学生创新意识和能力的熏陶是至关重要的，科研氛围浓厚，学生的创新能力就容易培养，相反，在"科研不成气候"的氛围中创新意识是难以树立的，培养科研创新能力也会成为一句口号。

5. 评优奖励制度。当前高校坚持的仍是考试成绩第一、品德第二的评优奖励制度，对创新精神和实践能力很少有明确的要求。比如评选优秀学员和发展党员，考试成绩是否优秀具有一票否决权，这无形中强化了大学生对"分数"的过分追求，把分数的获取放在至高无上的地位，而科研创新能力的培养则很少被人放在心上。

三、加强大学生科研创新能力培养的必要性

1. 是贯彻落实《中华人民共和国高等教育法》的迫切需要。高等教育法明文规定：高校教育应当使大学生具有从事本专业实际工作和研究工作的初步能力。如果忽视对科研创新能力的培养，大学生会缺乏探究问题的原动力，其思维和能力就得不到真正的磨炼和提高。

2. 有助于培养学生利用信息化手段的能力。获取和处理信息的能力是现代人极为重要的基本素质之一。大学生在科研实践中可以充分利用先进的信息手段，在网上搜索信息、检索文献、查阅摘要、阅读文章、索取最新研究论文以及时了解国内外最新学术和科研动态，从而培养自己选择信息、判断信息、综合信息和分析信息的能力，增强主动获取、掌握和利用信息的能力。因此，大学生参加科研创新活动是提高大学生收集处理信息，获取新知识、掌握分析和解决问题的能力的有效途径，是提高教书育人水平的一项重大举措，能够培养大学生参与探索、求实、创新的精神和实践能力，激发大学生独立思考，锻炼大学生的文字处理能力，提高分析、解决问题的能力。

3. 有利于大学生扩大知识面和建立合理的知识结构。通过开展各种形式的科研创新活动，给大学生自己去思考和探索的机会，迫使他们深入钻研与课题、项目或活动有关的知识领域，扩大知识面；学会独立思考，掌握科研方法、思路，掌握相关的技能，提高分析、动手实践能力，从而形成合理的知识结构。

4. 有助于学习能力的增强。科研活动对大学生学习能力的增强有着很大的促进作用。科学研究要有扎实、丰富的基础知识和比较深厚的理论功底，这些都需要通过不断的学习获得。参加科研活动要求大学生具有自主性探究式学习能力，大学生在学好本专业知识的同时，要不断拓展学习的领域，学习邻近学科的知识，以解决知识交叉渗透的问题对本学科领域前人的经验进行总结、归纳，充分认识本专业在社会生活中的作用；了解本专业领域最新的科研动态和专业发展前景，明确研究目标。对自己研究方向范围内的知识有着较为深刻、透彻的了解，知道自己该学习和该掌握哪些知识。树立起明确的研究目标后，学习的积极性、自觉性、主动性就会增强。在科研实践中，大学生在老师指导下独立进行文献查阅、实验方案设计、研究结果归纳、论文写作等

一系列活动，通过全过程的尝试与摸索，大学生将慢慢体会到哪些方法是科学的，哪些方法是适合自己的，哪些方法是可以综合运用的，在不断的积累和启发中逐步提高自己的学习能力和研究能力。

5. 有利于创新能力的培养。参加科研活动有助于培养学生求异思维的能力。学而能疑，才是思考性学习。培养大学生的科研能力，使思维经常处于活跃状态，不断思考问题，扩大思路，寻求突破，有利于创造性思维的形成；对获取的各种资料和信息以及众多的事实或实验数据进行分析和综合，运用逻辑思维能力将一切信息资料联系起来加以思考，在新的联系中发现研究对象新的属性，提出有一定创新意义和研究价值的问题，有利于创造性思维的发展。

6. 有利于大学生意志和品质的磨炼。大学生科研能力的培养，并不是注重大学生取得多少科研成果，重要的是通过科研活动挖掘他们的潜能，使他们有信心也有能力去从事科学研究，这也会对大学生毕业后的工作产生深远的积极影响。同时，大学生参加科研实践也是对其意志品质的锻炼。科学研究是一项艰苦的工作，要求具有坚韧不拔、百折不挠的毅力和顽强拼搏的作风；谦虚、主动、认真、严谨的态度；甘于寂寞、锲而不舍、持之以恒的精神。大学生参加科研实践尽管是一种学习意义上的实践活动，但在这个过程中坚守这些品质对于养成自觉学习、主动进取、严谨求实的学风有着十分积极的影响。

7. 有利于大学生团结协作能力的提升。科学研究大多数时候不仅仅是个人的行为，而是需要一个团队共同努力协作去完成。因此，大学生参加科研活动可以增强其团队意识，有助于培养大学生的合作精神。在科研实践过程中，大学生要处理各种人际关系，如与课题组成员、与指导老师等的关系，通过合作逐渐建立起与他人友好合作的人际关系，乐于同不同风格、个性的学生和老师交往交流，善于听取各种不同的学术见解包括反对自己的意见。通过团队学习，大学生会树立应有的道德意识和责任心，学习、继承和发扬老一辈科学研究者的精神，学习他们献身科学、严于律己、博学修德、严谨治学的精神和作风，不断提高自身的学术道德素质和自律意识，促进自己综合素质的全面提升。

8. 有利于提高高校综合实力。高校综合实力的高低，主要决定于该高校教师的教学科研水平和所培养学生的科研水平及成果。在大学生的知识结构中，专业能力和实践能力是最为重要的，而这些是可以通过教学和科研来培养的，因此，加强大学生科研创新能力的培养，可以提高大学生科研学术水平，产出较多的科研成果，有利于高校综合实力的逐步提高。

四、完善大学生社会实践活动，提高大学生科研创新能力

实践是人类存在和发展的根本方式，是人类实现自我教育的基本途径之一。马克

思在《关于费尔巴哈的提纲》一文中曾精辟地指出："哲学家们只是用不同的方式解释世界，而问题在于改造世界。"改造世界就是辩证唯物主义的最根本的实践命题。高等教育体系中的社会实践是人类实践整体的一个子系统，社会实践在高等教育中具有重要的地位，是促进大学生全面发展，实现高校教育目标，施展学生才华的必然途径。

1. 明确社会实践的目标定位。大学生社会实践应与学生的专业相结合，与地方经济和社会发展的需求相结合。在选择实践活动项目，确定活动的具体内容时，充分结合学生各自的专业特点，使学生能学以致用，将课本知识应用到实践，在服务社会，服务他人的过程中巩固所学的专业知识，也为学生今后就业提供一个展示自己才华的机会。围绕当地经济和社会发展的中心工作，组织广大学有所长的学生进行项目对接和咨询服务，提供智力支持，深受政府和群众的欢迎。

2. 建立稳定有效的社会实践机制。首先要设立专项社会实践经费。经费来源主要有教学和学生活动拨款及勤工助学费和企业赞助、企业单位课题费和实践活动创收等。高校还应发挥自身的科研优势和创新人才的优势，多渠道等筹备大学生社会实践经费，以确保大学生社会实践活动的顺利进行。为推动学生科研工作的开展，学校和院系还可建立学生科研基金。以申报科研项目的形式，有针对性地重点解决科研性社会实践。其次把社会实践纳入规范化的运作渠道。不断完善各种机制，是社会实践工作长期稳定发展的重要保证。社会实践工作机制化就是要顾及到实践主体和实践对象的要求，建设活动机制、运行机制、激励机制、评估机制、保障机制、宣传机制等。

3. 合理安排实践内容。根据学生不同心理特点、知识水平、接受能力，分年级分阶段安排不同的社会实践内容。一年级课余时间结合"思想道德修养"课程，组织社会公益活动和认知实践。二年级课余时间以信息使者进社区和青年志愿者服务为切入点，暑假开展以"三下乡"为主，与社会调查、调研相结合的实践道路。三年级课余时间结合专业实习、就业实践、课外科技作品竞赛、创业计划大赛等，开展社会实践、科技活动与职业训练相结合的"二位一体"的实践活动。积极鼓励引导学生参加科技开发、科研成果转让，推广以组成优势互补的竞赛小组参与创业计划，把说与做、教与学、学与用紧密结合起来。

4. 社会实践项目化，锻炼学生科研能力。为培养学生科研意识，提高科研能力，在组织大学生社会实践的过程中，针对三、四年级的学生，可以开展专业性、研究性、理论性较强的科研实践。即以完成科研项目的形式开展社会实践，这一过程主要包括四个彼此独立而又相互联系的阶段：首先是确定实践活动的主题。在教学过程中，教师根据教学计划和要求，启发和引导学生确定实践活动大的方向和选题范围，并为学生实践活动的开展做一定的知识储备，激发学生探索的愿望。学生则根据自身的兴趣与能力，确定具体的实践活动与主题。其次是制定实践活动的计划。确定实践活动的主题之后师生共同制定好个人或集体实践活动的具体计划，包括实践活动的管理、方法、进程和预期效果等。实践计划的制订在老师的指导下进行，师生一起对实践活动进行调查研究，增强计划的可行性。再次是开展社会调查。社会调查是地方院校大学生社会实践中的核心和主体部分。学生在教师的指导下对所确定的社会调查内容进行量化操作，带着问题深入社会基层去直观体验，了解相关课题的现状和存在的问题，结合专业知识再加以思考，直到获得初步结论。最后也是最重要的一步便是实践总结。实践总结要突出理论升华。经过研究实践，学生将自己和个人的实践成果进行归纳、整理和总结。学生的实践总结有调查报告、心得体会、研究论文等。通过调查报告，可促使学生大量查阅专业文献，并将理论与社会实际相结合进行思考，提高发现问题、解决问题的能力，提高科研写作的能力，为将来独立完成科研项目奠定基础。

5. 调动教师参与积极性，提高大学生实践和科研的质量。作为培养大学生的主体，教师除了在课堂上讲授专业知识外，也应注重课外与学生的沟通和对学生的培养。尤其是以提高科研能力为目的的实践活动，如果缺乏教师的指导和参与，仅靠学生团队组织的带领和学生的自发活动，其质量将难以保证，提高科研能力的目的也难以实现，最后往往使实践流于形式，降低学生的实践和科研积极性。而加入了专业教师的参与，学生的实践目的和方法更加明确，实践的积极性也可大大提高。促进教师参与学生实践，其方法可以是多样的，如通过本科生导师制的形式，让学生参与到自己导师的课题中。利用教师的科研经费完成社会实践，既能帮助教师收集社会实际资料，又能解决学生实践经费不足的问题；还可以由学校组织学生开展科研立项活动，由校方出资，指导教师和学生共同进行项目申报，这样学生能了解科研活动开展的全过程，更加有利于培养学生的科研意识和能力。

6. 观念创新是实践创新的前提。用全球性的眼光制定实践创新的发展战略，势在必行。国际视野的开拓，对于培养有预见性、有开拓性的人才来说，是重要一课。

7. 组织创新是实践创新的保障。在组织形式上，相关部分可打破以班级、学校为界限的组织范畴，进行全社会资源的整合，在一次活动中，将相关领域内的学生通过报名、选拔、推荐等各种形式组织起来，让他们接触更多从未接触过的人际圈、生活圈。通过不同专业领域的分工合作，让他们在锻炼自身的同时知道如何进行沟通、如何了解社会。大学生实践创新不仅需要得到相关部门的充分重视，还需得到社会各界的充分认可和重视。在学生争取实践领域和内容的过程中，有关部门还应提供制度的保障。在资金方面，依靠政府和学校拨款的同时，还应广泛汲取社会资源，将大学生社会实践市场化，寻求企业合作，提供外部保障，实现双向互利。市场化，即在社会实践活动中引入市场机制。它包括两个方面：一是对社会实践活动采用招标制，面向全体学生公开招标，使学生从过去的等、靠、要，到现在的自己主动去寻找机遇，参与竞争，使社会实践活动更具活力；二是引入市场机制，实施社会化的运作模式，加强与各社会团体、对口企事业单位的合作，开展社会实践活动，为活动的开展带来经济方面的保障；积极与媒体合作，使社会实践的社会效益不断扩大。通过市场化运作，可以寻求更多的社会支持，整合各类社会资源，从而促进社会实践活动的进一步深化。

8. 内容创新是实践创新的基础。在内容上，既要紧密联系经济社会发展的需要和学校人才培养的需要，又要注重突出专业的优势，以学生的专业特长服务于社会，从而培养社会需要的合格人才，使满足学生发展的需要同满足社会发展的需要有机结合。

五、大学生科研创新能力培养的主要措施

大学生是一个基础知识比较扎实、思想比较活跃、思维比较敏捷的群体，他们极具青春活力和发展潜能，对大学生进行科研创新能力的培养是高等学校人才培养的重中之重。大学生科研创新能力可以通过下列途径提高：

落实本科生导师负责制，实现教学与科研的互动。本科生导师制是近年来在高等学校本科生教育中正在积极探索实施的一种新的创新体制，对大学生科研创新能力提升具有重要的推动作用。大学生科研创新能力的形成不可能一蹴而就，必须经过长期的严格训练和指导。具备科研能力的教师是大学生最天然的科研创新能力训练师。为了帮助大学生对科研形成清晰的了解和正确的认识，高等学校应加强完善本科生导师制，每个班级最少配备一名具有较强科研能力的老师，主要负责学生科研活动指导和整体安排，促进科研与教学互动。导师负责在新生开学初期就进行科研教育，引导同学了解科研能力对于大学生综合素质提升的重要意义，并定期对学生进行信息检索和数据分析等方面的技术指导，帮助学生了解科研过程，掌握科研方法，进而培养其科研创新能力。同时，在奠定一定的科研能力基础后，可以考虑在学生中择优选拔一批科研兴趣浓厚、科研能力较强的同学，以学术型研究生式的教育模式进行重点培养。

把大学生科研工作纳入教学计划，让科研充分融入课程内容。为了实现教学过程中大学生科研能力的培养，应该进行科学研究知识课程或者研讨班课程的开设，从而使大学生在掌握科研理论知识的基础上，引导他们从事初级的科研尝试，通过研究探讨的形式引导大学生对所研究问题的探讨与学习。一般一、二年级学生主要通过研究性课程的学习，初步掌握信息的收集、资料的简单分析、论文摘要的撰写等科研步骤和方法，三、四年级学生可以参与由导师指导的科研项目或导师本人的课题，在导师的指导下完成项目设计、数据处理、结果分析等环节，最后形成书面报告或论文，使他们在科研实践中形成初步的科研能力。

积极组织学生科研团队，参与科研项目。组建科研团队可以有效强化专业理论学习，学生互帮互助，集中研讨，既可以增强学生自主学习的能力，也可以增强学生思考问题的能力以及团队协作能力。高校应该实行科研兴趣计划、创新能力训练计划、科技苗子工程计划等项目，为学生提供科研能力训练平台。学生以专业知识为基础，

以个人兴趣为导向，以"导师十学生"的形式组建针对不同学科和领域的科研团队，进行前述各种项目的申报。

第八节 大学生社会实践改革

一、当前大学生社会实践活动出现的问题

大学生社会实践经过30多年的开展，已经略显疲态，出现了诸多问题。比如，认识不到位，理解不深刻；活动的形式和内容上出现套路死板，缺乏创新；实践队伍重视程度不一；参观类的社会实践较多，社会调研和文化宣传较少；实践走过场的成分不少；部分高校只重视"取"，而忽视了"送"，影响了地方或单位的积极性；很多高校习惯"游击"式的社会实践，"来也匆匆，去也匆匆"；没有自己稳定的实践基地，不利于学生与地方的长期交流和沟通，达不到社会实践对提高大学生素质的要求等。

二、大学生社会实践改革应遵循的体系和原则

1. 遵循人、时间、地点和主题"三点一心"的体系

任何一项社会实践取得成果，是人与其选择的时间、地点和主题四方面因素交互作用的结果。此交互作用可用等式 $H = f(P, T, L, S)$ 表示，P、T、L、S 分别代表人、时间、地点与主题作用所进行的社会实践的存在过程，也可以表示一次社会实践完成的质量。一项社会实践取得成功的基点在参加社会实践的人，重点在选择的实践地点，支点在选择进行社会实践的时间，中心则在社会实践活动的主题内容上。这"三点一心"（基点、重点、支点、中心）形成了社会实践的"三点一心"体系：以个人为基点，发挥主体功能；以地点为重点，突出地域特色；以时间为支点，选择适当时机；以主题为中心，彰显时代特征。

2. 贯彻"以学生为本"的原则

"以学生为本"是大学生社会实践的出发点和落脚点，其目的就是要为学生成才服务。大学生社会实践是素质教育的一部分，在活动的开展中应体现这样一个主导思想：学生在参与活动的同时，才智得到充分的发挥，能力得到充分的锻炼，潜能得以充分的开发。从这个意义出发，我们在策划每项社会实践活动时都要处处站在学生的角度来钻研主题，确定地点，选择时间，组织人员，设计方案，指导实践。要尽量创造条

件，让每个学生都有充分表现自己的机会，要让全体学生都能自始至终主动积极地参与到社会实践活动的全过程中。

3. 坚持教育效益为主，社会效益、经济效益兼顾的原则

坚持教育效益为主，要把拓宽学生视野、增进学生知识、提高学生技能、净化学生思想作为活动的中心目的，能否保证这一点是大学生社会实践活动可否健康发展的重要前提之一。同时因为社会实践活动的过程是一个对紧缺的教育经费的消耗过程，很多时候也是一个以学生的劳动换取一定的报酬的过程，这在科技服务、勤工助学活动中表现得更为明显。在组织大学生参加社会实践的过程中要有一定的经济意识，兼顾一定的经济效益，不仅可以使学生的辛勤劳动得到社会的承认和回报，从而节省一定的教育经费，还可以借此调动同学们参与活动的积极性，培养学生的经济观念。其社会效益是指大学生参加社会实践除了"长才干"的目的之外，还要注重"作贡献"。这是衡量社会实践价值的另一重要方面，也是社会实践活动寻求社会支持、保证其持久健康发展的必要条件。

三、改革方向及模式

1. 走出"精英实践"的组织模式，走向"大众实践"的发展道路

"大众实践"和"精英实践"是当前高校实施大学生社会实践活动习惯采用的两种方式。所谓"大众实践"是指全校学生的社会实践活动，学校一般仅进行宏观的管理和调控，即由学校团委和有关部门在放假前发文确定当年社会实践的主题及题目，要求全校同学按照就近就便的原则参加的社会实践，也可称为分散实践。"精英实践"是指由学校或者院系负责组织，落实经费、人员、地点、内容的若干社会实践小分队的社会实践活动，也可称为集中实践。当前很多高校对待两者的态度明确，重视"精英实践"，忽视"大众实践"。学校或社会将"大众实践"作为"精英实践"的补充来看待，把所有目光都投放在"精英实践"队伍上。"大众实践"成为不少高校开展大学生社会实践的盲区。但是"精英实践"组织模式有很大的局限性，面向的仅仅是少数优秀学生，忽视广大普通学生的实践愿望和成才需要。它强调挑选，是一种示范行为。社会实践要真正取得成效，关键是要面向全体学生，是要为绝大多数非组织性的大学生个体社会实践活动提供指导或创造机会。这一点正是"大众实践"能够实现的。美国教育家本杰明·布卢姆在《教育评价》中提到："我们认为教育既有挑选功能，又具有发展功能；随着教育的不断发展，特别是当受高等教育的人数极大增长时，教育的功能将主要是发展。而且只有全体都发展了，方可能挑选出少数的高质量的英才，并发挥包括少数在内的整体效应。"只有面向全体学生而不是少数学生，使他们的基本素质都得到普遍提高，使他们的特长和潜能都得到发展，使他们都能找到适合自身的

发展方式，才是符合 21 世纪要求的高质量和高水平的教育，才能达到提高整个中华民族素质的目的。为此，学校应转变思想，把工作重心放在"大众实践"上，积极探索指导、监督和评价"大众实践"的结构体系，找到一条适合其发展的新路子。

2. 建立相对稳定的社会实践基地，避免"游击"式的社会实践

社会实践要真正使双方受益，必须建立相对稳定的社会实践基地，那种"打一枪换一个地方"的"游击"形式是不可能真正解决问题的。由于很多高校没有自己稳定的实践基地，每年的社会实践有一大特点："忙"。实践前的"忙"：各高校花大量精力四处奔波联系社会实践场所，然后迅速策划相关的实践活动内容。实践中的"忙"：怕时间延长，经费不够，故而赶进度，三下五除二搞完活动。实践末的"忙"：忙往回赶，忙回家。有句话总结得很好："社会实践年年有，刚刚来了马上走。"如果有相对稳定的社会实践基地，那么我们就可以有条不紊地进行各方面的工作。建立社会实践基地必须坚持双向服务，合作共赢的长效机制，把社会实践活动与振兴地方经济结合起来。一方面，基地不仅为大学生提供了锻炼的场所，也为实践活动的开展搭建固定的平台。另一方面，基地为地方经济发展起到了一定的推动作用，大学生在实践的同时，利用基地的便利条件，帮助地方或单位解决了许多科技难题。

3. 完善科学的管理制度和监督体系

（1）社会实践的管理制度应具有系统性。当前的大学生社会实践缺乏系统的过程设计，普遍缺乏根据大学生专业特点和各学习阶段而进行的社会实践内容的系统设计。大多数学生对社会实践的认识还停留在传统的参观慰问、宣传调研层面。其管理制度还应具有协调性。当前暑期社会实践由高校团委组织实施，实践教学由教务处管理落实，实践报告则由德育教研室鉴定合格与否，这期间还要涉及其他行政部门。社会实践的动员布置和社会实践报告单由班主任和辅导员负责落实和收集，实践成绩又由教务处和各院系教务人员负责登载。作为一项需要学校各部门互相配合共同完成的一项复杂工作，目前仍存在着多口管理，领导协调机制不完善等问题。

（2）监督应具有全面性。目前的社会实践不是没有监督，而是一种"从上到下"的缺少逆向的监督。学生没有按照学校的要求进行社会实践，那么就不给予社会实践的相应学分。如果学校没有履行其社会实践的职责，就没有落实学校"以学生为本"的服务功能。

（3）监督应具有反馈性。地方或单位对大学生社会实践不能只停留在"后勤补给"上，而应该走上前台以积极姿态指导监督社会实践，也应该通过适当途径将学生的社会实践情况反馈给校方，更应该就如何实施大学生社会实践与学校协商、研究达成共识。

4. 加大实践前引导、实践中指导、实践末评估的力度

（1）实践前，学校应利用各种途径，帮助学生和地方单位取得联系，积极与工商

企业、社会组织、城镇社区、农村乡镇保持联系，争取社会各方面的支持，形成以学校为中心的辐射状网络，按地区、时间或项目分组。学生可根据学校引导寻找适合自己的实践地区和方式，也可自己联系社会实践单位，独立实践。

（2）实践中，对于集中实践，教师是便于指导的。对于分散实践，由于时空的限制，教师不便指导，学生应主动与教师联系，通过电话交流，也可利用网络优势，通过 QQ、E-mail 来实现指导。要求学生真正深入到群众中去，不能走过场、搞花架子。

（3）实践后期，应将社会实践的过程形成文字材料。从学生上交的社会实践调查报告分析发现，有一部分大学生没有按要求写调查报告；有的写的是自己在假期留校搞自学、准备英语或计算机等级考试或补考复习的经过；有的写的是听一次演讲而大发感慨或看了几篇文章就边抄边议；有的干脆在网上下载，抄些既没有主题又没有体会的东西；等等。此外，还应及时召开实践总结表彰会，鼓励在实践中表现好的优秀学生。

四、大学教学实践改革

1. 牢固树立实践育人意识，进一步完善教学实践体系。要把教学实践的要求落实到每一门课程和每一位教师，体现在专业培养计划、课程教学大纲和教师的岗位职责中。根据不同学科、不同专业对教学实践的要求，不断改革教学实践的内容和方式，合理制订实施方案，统筹实验、课程实习、专业实习、毕业实习、毕业设计（论文）等教学实践环节，保障各环节的时间和效果，并建立起有效的实践教学质量监控机制，提高学生的专业技能和职业能力。

2. 以就业为导向，进一步改革人才培养模式。高等职业院校主要培养面向第一线需要的、"下得去、留得住、用得上"的、实践能力强并具有良好职业道德的高技能人才。必须以服务为宗旨，以就业为导向，走产学研相结合的道路，要建立一支高素质的"双师型"师资队伍，加强实训设施和基地建设，面向市场，校企结合，开放办学，彻底打破传统的以学科为中心的人才培养模式，建立以能力培养为中心的培养模式；要根据企业岗位需要设置课程，大力强化教学实践，倡导"订单培养"，普遍实行职业资格证书制度，做到毕业生离校时能获得"双证"或"多证"，以实现高职院校毕业生就业同社会需要的零距离对接。

3. 积极组织大学生参加科技文化创新、技能比赛活动。积极创造条件，鼓励大学生参加数学建模、电子设计、信息技术、"挑战杯"系列科技竞赛等活动，引导大学生在实践中参与技术改良、工艺革新和先进适用技术传播，培养他们求真务实、开拓创新的科学品质和团结协作的团队精神，提高创新创业能力。

4. 加强国防教育和军政训练。要把军政训练作为必修课，纳入学校整体教学计划，认真组织实施，并通过开办讲座、与部队结对子等形式，进一步增强大学生的国防观念和国家安全意识，培养他们的爱国主义和集体主义精神，增强组织纪律观念，锻炼艰苦奋斗的坚强意志。要积极争取解放军和武警部队的支持，选派优秀指战员组织指导大学生军政训练。

第五章　社会实践的安全与礼仪

大学生社会实践要做好以下两点工作：提前预防，确保安全实践；注重礼仪，展现学子风采。本章就大学生社会实践的安全防范措施、安全类别和安全事故进行了案例分析，并对安全预案编制、实践礼仪细节进行了讲述。

第一节　社会实践中的安全防范

一、安全防范措施

开展社会实践活动，安全工作尤为重要，可采用如下"五道防线"：①结合课堂教学，以安全事故案例的方式，进行安全教育；②学术课外自主学习《学生伤害事故处理办法》等相关安全知识，编写实践安全预案，签订《实践安全个人承诺书》；③给所有参与课程学习的学生购买意外伤害短期保险；④给所有参与社会实践学生的家长邮寄《致学生家长的一封信》，请其配合学校一起做好学生实践安全的监管工作；⑤要求实践团队指导教师给予团队安全指导，并在社会实践期间随时与学生保持联系。

二、安全类别

社会实践中的安全包括交通安全、财物安全、投宿安全、旅途交友安全、野外安全等。

1. 交通安全。乘坐正规的有安全保障的交通工具，坚决抵制拉客行为。严格遵守各项安全乘载规定，服从工作人员的管理。

2. 财物安全。对随身携带的现金，只留少量零用，不要将自己的行李交给不相识的人看管。在车、船上过夜时，要将贵重物品放在自己的贴身处。如果不幸被盗窃，应立即向当地公安机关报案，并积极配合公安机关开展侦破工作。

3. 投宿安全。要入住有营业执照并且管理正规的旅馆或招待所，可以将贵重物品交给服务台保管，夜间不要单独出去，睡觉时门窗要锁好，尽量不要与陌生人睡在一个房间。

4. 旅途交友安全。"知人知面不知心""逢人只说三分话，不可全抛一片心。"不随便接受陌生人的食物和饮料，不轻易答应陌生人的邀请约会。

5. 野外安全。实践过程中需要穿合适的运动鞋。雨天路滑，要注意行走安全，遇到大风大雨，要及时躲避。

三、安全事故案例解析

1. 交通安全问题案例解析

案例一：北京某大学"三农"问题调查实践团前往湖南一乡村进行暑期社会实践活动，在前往实践地的途中，遭遇严重车祸，造成5人严重受伤。

解析：经调查，发现他们发生车祸的主要原因是客车经营者严重违规运营。首先，他们乘坐的小客车没有营运执照。其次，车主为了个人利益，不顾乘客安全，车辆严重超载，准乘13人的小客车竟挤了30多人。当时正值雨季，道路湿滑，加之驾驶员没有驾驶经验，车主为多跑几趟多赚钱，违反交通法规超速行驶，在驶过一弯道时刹车失灵，导致客车翻入河中，车中乘客被困，情况十分危急。幸亏现场目击村民及时报警，当地政府、公安等有关部门迅速出动组织救助，才没有酿成更严重的后果，但多人受伤严重。

点评：要乘坐正规的有安全保障的交通工具，坚决抵制拉客行为。严格遵守各项安全乘载规定，服从工作人员的管理。

案例二：北京某大学"三农"问题调查实践团成员欲从山东前往江苏某地进行社会实践活动。为节省开支，他们选择乘坐长途车。当问及司机该车能否到达K县时，司机爽快答应可以在K县路口停车让同学们下车。然而，当途径K县时，司机却告诉同学们这里是高速路，严禁停车，声称将它们放在前面的路口也能很快到达K县。结果，同学们被放在了一个四周无人的高速路服务站，经四处询问，至少要步行一个半小时才能打到出租车前往K县。

点评：在社会实践途中，一定要选择乘坐运营规范、有安全保障的交通工具，切忌贪图便宜而随意相信拉客人员而乘坐无执照、超载、故障车辆。

2. 财物安全问题案例解析

案例：2005年7月，天津某高校学生小高联系好去广东某地进行社会实践。临行前，他认为自己对实践地不熟悉，不了解银行的具体位置，持卡消费肯定不方便，就把随身携带的 2000 元现金放到自己的背包里，走到哪背到哪，随用随拿。实践过程中，小高确实感受到了这种消费方式的方便，但潇洒消费的同时，也暴露了自己的钱包位置。当参观当地历史博物馆时，小高全神贯注地聆听着解说员的讲解，并不时记录着所见所闻，无暇顾及身后的背包。等他结束参观的时候，发现身后的背包已经被划开一道口子，里面的现金不翼而飞。

点评：在实践过程中，要加强财物安全防范意识，不要随身携带大量现金（可携带银行信用卡，随用随取），不戴或少戴金银首饰。随身携带的现金，只留下少量零用，大部分藏于内衣口袋或不易被扒手发现的部位。

3. 投宿安全问题案例解析

案例：2004 年 7 月，北京某高校学生小李独自到外地进行暑期社会实践。到达实践地火车站后，被站台"热情"的旅店招揽人员所承诺的低价位所吸引，跟随她来到一个偏僻、简陋的小旅馆。小李当场提出质疑，并要求更换旅店。本来还和颜悦色的老板马上变了嘴脸，威胁说就算要走也要付房费。由于当时天色已晚，人生地不熟的小李只好被迫同意留宿。第二天，当小李到外面吃过早饭回到房间准备开始当天的实践活动时，旅店管理员走进来，气势汹汹地说房间电视机坏了，并一口咬定是小李所为，小李正要申辩，发现管理员身后跟进来好几个面目不善的壮汉。小李见此情景，连忙装出很诚恳的样子道歉，并谎称出去拿卡取钱赔偿，然后趁机迅速报警，从而避免遭受人身伤害和财产损失。经查，该旅店属于无照经营，设施简陋，以讹诈顾客来牟取暴利，是一家名副其实的黑店。

点评：社会实践可以事先联系好实践地亲友或同学解决住宿问题。如果必须选择旅馆住宿，则应选择有营业执照并且管理正规的旅馆或招待所，并要加强个人人身、财产保护意识，可以将贵重物品交给服务台保管，夜间不要单独出去，睡觉时门窗要锁好，尽量不要与陌生人睡在一个房间。同时谨防受到讹诈，发生纠纷要及时报警。

4. 野外安全案例解析

案例：2010 年 7 月 21 日下午 5 时，武汉某高校支教团队员与往常一样，分头进行实践活动，由于该地遭遇了连续多日的降雨，山体滑坡等自然灾害频发，其中某位队员走在一段崎岖的上路上时，突然一块巨石从高高的山上滚落，不幸砸中，巨石从她的头部滚落，该位队员顿时倒地，当场遇难。

点评：连日的暴雨容易引起山体滑坡、泥石流等自然灾害，在这种情况下应尽量避免外出活动。出行要注意行走安全，遇到大风大雨，要及时躲避，同时切忌探险猎奇，严防毒蛇野兽。

5. 交友安全问题案例解析

案例：2009 年 4 月广西某高校一名学生在参加社会实践过程中，在网上结识了一名网友，通过聊天产生了信任，某天，该网友以没钱交补课费为由向该学生借 100 元，该生出于友情借了钱。此后的半年时间内，该网友以各种借口频频向该学生借钱，总计达两万多元，父母发现他用钱太多了，引起怀疑，问其究竟后向公安局报案，由于两人使用网络联系，难以对身份进行查证，至今案件毫无进展。

点评：交友要慎重，尤其是网络上结识的网友，往往情况复杂。在校学生比较单纯，容易相信陌生人的话，在交友方面尤其要提高警惕，以免受到欺骗和讹诈。

6. 疾病预防问题案例解析

案例：2004 年 7 月，北京某高校社会实践团 15 名同学于甘肃省某县发生集体腹泻、疑似食物中毒事件。事件发生后，学生全部被送往当地医院，经抢救全部脱离生命危险。经查，实践团同学们晚上在县城街边小摊吃了很多生冷食物，许多人饭后就感到恶心、头晕、浑身乏力，严重者出现呕吐、高烧、腹泻不止等症状。经当地卫生监督部门对食物样品的检查，发现为食物变质、餐具未消毒、就餐卫生状况未达到国家规定标准所致。

点评：在异地社会实践的同学，除随身携带常用药物外，还要注意在外的饮食，切忌到无卫生许可的摊点就餐。如出现头疼、高热、腹泻等身体不适，要及时就医，以免延误治疗。

7. 滋扰防范问题案例解析

案例一：2001 年 2 月 4 日下午，王某和女友在河坝上散步，后面来了一辆带有"公安"标志的车，在他们面前停了下来，车上下来一个穿蓝绿制服的人，无理取闹，然后二人往坝下走。谁知穿制服的人从后边骂着追了上来，给了王某一拳，随后车上又下来三个人，一起打王某。随后，王某和女友跑向另一个坝。二人原以为这样就可逃脱，没想到"公安"车调转车头又追了上来，追了数里后，终于将二人追上。穿制服的人手里拿着铁棍上来就打，其他人从三个方向包围，王某被几个人围攻殴打，最终被打进冰冷的河里。王某在水中大声呼救，凶手们却站在河边看着，还拾起河边的泥石块向河中的王某砸，直到王某沉入水中。王某的朋友因躲在坝下一户人家的草垛里而逃过此劫。

点评：对于社会上的滋扰事件，既要慎重对待，有勇有谋，也要适当妥协，以大局为重，一时的逞能或不懂得变通，可能带来严重的后果、深切的悔恨。

四、常见安全标识

常见安全标识如图 5 - 1 所示。

图 5 - 1　常见安全标识

五、社会实践的防范意识

1. 出发前，应再次与实践地联系，确保所有安排（如食宿、交通）都已妥当。

2. 出发前，应办理好在实践地活动所需的必要证件和证明。

3. 保持手机畅通，定时和家长、指导老师联系。

4. 做好安全预案，准备相关物品，不打无准备之仗。

5. 实践地选择自己比较熟悉的地点，实践前必须了解当地的风俗、背景、环境等。

6. 团队行动，不特立独行，即便闲暇时，仍不要单独行动，不去危险地区（如悬崖），也不要晚上单独外出。

7. 在实践过程中，应听从带队老师和领队的指挥，遇事沉着冷静，谨慎机智。

8. 突发事故要及时通知学校及家长。

9. 活动中应注意安全，不在危险的地区逗留，团队如因实践活动需要接近危险地段，需有专业人士陪同。

10. 乘车时保持秩序，上下车辆时不要拥挤，不要乘坐非正式的长途客运车辆。

11. 整个活动过程中，队员们应互相关心，互相帮助，领队应了解每名队员的活动情况。返回时，领队应与每名队员保持联系，确保每名队员都安全返回。

六、社会实践安全预案的编写

1. 为什么要制定安全应急预案

所谓天有不测风云，我们在社会实践中会遇到许多突发事件。这些事件虽然发生的概率很小，一旦发生却会造成巨大的损失。我们称这些事件为"危机"。危机管理就是预防危机发生并且将发生危机的损害减到最小的管理科学。安全预案是危机管理中一个非常重要的组成部分，它既是危机预防的原则，又是危机发生后应对处理、降低伤害的指南。一份成功的安全预案可以保护你远离疾病、事故、暴力侵害，甚至可以挽救你以及你同伴的生命安全。危机管理的第一原则是时间就是一切，危机未得到控制的时间越长，危机造成的损害也就越大。危机管理的第二原则是防止连锁效应，一个危机往往会引发或转化为别的危机，从而造成多重伤害。危机管理的第三原则是危机意识，一个危机的结束并不代表危机管理的结束，而恰恰代表新一轮危机预防的开始，危机管理是永续的。以上三点是制订安全预案时必须明确的。

2. 安全预案编写前的准备工作

（1）所有参与人员充分讨论、教育，提升安全意识。

（2）充分了解实践地地理环境、气候条件、风俗民俗。

（3）阅读相关书籍，了解社会实践过程中可能遇到的突发事件以及应对措施。

（4）充分考虑实践过程中所涉及的交通安全、财物安全、投宿安全等方面，做到有备无患。

（5）了解相关食物、药物习性，对相克食物、药物有所了解，不盲目服药。具体内容见本书的实践小贴士，这里不详述。

3. 安全应急预案制定指南

（1）基本情况：活动名称、时间、地点、组织部门、参加人员、目的、日程安排。

（2）安全准备工作：安全意识培训、成立专门负责机构、交通安全准备、饮食起居的生活安全准备、活动场所的安全准备、预防意外伤害和疾病。

（3）安全教育工作：安全意识教育、饮食卫生安全教育、行动上的安全教育。

（4）对易发事故的估计和应急措施，包括疾病的发生，活动中人员走失，火灾事故，活动中遇大雨、雷电、山洪、交通工具故障、联络中断等。

4. 安全应急预案的实施

如果危机不幸发生，首先，要沉着冷静，第一时间启动安全应急预案，除特殊情况外，各成员按照安全预案的指示行动，特别要注意保障行动人员的安全，预防新的危机衍生；其次，迅速联系相关部门，获得当地政府或接待部门的援助，并在第一时间内联系校团委，以得到力所能及的援助；再次，保留相关文件、资料，以备不时之需；最后，在危机得到控制之后，要总结经验、改进预案，前事不忘，后事之师。特别值得注意的是，安全预案一定要落实到人，责任明确，任务清楚，否则安全预案只能是一纸空文。安全预案也应安排适当的后备人员，以防有关责任人由于种种原因而不能执行预定的任务，从而导致时间被延误。

七、实践小贴士

1. 野外活动

（1）走路时间的长短、速度的快慢，都要视个人自身体能而定。长时间走路，最好是匀速行走。上坡时，步子放小些，每一步都要稳。如果上坡太陡，可以走"之"字形。

（2）下坡时，也不要破坏原来行走的节奏，应扎扎实实地走。把鞋带系得紧一些，特别是在踝部，以免顶伤脚尖。

（3）走路的目的地不同，选择的鞋袜也就不同。

（4）当天即回，穿普通运动鞋即可。

（5）到野外走路，特别是山路，不要穿新鞋。因为脚与新鞋尚未磨合，穿新鞋易使脚疲劳、受伤。在山间行走，各种情况都会遇到，故山间行走应选择结实的鞋子。

（6）穿上鞋后，要感觉一下脚趾是否可以活动，如不能活动说明鞋太小，脚尖前端应留有1厘米空隙。还要走走看，如果脚跟与鞋跟之间滑动，就容易擦伤脚，这种鞋也是不合适的。

（7）鞋带不可系得太松或太紧，那样会使双脚过早出现疲劳，且易受伤。鞋带太长要剪掉，以免绊倒自己或被异物钩挂。要用扁平的带状鞋带，不要用圆形的绳状鞋带。

（8）袜子的大小要适中，太大、太小都不要将就。脚是行走中最勤奋、最辛苦的，要善待双脚。袜子分棉制、毛制、化纤制和混合制等。如野外活动时间长，最好多备几双袜子。棉制袜：吸汗，不排汗，触觉好，适合郊游；毛制袜：保暖，冷天时穿着很舒服，但较重；化纤袜：排汗好，易产生异味，应经常换洗；化纤绒袜：保暖，重量轻，舒适，冷天野外运动时首选；混合制袜：吸汗，排汗，触觉好。

（9）另外，在双脚与鞋摩擦多的地方，可以涂些凡士林或油脂类护肤用品，以减少摩擦，防止脚受损伤。

2. 应对意外伤害

（1）应付蜂蜇。离草丛和灌木丛远些，发现蜂巢应绕行，不要做出过于"亲近"的表现，最好穿戴浅色光滑的衣物，如果有人误惹了蜂群，而招致攻击，唯一的办法是用衣物保护好头颈，反向逃跑或原地趴下。千万不要试图反击，否则只会招致更多的攻击。如果不幸已被蜂蜇，可用针或镊子挑出蜂刺，但不要挤压，以免剩余的毒素进入体内。然后用氨水、苏打水甚至尿液涂抹被蜇伤处，中和毒性。可用冷水浸透毛巾敷在伤处，减轻肿痛。

（2）蛇咬伤。在实践活动、休息或经过蛇类栖息的草丛、石缝、枯木、竹林、溪畔或其他比较阴暗潮湿处时，如果不慎被蛇咬伤，不要吓得不知所措。首先应判断是否为毒蛇咬伤，通常观察伤口上有两个较大和较深的牙痕，才可判断为毒蛇咬伤。若无牙痕或有两排锯齿状牙痕，并在 20 分钟内没有局部疼痛、肿胀、麻木和无力等症状，则为无毒蛇咬伤。只需要对伤口清洗、止血、包扎。若有条件再送医院注射破伤风针即可，被毒蛇咬伤的主要症状为：如是出血性蛇毒，伤口灼痛、局部肿胀并扩散、伤口周围有紫斑、淤斑、起水泡，有浆状血由伤口渗出、皮肤或者皮下组织坏死、发烧、恶心、呕吐、七窍出血，有血痰、血尿、血压降低、瞳孔缩小、抽筋等，被咬后 6 ~ 48 小时内可能导致伤者死亡；如是神经性蛇毒，伤口疼痛、局部肿胀、嗜睡、运动失调、眼睑下垂、瞳孔散大、局部无力、吞咽麻痹、口吃、流口水、恶心、呕吐、昏迷、呼吸困难甚至呼吸衰竭，伤者可能在 8 ~ 72 小时内死亡。一般而言，被毒蛇咬伤 10 ~ 20 分钟后，其症状才会逐渐呈现。被咬伤后，争取时间是最重要的。首先需要找一根布带或长鞋带在伤口处扎紧 5 ~ 10 分钟，缓解毒素扩散。但为防止肢体坏死，每隔 10 分钟左右，放松 2 ~ 3 分钟。应用冷水反复冲洗伤口表面的蛇毒。然后以牙痕为中心，用消过毒的小刀将伤口的皮肤切成十字形。再用两手用力挤压，拔火罐，或在伤口上覆盖 4 ~ 5 层纱布，用嘴隔纱布用力吸吮，尽量将伤口内的毒液吸出。立即服用解蛇毒药片，并将解蛇毒药粉涂抹在伤口周围。尽量减缓伤者的行动，并迅速送到附近的医院救治。

（3）骨折或脱臼。应立即将患者放在平坦而坚硬的地方，再用冰水敷（千万不要让身体晃动），然后立即送往医院救治，处理外伤出血。

（4）被利器割伤。可用随身带的饮用水冲洗伤口，然后用毛巾包扎。

3. 如何预防上火

在社会实践过程中，很多人出现颜面潮红、心绪不宁、食欲不振等症状，还有的人在嘴唇、口角以致脸上起疱疹。这就是人们常说的"上火"现象。如注意以下几点，就可以避免。

（1）做好充分准备。出发前对于实践路线、乘车时间、携带物品都要做好充分准备。无论遇到任何事情都能从容不迫、心境平和。

（2）生活有规律。实践的日程安排最好按平时的作息，按时起床、睡眠，定时定量进餐，不为赶时间放弃一顿，也不为一席佳肴而暴饮暴食。

（3）多吃清火食物。新鲜绿叶蔬菜、水果与绿茶都具有良好的作用，要尽可能争取多吃多饮。

（4）注意劳逸结合，安排各种活动需适当而有节制，保证充足的睡眠，以免过度疲劳、抵抗力下降。

（5）对症下药。实践途中由于紧张劳累，机体的调节、免疫机能都有所下降，对外界不良因素的耐受能力减弱，一旦"上火"应及时治疗，切不可任其发展。

4. 乘坐火车须知

（1）预防中暑。特别在列车满员或超员的情况下，很容易中暑。因此，衣服要穿得宽松些，以利于汗液的排泄和蒸发；多喝些开水或茶水，如果能喝点淡盐水或清凉饮料，效果更好；适当带些人丹、清凉油等解暑药物，不时使用有好处。

（2）注意饮食卫生。在火车上吃饭，不可吃得过饱，并应吃易消化的食物。

（3）优选车次及座位。夏季每天最热的时间是 11 点到 15 点。买车票时，要尽量选择在 15 点至次日 11 点之间运行的火车，以免在火车上度过一天中最炎热的时刻。如果旅客多，找不到合适的座位，应该把车内的电扇和车窗打开，拉上窗帘，以尽量减少太阳的照射强度，改善车内的通风条件。

（4）乘坐卧铺要选择好睡觉的方向，尤其应该头朝人行道的一端。因为人行道的空气比较流通，气温较低，有利于睡眠；也避免一排排的脚丫子暴露在人行道旁边，显得不文明礼貌。夜间行车，睡下铺的旅客要适当盖些卧具，不能把头靠车窗一端睡，以防受凉。

（5）预防旅行者水肿。长时间坐车，可出现下肢肿胀，医学上称为"旅行者水肿"。因此，乘车时不要总是坐着，应常变换一下体位，或站一会儿或抬高下肢坐一会儿，也可用手从上往下进行下肢按摩，帮助血液回流。

（6）预防晕车病。为预防晕车病的发生，可在开车前半小时，服用乘晕宁。在旅途中要尽量减少头部活动，可将头靠在座椅背上，闭目养神，避免看窗外移动的景物。

5. 饮食卫生

社会实践中保持身体健康的首要问题就是时刻注意饮食卫生。防止"病从口入"。

（1）注意饮水卫生。一般来说，生水是不能饮用的，旅途饮水以开水和消毒净化过的自来水为最理想，其次是山泉和深井水，江、河、塘、湖水千万不能生饮。无合格水可饮时，可用瓜果代替水。

（2）瓜果一定要洗净或去皮吃。吃瓜果一定要去皮。瓜果除了受农药污染外，在采摘与销售过程中也会受到病菌或寄生虫的污染。

（3）慎重对待每一餐，饥不择食千万要不得。高档的饮食店一般可放心去吃，大排档可有选择性地吃，摊位或沿街摆卖的不要去吃。如果饥不择食，则等于拿生命开玩笑。

（4）学会鉴别饮食店卫生是否合格。合格的一般标准应是：有卫生许可证，有清洁的水源，有消毒设备，食品原料新鲜，无蚊蝇，有防尘设备，周围环境干净，收款人员不接触食品且钱票与食品保持相当距离。

（5）乘行时，由于没有运动条件，食物的消化过程延长、速度减慢，如果不节制饮食，必然增加胃肠的负担，引起肠胃不适。

6. 急救处理

急救的原则是：遇到事故时，应沉着大胆、细心负责，分清轻重缓急，果断实施急救方法；先处理危重病人，再处理病情较轻的病人，在同一患者中，先救治生命，再处理局部；观察现场环境，确保自己及伤者的安全；充分运用现场可供支配的人力、物力来协助急救。

（1）处理前观察。在做具体处理前，需观察患者全身，并掌握周围状况。判断伤病原因、疼痛部位、程度如何，或将耳朵靠近听听呼吸声。尤其要注意脸、嘴唇、皮肤的颜色或确认有无外伤、出血、意识状况和呼吸情形，仔细观察骨折、创伤、呕吐的情况。

（2）处理过程中。对呼吸停止、昏迷、大量出血、服毒的情况，不管有无意识，发现者均应迅速作紧急处理，否则将危及患者生命。在观察症状的变化中，遇症状恶化的需施以应急处理。现场要尽量组织好对伤病者的脱险救援工作，救护人员要有分工，也要有合作。在活动中发生的外伤或突发病况有很多种，所以也需施以各种适当的急救方法加以应付。在做急救处理时，以患者最舒适的方式移动身体。若患者意识昏迷，需注意确保呼吸道畅通，谨防呕吐物引起的窒息死亡。为确保呼吸畅通需让患者平躺。若有撞击到头部的也要水平躺下，若脸色发青需抬高脚部，而脸色发红者需稍抬高头部，有呕吐感者，需让其侧卧或俯卧为宜。

（3）处理完毕后。在紧急处理完将患者交给医师之前，需对患者进行保暖，避免消耗体力，以使症状恶化。接着联络医师、救护车、患者家属。原则上搬运患者，需在充分处理过后安静地运送。搬运方法，随伤患情况和周围状况而定。在搬运中，患者很累，要适度且有规则的休息，并随时注意患者的病况。

（4）急救体位。患者体位应为"仰卧在坚硬平面上"。如果患者是俯卧或侧卧，在可能情况下应将他翻转为仰卧，放在坚硬平面上，如木板床、地板或背部垫上木板，这样，才能使心脏按压行之有效。不可将患者仰卧在柔软物体上，如沙发或弹簧床上，以免直接影响胸外心脏按压的效果。注意保护头颈部。

（5）翻身的方法。抢救者先跪在患者一侧的肩颈部，将其两上肢向头部方向伸直，然后将离抢救者远端的小腿放在近端的小腿上，两腿交叉，再用一只手托住患者的后头颈部，另一只手托住患者远端的腋下，使头、颈、肩、躯干呈一整体同时翻转成仰卧位，最后，将其两臂还原放回身体两侧。

（6）打开气道。抢救者先将患者衣领扣、领带、围巾等解开，同时迅速将患者口鼻内的污泥、土块、痰、呕吐物等清除，以利呼吸道畅通。仰头举颏法可使下颌骨上举，咽喉壁后移而加宽气道，使气道打开，呼吸得以畅通。抢救者将一手置于患者前额并下压，使其头部后仰，另一手的食指和中指放于靠近颏部下颌骨下方，将颏部向前抬起，帮助头部后仰。头部后仰程度以下颌角与耳垂间连线与地面垂直为正确位置。婴儿头部轻轻后仰即可。注意清除口腔内异物不可占用过多时间，整个开放气道过程要在3~5秒内完成，而且在心肺复苏全过程中，自始至终要保持气道畅通。

（7）看、听、感觉呼吸。患者气道畅通后，抢救者利用看、听、感觉之法3~5秒，检查患者有无自主呼吸。检查方法：抢救者侧头用耳贴近患者的口鼻，一看患者胸部（或上腹部）有无起伏；二听患者口鼻有无呼吸的气流声；三感觉有无气流吹拂面颊感。

（8）人工呼吸。若患者无自主呼吸，抢救者应立即对患者实施人工呼吸——口对口（鼻）吹气2次。每次吹气时间为1~1.5秒。每次吹气量应为800毫升。

（9）检查脉搏，判断心跳。抢救者采用摸颈动脉或肱动脉的方法，观察是否有搏动5~10秒，判断患者有无心脏跳动。检查时应轻柔触摸，不可用力压迫。为判断准确，可先后触摸双侧颈动脉，但禁止两侧同时触摸，以防阻断脑部血液供应。若没有脉搏搏动，可实施胸外心脏按压术，挤压15次，挤压速度为每分钟60~80次。挤压气与吹气之比为15：2反复进行。连续做四遍或进行1分钟后，再判断，检查脉搏、呼吸恢复情况和瞳孔有无变化。

（10）紧急止血。抢救者对有严重外伤者，还应检查患者有无严重出血的伤口，若有，应当采取紧急止血措施。避免因大出血引起休克而致死亡。

（11）保护脊柱。因意外伤害、突发事件造成严重外伤，在现场救治中，要注意保护脊柱，并在医疗监护下进行搬动转运。避免脊髓受伤或受伤脊柱进一步加重，造成截瘫甚至死亡。

7. 泥石流紧急应对措施

（1）正确判断泥石流的发生。

①当发现河（沟）床中正常流水突然断流或洪水突然增大并夹有较多的柴草、树木时，都可确认河（沟）上游已形成泥石流。

②仔细倾听是否有从深谷或沟内传来的类似火车轰鸣声或闷雷式的声音，如听到这种声音，哪怕极微弱也应认定泥石流正在形成，此时须迅速离开危险地段。

③沟谷深处变得昏暗并伴有轰鸣声或有轻微的振动感，则说明沟谷上游已发生泥石流。

（2）避防与逃逸泥石流的方法。每年7—8月泥石流易发，应采取泥石流应急避防措施。

首先要避开泥石流危险地尽快在泥石流到来之前采取防范行动。在泥石流发育地区进行必要的搬迁、防护措施后，对一些尚受泥石流严重威胁的工矿、村镇提前做好应急部署。

①预防为主。泥石流发生在夏汛暴雨期间，因此，出行时一定要事先收听当地天气预报，不要在大雨天或在连续阴雨几天当天仍有雨的情况下进入山区沟谷出行。

②选择附近安全的地带修建临时避险棚。如较高的基岩台地，低缓山梁上等。切忌建在沟床岸边、较低的阶地、台地及坡脚、河道拐弯的凹岸或凸岸的下游端边缘。

③长时间降雨或暴雨渐小后或刚停，不应马上返回危险区。泥石流常滞后大雨发生，只有当确认泥石流不会发生或泥石流已全部结束时才能解除警报。

④不可存在侥幸心理。当白天降雨量较多后，晚上或夜间必须密切注意降雨，最好提前转移，不能存在侥幸心理在室内就寝。

⑤采取正确的逃逸方法。泥石流不同于滑坡、山崩和地震，它是流动的，冲击和搬运能力很大，所以，当处于泥石流区时，不能沿沟向下或向上跑，而应向两侧山坡上跑，离开沟道、河谷地带，不要在土质松软、土体不稳定的斜坡停留，以免斜坡失稳下滑，应在基底稳固又较为平缓的地方。不应上树躲避，因泥石流不同于一般洪水，其流动中可沿途切除一切障碍，所以上树逃生不可取。应避开河（沟）道弯曲的凹岸或地方狭小高度又低的凸岸，因泥石流有很强的破坏性，这些地方很危险。

8. 洪水应对措施

（1）出发前要了解目的地及经过路段是否经常有山洪或泥石流暴发，要避开这些地区。山洪和泥石流的发生通常有一定季节特征，在多发季节内不到这些地实践。

（2）在不熟悉的山区旅行，最好请当地人做向导，从而避开一些地质不稳定地区。

（3）要注意天气预报，凡有暴雨或山洪暴发之可能，就不要贸然成行。

（4）如在山间行走遇到洪水暴涨，可向高处找路返回，也可紧紧抱住附近的大树或大石头。

（5）山洪暴发常有行洪道，要注意向其两侧避开。

（6）在山间如因洪水将桥梁冲垮，无法过河但又必须向对岸目的地进发时，可沿山间行走找河岸较直、水流不急的河段试行过河。会游泳者可游泳过河，游泳时应斜着向上流方向游，避免被水流冲向岸上。

（7）在水中行走，水流不急或水深在膝盖以下时，尚能保持平稳。如果水已齐腰就会有倾倒的可能，此时必须用手拉住绳子才可过河。无绳时可找来一根竹棍或木棒，用来探水深以及河床情况，并有利于支持保持平衡。迈步时步幅不宜过大，等前脚踏稳时后脚才可提起。人多时，可两到三人相互挽在一起过河。

（8）如因山洪暴发、河水猛涨被困在山中，则应选择一高处平地或高处的山洞，在离行洪道远的地方休息、求救。带上能带的食物、火种以及必备用品，并保管好，做好需 1~2 日待救之准备，要节约食物，注意饮水清洁。

（9）由于一些地方可能没有通信信号，此时可用哨子求救，如果没有哨子，可以大声呼喊"救命"，也可发出怪异的喊叫以引起人们的注意。

9. 预防传染病

（1）传染病有一定季节性和地区范围限制，在人口密度高的人群中易传播流行。

（2）这些流行性传染病，有相当一部分是通过接触和食物传染的。

（3）预防传染病，首先要注意清洁卫生，即要有良好的卫生习惯。饭前便后一定要洗手，这种良好习惯可将大部分传染病挡于人体之外；也不要随便在街市上吃小贩的不洁小吃，特别是预防蚊叮咬而传染给人的疾病。

第二节　社会实践中的社交礼仪

社交礼仪是人们在社会交往中的行为规范。遵守社交礼仪，你就会获得别人的认同和赞许，反之，就会给自己带来很多麻烦，甚至不被人们接纳。只有掌握了必要的社交礼仪，并且自觉地应用于自己的日常生活中，才能为自己塑造一个理想的个人形象或团队形象，为自己的工作和生活赢得一个和谐的空间。实践队员应"诚于中而利于行，慧于心而秀于言"。

1. 临行礼仪

（1）联系实践单位时要特别注意礼貌。

（2）统一团队服装。

（3）准备介绍信。

（4）准备纪念品。

2. 实践礼仪

（1）初次接触。自我介绍要热情大方，自信坦然，不要过分热忱、夸张，比如用力摇动握手和热情拍打对方手臂。初次接触一个人，最容易给别人留下的印象是神态，而面带微笑是最欢迎的，这不仅因为微笑在外观上给人美感，而且它能给人带来令人愉快的信息，并唤起对方友好热情的情感。其次目光也很重要，眼睛要在人面部最显眼的地方，目光差不多代表着一个人，我们习惯看对方的眼睛。此外，交谈是交际才能和人素质的重要展现面，是人的一种能力、艺术和气质的体现，古人云："言为心声，语为人镜"。很多人不开口时仪表堂堂、美丽多姿，一开口就露馅了。善言谈者一般都受人欢迎，也是一笔创造关系资源的财富。

（2）餐桌礼仪。

①要坐端正。不吃东西时，双手放在大腿上或桌边，肘部不要向外"扩张"占领别人的"地盘"，亦不能放上桌面。手不要东摸西摸，更不要去整理头发，在饭菜里发现头发是令人很腻烦的事。

②正确的进餐姿势应该是：腰挺直，脖子不能前伸去找筷子，而应该把筷子送到嘴边。吃米饭、面条等用碗盛的主食时，要端起碗，用筷子夹起来送入嘴中，而不是嘴凑到碗边，用筷子西哩呼噜地把食物扒进嘴里。

③餐巾要在大腿上打开、铺平，而不要像演杂技一样拿在空中猛地抖开。大块的餐巾折成长方形或三角形放在腿上，就不容易掉下来。

④切记"主不动，客不食"。只有当主人动手打开餐巾、拿起筷子夹菜时，客人才能跟着"行动"。决不能"反客为主"地坐下就拿起筷子夹。

⑤找机会与左右邻座闲聊，不能和一边邻座聊个没完而冷落了另一边。聊天要选择轻松的话题，不要谈双方有争议的事。谈话时要先把嘴里的东西咽下去再张嘴，别含着一嘴菜就开说。

⑥吃饭要闭嘴咀嚼，不要发出声响。汤或菜太烫时，不要用嘴去吹凉，应等到稍凉后再用。不要把汤直接端到嘴边喝，而应该用勺子一勺一勺地盛起来喝，喝的时候也不应发出声响。

⑦进餐时吃出的骨头、鱼刺、渣滓，应轻轻吐在筷子上，放进准备好的盘子里，如没有多余的盘子装，就应放在自己菜盘里的右上侧，或餐巾纸上，不能直接吐在地上或桌子上。

⑧不要把胳膊从别人鼻子下伸过去拿东西，侵犯别人的"领地"，而应请求别人递给你。筷子不应直接放在桌上，而应放在筷子架或自己的盘子上。

⑨一旦入席，应尽可能避免中途退场，这会被主人认为很无礼。如果确实有事非走不可，应该提前向主人打招呼，表示歉意，临走时再向主人表示"对不起"，然后向其他客人点头致意，方可离去。

⑩进餐完后不要用牙签剔牙，也不要用舌头在嘴里搅，如果实在难受，可用左手遮挡着嘴部，右手拿牙签剔，或到洗手间去，在那里你可以剔个痛快。常见有人在走出饭店时嘴上还咬根牙签，挺着肚子摇摇摆摆走着，生怕别人不知道他刚刚大嚼过一顿似的，实在有失风度。

⑪在餐桌上不要打喷嚏，实在忍不住，请赶快掏出手帕来挡住你的鼻子和嘴巴，把头低下扭向一边，尽量压低声音，然后对邻座说声"对不起"。擤鼻涕要用自己的手帕或餐巾纸，绝不能擤到餐巾上去。万一有人打了饱嗝或咳嗽什么的，请务必装着没听见。

⑫如果餐具掉在地上，请不慌不忙捡起来，然后请服务人员换一付，如条件有限，就请用餐巾擦擦用算了，不必为此麻烦主人。

⑬不小心碰翻酒杯或汤碗时，请不要慌，用餐巾把它擦干即可，旁边的人可递过一条餐巾帮着扶起杯子或叫服务员来收拾。如果洒在了邻座身上，要道对不起，帮助用餐巾擦干，如邻座是异性，就不必帮着擦衣服，只需递上餐巾即可。远处的人最礼貌的举动是——装没看见。

（3）谈话礼节。注意礼节，表情要自然，语言和气亲切，表达得体。说话时可适当做些手势，但动作不要过大，更不要手舞足蹈，不要用手指指人。与人谈话时，不宜与对方离得太远，但也不要离得过近，不要拉拉扯扯，拍拍打打，不要唾沫四溅。在交际场合，自己讲话时要给别人发表意见的机会。对别人说话，也应适时发表个人看法，要善于聆听对方谈话，不要轻易打断别人谈话。一般不提与谈话内容无关的问题。如对方谈到一些不便谈论的问题，不要对此轻易表态，可转移话题、谈其他问题。相互交谈时，应目光注视对方，以示专心。谈话内容应紧密结合活动主题，不要离题太远，要简明扼要，抓住要领。对方不愿回答的问题，不要追问，不究根问底。谈到对方反感的问题应表示歉意或立即转移话题。

（4）尊重风俗。每到一地都要先了解清楚当地特殊的生活习惯及避讳的事情。越是偏远的山区，文化不发达的地区或是少数民族居住区，越要格外注意。一定要尊重当地的风俗习惯，不管人家有什么特殊要求也不要考虑是否陈旧，有没有必要，这一条要作为铁的纪律，丝毫不能麻痹。如有的山村比较闭塞，当地人从不穿短裤和裙子，如果我们去了以后，女生穿着短裙，男生穿着短运动裤，显然是不适合的，人家会很反感，弄不好会疏远我们。许多地方都有独特的饮食风格和习惯做法，我们应加倍注意，不能违背。有的在语言方面有避讳我们也应学一些在人际交往方面的礼仪，注意在不同场合和不同年龄的人谈话的方式。

（5）宾主尽欢。每到一地要首先取得当地政府支持，这样会使我们活动开展顺利。组织活动时要尊重当地领导意见，遇到问题时，不能越过当地领导，事先和负责同志讲清，听取他们的意见。在和农村基层干部交往时我们应灵活些，不能死守着知识分子的习惯和学校的规矩，要入乡随俗，在不违反原则的前提下，尽量随和。

3. 临别礼仪

（1）清还物品。活动中向当地借了一些东西，临行前一定要认真清点，如数归还；如有损坏、丢失，一定要照价赔偿。作为领队，临行前一定要认真检查，发现问题要及时纠正。

（2）注意卫生。临行前，把驻地室内外卫生认真彻底地清扫一遍，不要光顾离开，而忘了给人家收拾，这样影响不好，要把大学生优良品德与作风坚持到最后，留下良好形象。

（3）赠送纪念品。相处一段时间后，与当地群众结下深厚情谊，分别时不免舍不得。为表达心意，赠送纪念品是个不错的方式，尤其是村里的孩子们，感情十分真挚，为了感谢实践队员，有的孩子甚至上树摘水果，下河抓鱼，捉鸟或把他们的小宝贝送到队员手里或悄悄放在队员的门前与窗外。如果不提前做好准备，心里会很过意不去。有的同学把自己用的笔、本、手电筒、小镜子、指甲刀等送给孩子们，但这是不够的。这就得要我们在临走之前做好准备，诸如各式各样的书签、明信片、风景图片、小学生用的铅笔、橡皮、转笔刀等，都是送给孩子们很好的小礼物。得到一件大学生送的礼物，孩子们会很高兴的。因为此时的互相赠送，并不在礼物的贵重，重要的是表达自己的一片情意。我们不提倡互送贵重的礼物，这和我们实践的目的和我们的身份是不相符的。遇到类似的事，还要妥善处理好。

（4）其他善后工作。临行前当地一般都要组织欢送会，议程主要有：双方负责同志讲话、同学代表发言、互赠锦旗、合影留念等。需要注意的是要提前准备好锦旗，并备下写字的纸笔，假如当地没有卖，就会弄得措手不及。旗子不要太小，如果人家送我们一面大锦旗，而我们给的是很小的锦旗，很尴尬。这些看起来是小事，但提前不做好准备，不想周到，都会影响实践的整体效果。车子已经停在门外，队伍就要出发，这时我们不要急于安排上车，而应再多和老乡待一会儿，和村里的领导、学校的老师、学生话别，把社会实践的收获，把乡亲们真挚的情意，把老区人民淳朴、优良的品德深深地印在同学们脑子里，记在心中，永不忘怀。临别前可以在村子的广播里宣读感谢信，还可以贴些标语、口号，最好步行走出村子。

4. 大学生社会实践基本礼仪规范

礼仪是指人们在相互交往中，为表示相互尊重、敬意、友好而约定俗成的、共同遵循的行为规范和交往程序，它涵盖各种大型、正规场合隆重举行的仪式和人们在社交活动中的礼貌礼节。以下是在服务性活动中，礼仪的基本要求，仅供大家参考：

（1）仪态仪表礼仪。

①着装：要求队员尽量能统一着装，显示良好的团队精神。

②站姿：抬头，颈挺直，下颌微收，双肩放松，两腿并拢立直，脚尖分开呈"V"字状。身体重量平均分布在两条腿上。双手交搭贴于腹部，挺胸、收腹。给人以挺拔向上、庄重大方、精力充沛的印象。

③行姿：行走时步履应自然、轻盈、敏捷、稳健。上身正直，眼平视，挺胸收腹立腰，重心前倾，双肩平稳，不宜左顾右盼，左右摇晃。集体行动时，不得喧笑打闹。

④坐姿：入座时要轻稳，走到座位前，转身后退，轻稳坐下。女子裙装入座时，应将裙向前收拢一下再坐下。腰背挺直，两臂自然弯曲放在膝上，双腿并拢。起立时，右脚向后收半步而后站立。

（2）见面礼仪。

①握手：通常年长（尊）者先伸手后，队员及时呼应。来访时，主人先伸手以表示欢迎。告辞时，待客人先伸手后，主人再相握。握手的力度以不握疼对方的手为限度。初次见面时，时间一般控制在3秒内。

②介绍：介绍时应把身份、地位较为低的一方介绍给相对尊贵的一方。介绍时陈述的时间宜短不宜长，内容宜简不宜繁，同时避免给任何一方厚此薄彼的感觉。

③致意：通常在各种场合用举手、点头、欠身、脱帽等方式向相识的人打招呼及问候。

5. 团队文明条例

（1）在登车及乘车过程中，遵守公共秩序，听从领队安排。

（2）到站后，倘若实践地派人过来接，要表示真诚的感激；倘若无人来接，切勿怨天尤人，要表示理解。尽量自己想办法解决，或是给接收单位打电话，寻求妥善的解决方法。

（3）在住宿地，要保持卫生整洁。饮食应听从实践所在地的安排，如果当地条件有限，应尽量克服困难，勿向当地提出不合理的要求。

（4）适当休整后，尽早开展实践，注意最基本的礼貌，如敲门，使用礼貌用语，不随地吐痰等。

（5）服从实践所在地的安排，如觉得有不合理之处，尽量寻求协商解决。和实践所在地保持密切联系，加强交流，共同商讨相关事宜，不可我行我素。与当地产生矛盾时，应保持冷静，不可闹情绪，影响大局。

（6）尊重他人，切忌到处炫耀、标榜自己的身份，不要以学历待人。

（7）衣着得体，忌浓妆艳抹，出席正式场合时，衣着不可过于随便。

（8）实践过程中要注意节俭，便宜行事。

（9）树立环保意识，不可随便乱扔垃圾和废品。

（10）不可接收地方赠品，更不可索要当地特产。

（11）临走时，应主动将住处打扫干净。提前向实践地打招呼，并正式表示感谢。

（12）开展社会实践活动时，应遵守《大学生文明公约》。

6. 媒体交往礼仪

实践时，除主动联系媒体，也会有媒体主动关注实践团队。打交道时，大学生要注意自己的身份，展示出积极向上的风貌；以礼相待，体现出当代大学生的良好素质；出现意见分歧时，要时刻提醒自己以礼待人，展现健康文明的风貌；要不卑不亢，坚持自己的实践任务和目标；了解媒体的报道是否符合自己社会实践的主题和计划，把握报道内容的真实性，谨防被媒体恶意利用，造成损害学校声誉、国家形象的后果；在联系时要有理有节，不能强求媒体报道。

第六章　大学生社会实践教育的内涵、功能与历史考察

大学生社会实践教育活动，在不同的历史时期和阶段取得了显著的成绩，也产生了不少理论研究成果。但是，大学生社会实践活动在人类社会实践中究竟处于什么地位，其本质属性中究竟具有哪些共同性和特殊性，则还需要深入探讨。因而，围绕基本内涵与功能展开对大学生社会实践活动的理论研究和实践探索十分重要。

第一节　社会实践教育的基本内涵

一、大学生社会实践教育的含义

我们认为，大学生社会实践是人类实践活动的重要组成部分；是大学生在学习过程中学习知识、理论联系实际的应用与创新的活动；是在成长成才过程中改造主观世界、促进自身全面发展的活动；是在走向社会过程中与生产劳动和人民群众相结合的，适应社会、承担社会责任的活动；是高校思想政治教育的重要途径。因而，理解这一概念，我们应把握如下三个基本层次：把握大学生社会实践活动与人类社会实践活动的关系；认清大学生社会实践是一种学习性实践、成长性实践、社会化实践；界定大学生社会实践在高等学校思想政治教育中的地位。

1. 大学生社会实践是人类实践活动的重要组成部分

实践的观点是马克思主义哲学首要的和基本的观点。在马克思恩格斯看来，物质生产活动不仅是人类最基本的实践活动，而且在这一活动中，人类的实践实现了物质性、现实性与能动性、创造性的统一。在"哲学家们只是用不同的方式解释世界，而问题在于改变世界"的理念牵引下，马克思恩格斯完成了对实践的科学阐释，亦即实践是指人类所特有的对象性的物质活动或感性活动，它具有客观物质性、自主能动性、

社会历史性等特征。不言而喻，大学生社会实践活动是人类实践活动的重要组成部分，它拥有人类实践活动的共有本性，同时，也具备大学生群体所赋予的独特的个性。

第一，大学生社会实践教育活动与人类社会实践活动的共有本性，概括起来表现在：首先，大学生社会实践是一种客观物质性的活动，这是指大学生作为社会实践活动的主体、实践的对象、手段都是可以感知的客观实在；社会实践的展开过程以及实践活动本身的发展，都受客观物质条件的制约，与自身、家庭、学校、社会的投入程度密不可分；社会实践的结果同样是独立于人们主观意识之外的客观存在。其次，大学生社会实践是一种自主能动性的活动，这是指大学生总是将自己的理想追求、个人价值的实现作为实践的目的，深深融入到活动之中，不仅使社会实践活动烙上自主能动性的印痕，而且会根据主客观条件的变化适时调整活动，以保证预定目标的实现，并对社会实践结果积极进行总结、评价、反馈，以促进今后社会实践活动的拓展与深化。再次，大学生社会实践是一种社会历史性的活动，这是指作为人类社会群体中的一员，大学生生存、发展活动本质上都是实践活动，这项活动构成大学生社会存在的现实基础，并使大学生社会实践活动呈现出鲜明的基础性和常态化的根本性特征；生活在不同历史时期的大学生所面临的社会环境、问题和所承担的历史使命各有不同，并随着社会进步而置身于动态的、发展的历史进程中，从而使其社会实践呈现出鲜明的历史和发展的时代性特征；大学生社会实践活动总是在一定的社会关系中进行的，是一定条件下社会、国家、学校、家庭和大学生自身互动的结果，因而使大学生社会实践活动呈现出鲜明的民族和青年的群体性特征。

第二，大学生社会实践教育活动的特殊性。大学生社会实践活动以大学生为实践主体，当然具有与其他社会群体不同的特征和属性，呈现出鲜明的阶段性、综合性、创造性和预演性特点。

（1）大学生社会实践活动的阶段性特征。

首先，社会实践教育活动是大学生社会化过程中的重要阶段。个体的社会化贯穿人的整个生命过程。这一漫长历程大体分为四个不同的阶段，每一阶段都担负着不同的社会化任务，并使每个阶段的社会化实践活动呈现出不同的特点。

处于少年时期的中小学生的社会实践活动：少年时期的中小学生处在人生中的生长发育阶段，其社会化任务是奠定走向社会的健康身心基础。他们的社会实践活动场所以学校和家庭为主，侧重于学习模仿、生活体验和文体娱乐方面的活动，因而具有培育性、模仿性和体验性的特点。

处于青年时期的大学生社会实践活动：青年时期的大学生处在人生中的成长成熟阶段，其社会化的任务是为进入社会、承担社会职责做好全面的准备，因而具有学习性、成长性和社会化特点。

处于成年时期的劳动者的社会实践活动：成年时期的劳动者处在人生中的劳动创

造阶段，其社会化的任务是在社会生活中创造财富、赡老抚幼、履行社会职责。他们的社会实践活动就是创造物质文明、政治文明和精神文明的人类最基本的实践活动，因而具有生产性、创造性和奉献性的特点。

处于老年时期的退休老人的社会实践活动：老年时期的退休老人处在人生中的颐养天年阶段，其社会化的任务是提携后辈、发挥余热、安度晚年。他们的社会实践活动主要是一些力所能及的活动，具有支持性、传授性和共享性的特点。

显而易见，大学生社会实践活动与其他三个阶段的社会实践活动相比，显示出鲜明的学习性、成长性和社会化的特点。

其次，大学生社会实践教育活动具有自身发展的不同阶段。大学生进入大学后的学习活动实际包括从中学到大学的转换阶段（大学一年级）、大学学习生活相对稳定阶段（大学二、三年级）和即将毕业走向社会的转换阶段（大学四年级）。在这三个不同阶段分别承担着基础课学习、专业基础课学习、专业课与专业技能学习的不同学习任务，因而社会实践活动也表现出不同的阶段性特征。

（2）大学生社会实践活动的综合性特征。

大学生社会化的任务是为进入社会、承担社会职责做好全面的准备，必然要求大学生在学习、成长成才和社会化过程中，全面系统地掌握知识、提升能力、锤炼品格、了解社会，成长为社会所需的高素质复合型人才。因此，大学生社会实践活动必须具备社会实践内容的全面性、实践形式的多样性和实践理念的包容性，这就赋予了大学生社会实践活动所具有的综合性特征。首先，大学生社会实践应该实现德、智、体、美的有机结合，完成全方位育人的目标，强化社会实践内容的全面性。大学教育的专业化特点，使得学生的知识结构呈现出突出的单科性倾向，而社会实践活动内容的全面覆盖，无疑提供给学生一个综合学习掌握多种知识、应用和创新所学理论的机会。其次，大学生社会实践应该实现自我教育、学校教育和社会教育的有机结合，突出社会实践形式的多样性。大学生社会实践活动要针对大学教育和社会教育、理论教育和实践教育脱节的现象，架构连接两者之间的桥梁与纽带，通过有目的、有计划的拓展社会实践活动的领域，实现社会实践形式的多样性，为大学生的全面成长成才提供多样化的实践环境和实践方式。再次，大学生社会实践应该实现主观与客观、理论与实践的有机结合，彰显社会实践理念的包容性。大学生社会实践活动作为一种主观见之于客观、理论联系实际的活动，应该充分体现科学理论指导的特点、发挥主观能动性和自觉性的特点、实现实践与认识相互转化并不断深化的特点，克服实践活动的盲目性、自发性和被动性，持续提升社会实践活动的品质，为大学生全面成长成才提供科学的、包容的社会实践理念。

正是基于大学生社会实践活动的综合性特征，中共中央、国务院《关于进一步加强和改进大学生思想政治教育的意见》指出，要积极探索和建立社会实践与专业学习相结合、与服务社会相结合、与勤工助学相结合、与择业就业相结合、与创新创业相结合的管理体制，增强社会实践活动的效果。

（3）大学生社会实践活动的创造性特征。

创造是人类实践活动独有的特征。建设创新型国家，提高自主创新能力，是中国现代化建设的时代要求。因此，培养具有创新精神与实践能力的高素质人才，是高等教育肩负的历史使命。大学生作为继往开来的青年一代，在社会实践活动中固然要完成学习继承的历史任务，更要勇于面向未来、开拓创新。这就要求大学生社会实践活动必须具有创造性特征，这种创造性特征具体表现为：首先，大学生在社会实践教育活动中活学活用知识的应用性特点。这一特点强调的是大学生学习应用知识的自主性、灵活性、实用性和有效性，增强大学生发现问题、分析问题和解决问题的能力。显然，这种应用性的社会实践活动，有助于大学生尽快完成所学与所用、主观与客观、知识与能力、理论与实践的连接，为创造性实践奠定基础。其次，大学生在社会实践活动中追求新知、探求未知的探索性特点。这一特点强调的是大学生学习应用知识的好奇心、敏锐性、想象力和坚定性，增强大学生追求真理、敢为人先、攻坚克难的品格与能力。显然，这种探索性的社会实践活动，有助于大学生处理好新知与旧知、未知与已知、真知与伪知、知行合一与知行分离的相互关系，为创造性实践拓展空间。再次，大学生在社会实践活动中实现从无到有、综合集成、拓展深化的创新性特点。这一特点强调的是大学生学习应用知识的独创性、新颖性、集成性、拓展性，挖掘大学生的创新潜力，激发大学生的创新活力，增强大学生的创新能力。显然，这种创新性的社会实践活动，有助于大学生处理继承与创新、平庸与卓越、失败与成功的相互关系，为创造性实践引领方向。

（4）大学生社会实践活动的预演性特征。

严格讲，大学生社会实践行为本身，很大程度上依然属于"校园行为"。对于大学生而言，这种活动是一种有意义的起点，未来的知识储备、能力释放、生命体验、生活展演、事业开拓，都必须借助于大学阶段的教育和相应的社会实践活动奠定良好的基础。所以，社会实践活动是大学生对未来社会生活、工作方式与学习方式的一种预演，对于他们的成长具有积极影响，有利于培养成人感受和社会性情感，锻炼自理能力，培养日常生活、工作技能；有利于他们尽快融入社会，加快他们的社会化进程，早日成才。具体而言，这种预演性特征主要包括：首先，思维的预演性。思维预演在大学生社会实践活动中举足轻重。它是指活动的组织者、参与者在活动方案的设计、实施过程中对实践行为影响下可能发生的思维走向和行为结果进行假设性的分析。这种思维的预演，能够确保社会实践活动展开前有周密的方案，活动进行中有内容及时调整的举措，活动完成后有全面的总结。因此，大学生社会实践活动的思维预演，要求有明确的实践目标、内容、形式，有多种非正常状态的假设和应对预案，通过实践完成活跃思维、调控认识、学习知识、提高能力、服务社会的任务。总之，在思维活动中要以假设的方式预演整个社会实践活动，以胸有成竹的方式推进、调控社会实践活动。其次，行为的演练性。正如前面所言，大学生社会实践是大学生在大学阶段进行的校园行为，主要针对成年时期的劳动者的全面履行社会职责的生产型、创造型和奉献型社会实践活动而言。因而，大学生在社会实践活动中的所有行为，无论是在课堂内外或者校园内外，无论是求知还是践行，无论是仿真性的训练还是实战型的练习，他们的实践活动都只能算作未来工作方式、学习方式和生活方式在当下的提前演练或排练。通过演练，熟中生巧；通过演练，发现其中存在的问题并寻找解决问题的答案。在演练中，无论成功还是失败，对于大学生今后走上社会的实践活动都是有益的借鉴。再次，环境的仿真性。仿真或模拟，一般指通过建立系统模型对实际系统进行实验研究的过程。而大学生社会实践活动环境的仿真性是指在课堂活动环境、校园活动环境、校外活动环境和网上活动环境中的仿真。营造这样一种仿真环境，可以解决现实社会中大学生社会实践活动面临的诸多困难，如大规模参观考察、实习训练所面临的交通、食宿、安全方面的困难和社会实践基地严重不足等问题；符合大学生长期在校园学习生活的特点，为大学生就近、就便和经常参加社会实践活动提供场所，有助于大学生社会实践活动的常态化、长效化；可以确保大学生社会实践活动的可控性，有利于大学生社会实践活动预定目标的实现和突出问题的即时解决。在这些仿真环境中，大学生未来踏入社会所需要的知识、能力以及道德品质等都可以获得。因此，遵循大学生社会实践活动的规律，把握社会实践活动环境的仿真性特点，积极营建多种形式的模拟仿真环境，极具价值和意义。

综上所述，大学生社会实践活动具有的阶段性、综合性、创造性和预演性特征，相互关联，内在结合，共同作用，呈现出大学生社会实践活动鲜明的特殊性。

2. 大学生社会实践是一种学习性、成长性和社会化实践

大学生社会实践活动的客观物质性、自主能动性和社会历史性等人类实践活动的共性和阶段性、综合性、创造性、预演性等鲜明的特殊性，共同构成了大学生社会实践活动的本质规定性。通过对这种本质规定性的进一步综合归纳与具体概括，我们不难发现，大学生社会实践活动其实就是一种大学生的学习性实践、成长性实践和社会化实践。深刻揭示大学生群体这种独特的社会实践活动，无疑有助于我们了解其含义，把握其功能。

第一，大学生社会实践是一种学习性实践。这种实践活动的主体是在校的大学生，其最主要任务就是学习，而学习活动又制约和影响着他们大学生活的方方面面。这是由他们的学习角色和大学教育的根本任务所决定的。作为学习性实践主要是指以学习、应用和创新知识为基本特征的社会实践活动。它不仅表现为大学生承担的不同类型的专门学习活动，也存在于大学生参与的所有社会实践活动之中。一是学习性实践是一

种以学习知识为主的活动。知识就是力量。人类最辉煌的思想成果，都是知识凝聚的产物。就知识本身而言，大体包括陈述性知识和程序性知识两种。前者是说明"是什么"的知识，后者是关于"怎样做"的知识。如果说大学生通过课堂、书本等专门学习活动习得更多的陈述性知识，那么，包含专门学习活动在内的多种社会实践活动则引导学生从现实中学、从实验中学、从研究中学，并帮助学生了解知识的源泉与运用。显然，社会实践活动为大学生提供着更多的程序性知识和对陈述性知识的进一步理解。因此，通过社会实践活动，大学生可以弥补课程学习和专业学习中的知识不足，开阔求知视野，提升学习能力，优化知识结构，完善知识储备，真正做到有所实践，有所认识。二是学习性实践是一种以应用知识为主的活动。对于当代大学生而言，知识掌握不只是着眼于领会和巩固，更重要的是学会灵活应用，要把知识的学习和掌握与解决复杂多变的问题联系起来，完成相应的实际任务。它强调理论与实际的结合，强调大学生掌握的理论知识在实际生活中的具体应用，注重大学生在社会实践活动中学会发现、学会践行，达成知识应用的目标。三是学习性实践是一种以创新知识为主的活动。创新是一种精神，也是一种能力。它包含着敏锐的思想、创造的激情、追求卓越的个性、灵活机智举一反三的能力等。它是建立在知识的积累、传播、转化和应用的基础之上的。社会实践活动的开展既是大学生知识应用的过程，也是知识创新的过程。通过社会实践活动，大学生完成知识的聚合与整合，涌现新知识、新思想、新观点、新思路，从而实现从无到有的知识创新。总之，学习性实践是大学生以学习为导引的社会实践活动，是大学生在校期间完成良好知识储备，为全面成长成才、真正踏入现实社会而奠基的活动。

第二，大学生社会实践活动是一种成长性实践。这是因为这种社会实践的主体是青年学生，而青年时期是其身心发展成熟的成长期，是世界观、价值观和人生观的形成期，是了解适应社会、扮演社会角色、承担社会责任的过渡期。因此，大学生的成长、成熟、成才是这一阶段社会实践活动的基本特征。成长性实践所面临的主要任务，包含学业的深化、精神的完善、身体的健康和成为优秀人才的人生追求等，这就表明成长性社会实践活动是大学生全面成才的基础和保证。具体而言，一是成长性实践是大学生的学业深化活动。学业的深化是指大学生学习的专业化、精深化，是大学生成长性实践活动的基本功能，它能推动大学生完成知识与能力在更高层面的统一。当代大学生生活在社会主义现代化建设时期，国家和社会希望他们成为高层次的专业人才，与革命时期不同的是他们必须掌握精湛的专业知识和高超的专业技能，才能挑起某一领域和行业的建设重担。通过这种学业深化的成长性实践，大学生不仅在成长过程中夯实学业基础，充实专业知识，提升专业能力，同时也更有利于大学生掌握建设祖国的本领，接受国家的挑选与考验，顺利走向成才和成功。二是成长性实践是大学生一种精神完善的活动。人的成长过程是精神完善和品质形成与历练的过程。成长性社会实践，就是一种形成、提高和完善大学生思想素质、政治素质、道德素质与心理素质的活动。通过这种活动，大学生形成和坚定爱党爱国爱社会主义的信仰、信心与信念，树立科学世界观、人生观和价值观，具备志存高远的理想与目标追求，铸造不畏艰难的坚强品质与坚忍不拔的毅力，培养健康的人格与包容之心，学会处理各种复杂的社会关系，善于协调个人利益与集体利益的矛盾，在精神不断完善、升华的过程中实现大学生全面发展和成长成才。显然，良好的身体素质和体魄也是大学生精神完善、成长成才的物质载体。所以，注重身体的健康成长同样是大学生社会实践活动的基本功能。三是成长性实践是大学生成为优秀人才的活动。大学生的成长性实践活动是指在学会学习的基础上注重改造自己主观世界，提升综合素质，拓展各种能力、尽快成长为社会所需的优秀人才的活动。社会主义现代化强国的建设，离不开优秀人才的支撑。而培养优秀人才和社会精英，是高等教育的重要目标。成为优秀人才，始终是大学生的人生追求、家庭的期盼、国家的重托，应该成为大学生奋斗目标的确立尺度。因此，大学生把成为优秀人才作为人生追求的目标，勇于投入成长性实践活动，就会使自身尽早成长为优秀人才。

第三，大学生社会实践教育活动是一种社会化实践。社会化问题是人一生面临的话题。大学生社会实践活动作为社会化实践，是因为实践的主体是即将走出校门踏入社会的准劳动者。通过这一实践，大学生投入真实的社会环境，接触更广泛的社会群体，深入了解国情、社情，做好在社会生活中创造财富、赡老抚幼、履行社会职责的准备，缩小与校外现实社会的不适差距，以便应用所学所能更好地服务社会。因此，进行职业定位和选择、学习扮演劳动者角色、学习社会化生存方式是社会化实践的主要任务。这充分揭示了社会化实践在大学生走向社会过程中与生产劳动和人民群众相结合、适应社会、承担社会责任的根本地位与作用。具体讲，一是社会化实践是大学生职业定位与职业选择的准备活动。众所周知，大学生走向社会的首要问题，是选择一个合适的、能够发挥所长的职业作为安身立命、履行社会职责的出发点。所以，做好职业定位和职业选择的各项准备，是大学生参与社会化实践的首要任务。在社会化实践活动中，大学生可以通过接触真实社会环境，接触生产劳动，接触人民群众，具体了解与获取社会职业需求信息，主动结合自身所学专业与专长，制定自己的职业生涯规划，修正自己的职业定位，校准职业、择业、就业和创业的运行轨迹，协调当前职业与未来事业发展的相互关系。因此，社会化实践是大学生完成职业认知、明确职业定位、准备职业选择的活动，是为即将扮演以劳动者为主角的多种社会角色、履行相应的社会职责、学会社会化生存奠定良好基础的活动。二是社会化实践是大学生学习扮演劳动者角色的准备活动。找准社会位置，扮演好社会角色，无疑是成功履行社会职责的关键所在。社会化实践就是一种大学生在即将踏入社会过程中学习扮演劳动者角色的活动，是大学生尝试从学生角色向劳动者角色转换的过程，是从学习成长性实践向劳动创造性实践过渡与转换的过程。通过这一实践活动,大学生逐渐了解、熟悉和掌握社会生产活动的各个环节与流程,充实相关知识,提高生产技能,为即将成为劳动者做好充分的准备。其实,大学生在社会中扮演的角色不仅仅是劳动者,他们还将在家庭中为人子女、为人夫妇、为人父母,也将在社区中为人邻居等等。所以,也要学会与各种社会群体和谐相处,扮演好各种社会角色。通过增加社会阅历和经验,丰富社会知识,缩小自身与现实社会的各种差距,提升自身的社会认同力。三是社会化实践是大学生学习社会化生存的准备活动。社会化生存是指大学生通过社会化实践,增强与社会的互动,掌握现实社会生活与生产的基本知识和技能,习得并遵守社会通行的价值体系与规范,明确未来生活目标,确定人生理想,培养符合劳动者角色要求和其他社会角色标准,适应社会需要的存在方式。接受社会教化、满足社会需求、掌握相应的知识和技能是大学生社会化生存实践的主要任务。通过这一活动,确保大学生真正认识社会、了解社会、适应社会,并围绕社会的发展需要增长才干,为创造丰厚的社会财富,推动社会文明的整体跃迁,甘心奉献。总之,社会化实践是连接校园活动与校外活动的桥梁与纽带。

综上所述,大学生的学习性、成长性和社会化实践是对大学生社会实践活动本质规定的抽象和概括,虽然并不一一对应某项现实的社会实践活动类型,但能帮助我们准确理解和把握大学生社会实践活动的特殊本质。不仅如此,三种实践所表现的基本功能之间还存在着纵横互动的关系:一是从学习性实践到成长性实践再到社会化实践,存在着纵向递进的关系。比如,大学生的学习性实践为他们的成长成才奠定了坚实的知识基础;大学生的成长性实践为他们走上社会做好了知识、素质和能力全面发展的充分准备;而大学生社会化实践则是对他们学习、成长结果的总结和验收,并能够反馈促进学习性、成长性实践的深入发展。二是三种实践功能各有侧重,但都同时渗透到每项具体的大学生社会实践活动中,横向补充,相得益彰。比如,参加奥运会青年志愿者活动的大学生就能够同时收获学习新知、增长能力、融入社会和服务社会的丰硕成果。

3. 大学生社会实践是高校思想政治教育的重要途径

《中共中央、国务院关于进一步加强和改进大学生思想政治教育的意见》指出:"社会实践是大学生思想政治教育的重要环节,对于促进大学生了解社会、了解国情,增长才干、奉献社会,锻炼毅力、培养品格,增强社会责任感具有不可替代的作用。"这说明,社会实践活动具有了解社会、了解国情,增长才干、奉献社会,锻炼毅力、培养品格、增强社会责任感的思想政治教育功能,而大学生思想政治教育在本质上是通过改造人的主观世界,提升人的思想、政治、道德素质,帮助人们改造客观世界的教育实践活动。因此,社会实践与思想政治教育密不可分。社会实践活动在大学生思想政治教育中具有重要地位和作用,具体表现在:

第一，大学生社会实践活动是高校思想政治教育的活动载体和实现途径。作为载体，大学生社会实践承载并传递思想政治教育的相关信息和内容，因而具有客观性与主观性、承载性与传导性、工具性和中介性、可控性与可操作性相统一的特点。同时，大学生社会实践又是思想政治教育的实现途径，它将教育的内容寓于活动之中，使大学生在实践中接受教育，应用所学，提高觉悟。

第二，大学生社会实践是高校思想政治教育发展深化的动力。一方面，这种实践活动深入、广泛的开展，为思想政治教育提供着最好的素材、内容和方式，同时也规定着教育的方向，指导整个教育的进程。另一方面，这种实践活动又通过大学生自身的积极参与，借助活动主动进行自我教育和自我提高。因此，社会实践是高校思想政治教育由大学生单向接受教育方式向自我教育方式转化的发展动力。

第三，大学生社会实践是高校思想政治教育效果的检验标准。高校思想政治教育的效果必须接受社会实践的检验，因为通过实践活动，我们可以检验大学生对思想政治教育的接受程度，检验他们的思想政治道德素质、知识和综合能力的构成状况和思想政治教育活动的有效性。因此，大学生社会实践是检验高校思想政治教育效果的客观标准。

4. 澄清对大学生社会实践教育活动的种种误解

在现实生活中，对大学生社会实践活动的认识存在不少的误解，具体表现在：

第一，认为大学生社会实践教育活动属于校园文化的点缀性活动，可有可无。如认为大学生社会实践活动纯属智育的辅助性活动，对大学生社会实践活动需要投入的财力、物力和组织管理等，只停留在口头承诺，并不落实；或认为开展社会实践活动是不务正业，纯属浪费时间、精力；或认为社会实践活动要搞，主要是应付评估检查，所以搞搞点缀、走走过场足矣。上述种种言行实际是对社会实践活动的基础性、根本性缺乏足够认识。

第二，认为大学生社会实践教育活动只是课外活动、校外活动和假期活动。如认为大学生社会实践活动仅仅属于课外、校外的活动，课堂之内、校园之内、网络之上不存在社会实践活动；或认为大学生社会实践活动是假期活动，于是大多数学生要么被分散返乡，要么象征性地组织几支服务队下乡，草草收场，应付了事。上述种种言行刻意窄化大学生社会实践活动，是对大学生社会实践活动空间上的广泛性、时间上的持续性缺乏足够认识的表现。

第三，认为大学生社会实践教育活动仅仅是辅导员的分内之事，属于少数人的事情，对于活动的全员参与性和育人性缺乏足够的认识。这种认识和做法是将大学生的社会实践活动仅仅看成辅导员的职责，全部推给辅导员负责，与学校其他成员无关，而本来已经超负荷工作的辅导员根本无暇无力指导大学生的社会实践活动。由于学校其他成员没有正确认识到大学生社会实践活动是全员参与的活动，是真正帮助大学生全面成长成才的育人活动，因而放弃了自己应该承担的育人职责，在极大程度上影响了大学生社会实践活动的有效开展。

总之，在实际生活中，上述认识和做法如不消除克服，将严重阻碍大学生社会实践活动的健康发展。

二、大学生社会实践教育的基本形式

大学生的社会实践活动是一项涉及面广、投入较多、社会影响较大的系统工程，不仅涉及方方面面，而且形式多样，概括起来主要有如下几种基本形式：

1. 大学生课程学习中的社会实践活动

课程学习中的社会实践活动是大学生社会实践活动的基础形式，是指以教师为主导、以学生为主体、以课程资源为依托、以基础知识和基本技能的"教"与"学"为主要载体展开的社会实践活动。它突出了教师和学生的"双主体性"，强调了对丰富课程资源的开发和利用，并要求将社会实践教育落实到"双基"教学（即基础知识和基本技能的"教"与"学"）当中，以"双基"的"教"与"学"为载体体现社会实践的理念、呈现社会实践的方式、实现社会实践的效果。这种社会实践活动主要包括：以讨论和辩论、案例教学、教学录像、现场教学、模拟教学为主的课堂实践活动；以实验与专题调查、课程设计、专业实习等为主的专业实践活动；以包括毕业实习、毕业设计（论文）和科研课题组（大学生研究计划）为主的综合实践活动。这种活动对于大学生的求知、全面成长和社会化实践具有重要作用：有助于学生更主动、更深入地学习和掌握知识、技能；有助于社会实践能力的培养；有助于学生品格的培养和人格的提升；有助于培养学生的整合知识能力和创新能力等。

2. 大学生校园社会实践活动

大学生校园社会实践活动是大学生社会实践体系的重要组成部分，它区别于课程学习中的社会实践活动和校外社会实践活动，是在学校的指导和规范下，由学生自主设计、发起、策划、组织和开展的，以校园为舞台，以课外时间为活动时间，以学生的需求为基础，以学生的趣缘关系为纽带，在长期互动中形成的旨在促进学生社会化和全面发展的一系列活动和过程的总和。这种社会实践活动具有校园化、生活化、趣缘化、有限化的主要特征。其内容主要包括大学生的道德养成教育、学术科技和创新创业、文体艺术和身心发展、社会工作和社团活动、勤工助学和志愿服务等活动。大学生通过这种校园社会实践教育活动，既可以弥补课程学习的不足，又为适应社会、走上社会做好准备。

3. 大学生校外社会实践活动

大学生校外社会实践活动，是大学生课程学习中的社会实践活动和校园社会实践活动的有效延伸形式，是通过校外社会实践活动的方式与途径，达到让大学生投身改革开放，了解社会、了解国情，与生产劳动和人民群众相结合，培养锻炼才干，从而提高思想觉悟，增强服务意识，树立正确的世界观、人生观、价值观的活动。这种校外社会实践活动主要包括校外文化科技活动、勤工助学、青年志愿者活动、"三下乡"活动，等等。这种校外社会实践活动，对于大学生的学习求知、成长成才和社会化实践大有裨益。

4. 虚拟社会实践活动

虚拟社会实践活动是借助高校校园网络综合教育平台而开发出的一种在虚拟、模态和仿真环境下，有目的引导大学生进行自主探索体验、相互交流沟通、自我教育管理的新型社会实践活动形式。这种新型活动，是网络信息技术与社会实践紧密结合的产物，是高等教育方式的新拓展。大学生虚拟社会实践活动对课程学习中的社会实践活动、校园社会实践活动以及校外社会实践活动进行吸收与重构，形成与上述三种社会实践活动相互补充、相映成趣、相互作用的一种崭新的社会实践活动形式。这种活动形式越来越多地渗入到当代大学生的日常生活、学习和工作之中，并深受大学生喜爱，在极大程度上重塑了高校社会实践活动的诸种关系，它必将在大学生社会实践活动体系中发挥越来越大的作用。这种虚拟的社会实践活动主要包括网站建设、网络在线训练、情景模拟、虚拟实验室、网络游戏等内容。

基于对社会实践环境的模拟仿真，这种虚拟的社会实践活动具有明显优势：可以减少现实社会实践活动中的许多不确定性，如交通、安全、成本、人力、饮食、工作环境等众多因素的制约与影响。因此，利用模拟仿真技术可以把现实社会实践活动的环境建立在实验性的概念上，这无疑也是大学生社会实践活动新的尝试和突破，也可能孕育未来大学生社会实践活动方式的新架构。

科学技术也是一柄双刃剑。其实，这种虚拟的社会实践活动也存在一些不足，如过多沉浸在虚拟空间之中，会导致青年大学生远离火热沸腾的现实生活，有的甚至害怕、拒绝投入现实生活。

第二节　社会实践教育的基本功能

当代大学生社会实践活动是一种学习性、成长性实践和社会化实践，对于大学生全面成长与发展具有重大的价值和意义。

一、掌握、应用和创新知识的功能

在社会实践活动这个实践的、整体的和开放的综合教育平台上，大学生可以获取知识，体验情感，发展个性，提升全面发展的水平。

1. 掌握知识的功能

知识就是力量。就知识本身而言，大体包括陈述性知识和程序性知识两种。前者是说明"是什么"的知识，后者是关于"怎样做"的知识。如果说学生通过课程学习获得的是陈述性知识，那么，社会实践无疑有利于大学生程序性知识的掌握和对陈述性知识的理解。当今的大学教育过于强调以公认的准则为基础，重视对知识的模仿与继承。相反，社会实践则强调学生的知识获得遵循从现实中学、从实验中学、从研究中学的路径，突出大学生对知识的概括、提炼和领会，重视大学生读书学习的最终目的是运用知识，解决问题。因此，社会实践是大学生获取新知的导航器、知识掌握状况的检测器、知识巩固和知识领会的助推器。

2. 应用知识的功能

对于当代大学生而言，知识掌握不只是着眼于领会和巩固，更重要的是学会灵活应用。轰轰烈烈的社会实践活动，是大学生"学以致用"的舞台。这是因为，社会实践以满足需要和解决问题为核心，强调大学生积极探究所面对的世界，注重大学生在活动中学会发现、学会践行。因而，通过这种实践活动，大学生不仅可以了解和把握现实社会，还可以在活动中体验感悟、创设情境、主动探究，从而使他们的知识与能力得到完美连接和释放。

3. 创新知识的功能

创新建立在知识的积累、传播、转化和应用基础之上。社会实践是培养学生创新精神和能力、推动学生创新知识的重要途径。

第一，社会实践完成着大学生从无到有的知识创新。知识的创新缘于实践的需求。社会实践活动是大学生在实践中发现问题、解决问题、获取新知的过程。主要表现在：通过社会实践活动完成了大学生知识的聚合与整合；通过社会实践活动完成了大学生新思想、新观点的涌现。因此，对于社会实践提出的新课题，大学生只有充分调动个人潜力，勇于突破某些定论的羁绊和桎梏，才能获得新的发现、发明和结论，提升自我的创新能力。

第二，社会实践活动完成着大学生知识与能力的系统集成。系统集成（System Integration），原本是指一个组织机构内的设备、信息的集成，并通过完整地系统来实现对应用的支持。系统集成的实践意义就在于它能够最大限度地提高系统的有机构成、效率、完整性、灵活性等，为实践主体提供一套切实可行的完整的解决方案。不言而喻，社会实践对大学生知识与能力的系统集成表现在：通过社会实践的立体化开展，系统优化大学生的知识结构，使其知识呈现为动态而非静态，内在关联而非分散零碎。大学生的多种能力得到系统集成，有机构成度得到提升，优化效果得到强化。同时，大学生的知识系统和能力系统得到整体性集成优化。

二、促进全面成长成才的功能

社会实践活动打破传统狭小的学习时空而延伸拓展到课堂、校园、校外与网络结成的超大时空，由原来单向度地获取知识内容转变为大学生全方位的发展。

1. 提升大学生的综合素质

当今各国的竞争，说到底是人才的竞争，而人才综合素质的高低决定人才对社会贡献率的大小。社会主义高等教育的重要任务不仅要提升大学生的专业知识和技能，也需要他们具有较高的思想道德素质、科学文化素质、艺术审美素质、劳动素质和身心素质。因而，大学生必须从社会实践中学习，从群众中学习，坚定社会主义信念，强化各种知识和技能的学习，注重身心健康，追求科学发展，全力把自己培养锻炼成为社会主义建设的"四有"新人，应用所学服务社会，服务人民。

2. 锻炼大学生的实践能力

大学生的实践能力就是指大学生解决问题的能力。社会实践可以使大学生的所学在实际活动中得到求证，强化他们知识与技能的针对性应用和训练，帮助他们了解、熟悉社会各种行业的职业资格认定标准和角色活动领域以及所需的各种专项技能，并将这些要求作为培养与提高自己实践能力的参照指标。同时，社会实践活动还能有效锻造大学生的分析判断能力、监控评价能力、决策执行能力等情景实践能力，全面推动大学生积极追求综合实践能力匹配。

3. 完善大学生的人格

健康的人格既有利于个体的成长成才，也有益于社会。处于"成人早期"的大学生，虽然人格还具有较强的可塑性，但社会实践能极强地促进大学生准确定位自身价值，培育他们具有远大的奋斗目标和强烈的道德责任感，推动他们提高自我意识和形成良好的情绪调控能力，构建良好的社会适应能力与和谐的人际关系，讲究合作、自律，具备乐观向上的生活态度和崇高的审美情趣，塑造健康的人格。

三、推动大学生社会服务的功能

社会实践活动推动着校外现实生活与高等教育之间的有效对接，凸显着自身面向现代化、服务社会的功能。

1. 推动大学生与生产劳动的结合

与生产劳动相结合是马克思主义教育思想的重要指针。社会实践连接着高等教育与社会生产活动，有效推动大学生走上社会、适应社会需求、承担社会责任。

第一，与生产劳动相结合是对大学生的立业心智的磨炼。大学生完成学业后，必然以普通劳动者的身份进入社会，选择今后的职业。但现实带给他们立业的压力是全方位的，如高校扩招、用人单位要求过高、就业单位薪酬偏低、工作环境较差以及创业过程中市场、资金、技术、设备等方面带来的压力等等。现实的和准现实的多重压力加于当代大学生肩上。理想的目标预期与现实的满足程度反差鲜明，立业中的现实矛盾更加突出，大学生的立业心理出现极大波动。因此，通过社会实践活动，大学生可以了解用人单位的人才需求信息和趋势，认识到来自社会职业竞争的压力，调整自身的立业目标以适应社会，矫正心态转变观念，抓紧机会，以"先就业后择业再创业"的方式学会生存学会立业。实践已经证明，机遇垂青有准备的头脑，心智的磨炼是成功的开始。

第二，与生产劳动相结合是大学生立业素质与能力的综合试行。在社会实践活动中，努力提高自身的综合素质和劳动技能，应成为当代大学生的共识和行动。通过社会实践活动，大学生一方面会增加工作经验和社会阅历；另一方面，积极参与社会实践活动，发现自身的不足，调整课程选择，明确职业目标，自主规划学业生涯，合理安排时间，恰当利用学习空间，完善知识结构，强化专业技能训练，实现知识向能力的转化、由学业意识向职业意识的转化，拓宽大学生职业选择的渠道，综合试行大学生服务社会的本领。

当然，在实际生活中，大学生以多种方式与生产劳动相结合，如主体上的大学生个体与群体，方式上的实习、实训、勤工俭学、挂职锻炼等，时间上的假期与平时，空间上的乡村与城市等等。

2. 推动大学生与人民群众的结合

坚定不移地走与人民群众相结合的道路，始终是有志青年锻炼成长的一面旗帜，是中国青年团结进步、奋发成长的必由之路。当代大学生与人民群众相结合，是健康成长的正确方向，是可以有所作为、大有作为的。

"与人民群众相结合"的思想，是马克思主义"与生产劳动相结合"思想的深化和具体展开，规定并演练青年大学生成长成才的正确方向和精神境界。青年学生只有与人民群众相结合，才能成长为坚定的马克思主义者、社会主义事业的可靠接班人和合格的建设者。大学生不仅要从书本上、课堂里系统地学习、接受马克思主义基本理论和中国特色社会主义理论体系，还必须从当代中国的实践中学，学会运用马克思主义的立场、观点和方法去分析、研究和解决现实的建设问题。走与人民群众相结合的道路，实质是坚定地走与马克思主义相结合的道路，坚定地走中国特色社会主义道路，坚定地跟着共产党走。强调青年大学生与人民群众相结合，实际上也体现着大学生举什么旗帜、信什么理论、走什么道路的问题。因此，社会实践活动既是对大学生政治觉悟、精神境界的检验，也是对大学生政治觉悟和精神境界的演练。同时，只有与人民群众相结合，大学生的知识体系和能力体系才能得到充实、检验和演练。在校大学生的知识体系和能力体系并不完整，只有坚持同人民群众相结合，才能做到书本知识与实践知识相结合、能力发展与社会需求相统一。因此，社会实践推动大学生与人民群众的结合。

3. 推动大学生学会生存

自从联合国教科文组织提出"Learning to be"（学会生存）的口号后，"野外生存训练"之类的活动越来越引人注目，甚至成为当下最流行的时髦用语之一。但社会实践活动远比单纯的"生存训练"丰富得多，其中既包含对生存知识与能力的学习，也包含对生存意义的追寻与探求，功能显著。因为社会实践活动能有效地推动大学生，以便他们更好更快地融入社会、立足社会、服务社会。因此，为正确引导学生，克服和消除社会实践活动被弄得游戏化、炒作化、作秀化的不良倾向，我们应该广泛动员，认真组织，提高大学生参与社会实践活动的主动性与积极性。同时，给予大学生以恰当的指导，以多种方式强化挫折教育，历练他们的意志。此外，我们还应该营造良好的社会舆论环境，制定相应的实践活动细则，规范具体要求，以制度化、科学化的方式保障大学生提高社会化生存能力，从而使他们肩负起新世纪祖国发展所赋予的历史重任。

第三节　社会实践教育的历史考察与启示

一、新中国成立前的大学生社会实践教育

中国学校教育的历史悠久，重视学生社会实践教育的传统源远流长。据《礼记》、《王制》记载："有虞氏养国老于上庠，养庶老于下庠。夏后氏养国老于东序，养庶老于西序。殷人养国老于右学，养庶老于左学，周人养国老于东胶，养庶老于虞庠。"东汉学者郑玄在对这段引文作注释时写道："东序，东胶亦大学，在国中王宫之东，西序，虞庠，亦小学也，西序在西郊。"唐朝学者杜佑也写道："有虞氏大学为上庠，小学为下庠；夏后氏大学为东序，小学为西序；殷制，大学为右学，小学为左学，又曰瞽宗。"还有史籍记载："有虞氏始设上庠为大学，下庠为小学。""夏后氏设东序为大

学，西序为小学。"① 从这些史籍的记载说明，在中国的唐虞夏商时期就有了学校而且还有了小学与大学之分。但是当时的大学并不是纯粹的教育机关，教育活动常常是和政治活动结合在一起的。教育内容主要是祭祀的"习礼""习乐""习舞"和军事的"习射""习御"等。西周的大学，由周王室中央政府设立的叫辟雍，设在王城的南郊，由诸侯设立的叫泮宫，设在诸侯的首都。学习的主要内容是"礼、乐、射、御、书、数"，史称"六艺"。可见，夏、商和西周奴隶制时期学生学习的"礼、乐、舞、射、御、书、数"等内容无不具有当今社会实践的性质。

春秋中期，私学最早出现在齐国和鲁国，不少学者认为《庄子·天下》篇中所提及的"捂绅先生"就是历史上最早的私学老师。由于受不同阶级利益的驱使和对学术资料的取向不同，形成了诸子学派，著名的有儒家、墨家、道家、法家、阴阳家、兵家、名家、农家、纵横家、小说家十家，开创了"百家争鸣"学术繁荣景象。私学的诞生和发展是中国古代大学教育史上的一次质的飞跃。以培养封建国家行政官吏为任务的中央官学，始创于汉代，称为太学。西晋以后，除保留太学外，曾设国子学，从隋唐开始，建置了管理中央官学的行政机构国子监，下分立国子学、太学和四门学。元代分别设置国子学、蒙古国子学和回回国学。明清时期，又统一称为国子监②。两汉时期的太学生，揭开了中国历史上大学生参与政治运动的序幕。西汉哀帝刘欣元寿二年（公元前 2 年），司隶鲍宣，因阻止丞相孔光不得行驰道中，被指为侮辱丞相而下狱治罪，鲍宣为当时的著名儒学学者，又比较耿直，并敢于揭露当时外戚和宦官引用私人，充塞朝廷，而阻碍了贤人进路的丑恶行径。他这些意见正与太学生的出路有关，于是得到太学生同情。太学生王咸领导一千多太学生向皇帝请愿，营救鲍宣，才使鲍宣免于死罪改为髡钳③。这是中国历史上大学生介入政治的最早记录。明朝的书院，学者自由讲学，而且还在讲学之余评论朝政，学生关心国事，留下了"风声、雨声、读书声，声声入耳；国事、家事、天下事，事事关心"的著名对联，勉励天下学子以关心国事民生为己任。

中国知识分子素来有经世致用、崇尚践行的传统。两千年前，孔子为实现其治国安邦之道，曾亲率众弟子，求仕于列国诸侯，虽到处碰壁，但其修身、齐家、治国、平天下的人世思想则泽被后世，绵延不绝。明代的"复社"、清末康梁的"公车上书"和"戊戌变法"等，都是知识分子经世致用、关心国事民生传统的延伸。孔子本人非常重视"言"与"行"的一致，以言过其实为耻，主张"先行，其言而后从之"，即把自己要说的先做出来，然后再说。我国古代盛行"游学"之风，有"行万里路，读万卷书"的格言，有"于无文字处读书"的教诲。这些也就是要学生在学习期间就参

_____

① 熊明安. 中国高等教育史［M］. 重庆：重庆出版社，1988：5.
② 郑登云. 中国高等教育史》上册［M］. 上海：华东师范大学出版社，1994：7-8.
③ 熊明安. 中国高等教育史［M］. 重庆：重庆出版社，1988：106-107.

加社会实践，注重在实践中学习。特别应该指出的是，在我国古代科技教育中，无论是世袭家传、设官教民、职官性的科技教育，或专门学校及其他学校中的科技教育，都十分重视和强调实践。其教学方法中不管工、农、医，或天文、地理、地震等都强调观察法、实验法；"游学"与调查，不只限于"传艺"，还注意科学思维能力的培养，注意使用创制的仪器、设备与教具进行科技教育。在教育中，还特别强调科技道德的养成，中国古代教育家特别强调学生要养成"鄙薄名利，献身科技""经世致用，爱国仁民""务实求真，刻苦谦逊""坚持真理，敢于创新"等道德观念。在科技道德教育中，言传身教、身体力行是最基本的教育方法。① 由此可见，我国古代重视社会实践的传统由来已久，但在古代社会，"青年"的划分十分模糊，也没有现代意义上的青年群体，其实践的主题内容往往限于道德伦理实践，讲究待人处世方面的仁礼学问，而对生产实践等则往往持有漠视的态度。真正的严格意义上的大学生社会实践是近代的产物，其历史不足百年。

回顾近代大学生社会实践的历史，可以将其发展大体上分为三个阶段：

1. 从鸦片战争到五四运动之前的大学生社会实践教育

鸦片战争后，面对西方的"船坚炮利"和中国的社会危机，一批比较开明的爱国知识分子放眼世界，寻求救国之道，主张向西方学习，以内修政治，富国强兵，外御强敌。他们抨击封建主义的传统教育，反对空疏无实的"理学"，反对偏重训诂、考据、脱离实际的教育，主张"经世致用"，提倡学习西方的科学技术；反对科举制度，要求广开言路，选拔兴邦治国的实用人才，要求彻底改变中国的封建教育制度；提出"中学为体，西学为用"，设报馆、建学会，办学堂，废八股、废科举，试图学习和推行西方的教育制度。随着科举制度的废除，新教育制度逐步建立，1902 年和 1903 年先后发布的《壬寅学制》和《癸卯学制》都提出了完整的学校体系；与各级学校并行的，还设有高级师范教育和实业教育。此外，还有译学馆及方言学堂，还有为新进士学习新知识设立的进士馆和为已做官的官员学习新知识设立的仕学馆。② 在大学堂、通儒院和师范教育中都明确规定了实习时间，师范教育还明确要设附属学校，作为学生的实习场所，特别是为"振兴农工商各项实业"以"富国裕民"为目的，把实业教育正式列入学校教育体系。明确了初等、中等、高等、补习、教员实业学堂（或讲习所）的分工和内容。在高等实业学堂中分农业、工业、商业、商船四科，对所学科目作了详细规定。这些学堂都安排了实习和毕业设计，使学生在学习期间就参加一定的社会实践。总之，在这一时期，我国教育在新兴资产阶级和一些进步教育家的推动下，倡导向西方学习，使学生在学习期间就安排一定的社会实践，以接触社会、联系专业实

① 许建钺. 高等教育与社会实践——大学生参加社会实践的研究［M］. 北京：教育科学出版社，1993：37.

② 熊明安. 中国高等教育史［M］. 重庆：重庆出版社，1988：388-389.

际进行学习。但在当时的背景下，大学生参加社会实践的目的、内容、时间等都有很大的历史局限性。

2. 五四运动前后和国民党统治区的大学生社会实践教育

第一，工读思潮和五四运动。首先是工读运动和工读思潮的兴起。19 世纪末叶，洋务派为兴"西学"的需要，开始向外国派遣留学生，20 世纪初留学教育有了较大的发展。与官派的同时，也有一批青年自费出国留学，其中尤以自费留日为多。1912 年初，吴玉章等 15 人在北京发起成立留法俭学会。学会又在北京成立留法预备学校，招收第一批学生 20 人，半年为期。北京留法预备学校从成立到 1913 年 6 月，共有赴法俭学学生 80 余人。1914 年在留美学生中出现工读会性质的组织，其宗旨是：以半工半读为助成学业之方法，以节省费用为推之留学之方法；希望这种"勤苦办学之风"遍播于海内外，以养成为社会服务之人才①。第一次世界大战爆发后，法国劳动力缺乏，来华招募华工，一时应招人数颇多。1915 年，在蔡元培、吴玉章的支持下，中国工人在巴黎成立了"勤工俭学会"，以"勤以工作，俭以求学，增进劳动者的知识为宗旨。"②留法的勤工俭学，既有学生一面学习、一面做工，也有工人一面做工、一面学习，这就是华工的"以工兼学"和学生的"勤工"求"俭学"。1916 年，中法两国文化界人士在巴黎组织"华法教育会"，极力推动勤工俭学活动。1917 年，蔡元培、吴玉章等人又重整留法预备学校、恢复招生。1918 年，蔡元培等成立法文专修馆。1919 年至1920 年是勤工俭学的高潮，在华法教育会的安排下，多批青年相继赴法。据统计，在1919 年和 1920 年，各省留法勤工俭学学生达 1600 人左右。1921 年，由于中、法政府的迫害和压制，勤工俭学转入低潮，逐渐消失。通过"工读运动"和"工读思潮"到国外留学的学生中，有不少先进分子，他们既不满清朝政府的腐败，又不满帝国主义对我国的侵略，抱着"自强"的理想到国外去学习。他们在外国"或多或少地有了资本主义社会的科学知识，富于政治感觉"。有的人在国外又遭到帝国主义的歧视和压迫，加深了对帝国主义的仇恨和对清政府投降媚外的不满，从而走上了革命的道路。所以毛泽东同志曾指出："辛亥革命前的留学运动"对当时革命党起着先锋的和桥梁的作用③。

其次，青年学生参加五四运动，由反帝反封建的新文化运动进而发展到与工农结合，走上了无产阶级革命的道路。1919 年 1 月 18 日，美、英、法、意、日等战胜国在法国巴黎郊外的凡尔赛宫召开所谓"和平会议"。中国作为战胜国之一，派出陆征祥（当时的外交总长）、顾维钧（驻美大使）、王正廷（西南军阀控制下的南方军政府的代表）等 5 人出席巴黎和会。会上，中国代表提出废除外国在华势力范围等七项希望

---

①　郭笙．"五四"时期的工读运动和工读思潮［M］．北京：教育科学出版社，1986：7.

②　郭笙．"五四"时期的工读运动和工读思潮［M］．北京：教育科学出版社，1986：8.

③　毛泽东选集（第二卷）［M］．北京：人民出版社，1991：641.

条件，要求取消"二十一条"及换文的陈述书。但是，把持会议的美、英、法等帝国主义强国借口拒绝。会议明文规定，德国在中国山东获得的一切特权应转交日本。对此，北洋军阀政府竟下令签字。消息传来，举国悲愤，以学生为先导的五四爱国运动便如火山一样地爆发了。5月4日，北京学生3000余名在天安门集会，高呼"外争国权，内惩国贼"的口号，举行示威游行，反对签订巴黎和约，反对帝国主义。次日，北京学生联合会成立，向全国发出通电呼吁，于是震动中国几千年历史和几亿人口的声势浩大的反帝反封建运动在全国展开了。这也是大学生发起和参加的一次大规模的伟大社会实践和斗争。在这次运动中，具有初步共产主义思想的知识分子起了积极的领导和组织作用。运动至6月初转入新的阶段，即大批青年学生和知识分子走出城市，深入工厂，深入农村，深入到工农兵群众中去，使学生运动与工农运动结合起来，形成了全国范围的革命运动。五四运动不仅是彻底的反对帝国主义的政治运动，是彻底的反对封建文化的新文化运动，而且广泛地传播了马克思列宁主义，为中国共产党的成立做了思想、理论和组织准备。对于参加五四运动这一伟大社会实践的大学生来说，最重要的在于它指出了青年运动的方向，指出了青年知识分子正确的成长道路。

第二，国民党统治区的社会实践教育和学生爱国民主运动。首先，高等教育中引入了"实习"等社会实践的环节。在国民党统治区，高等教育照搬外国模式，也设置了某些社会实践环节。比如，教育部在《大学规程》中规定："农、工、商学院学生自第二学年起，须于暑期内在校外相当场所实习若干时期，没有实习证明者，不得毕业。"1943年8月，教育部公布了师范学院学生实习办法：要求师范学院学生应于最后一年第三个月在本校附属中学或附近中学实习两个月，参加学科毕业考试及格后，可担任中等学校实习教师（或实习工作人员），任教半年后成绩及格，才准予毕业，由教育部正式分配工作，并规定师范学院学生的实习包括见习、参观、教学实习及行政实习等项。其中教学实习应占全部时间的2/3，参观、教学实习及行政实习共占1/3，教学的时数不得少于60小时。在师范和理工科的教育中一般都安排了实习。1944年，教育部又规定师范学院学生的教学实习办法，规定教学实习分见习、试教及充任实习教师三部分。教学见习在第三学年结合分科教材教法课进行。试教在第四学年教学实习课进行，试教时数每周3小时，充任实习教师在第五年内进行①。当时的理工科系学生虽然多数都参加过实习，但教学计划对它的内容没有明确的规定，实习时间也不确定，多数放在假期，时间或长或短。但有一点值得注意的是，对学生的实习，许多工厂都给以一定的补贴，有的学生参加实际工作并获得报酬。至于医科，一直有较多的临床实习。农科学生也同样有一些实践环节。

其次，军训。1928年7月，国民政府公布《高级中等以上学校军事教育方案》，规

① 熊明安. 中国高等教育史 [M]. 重庆：重庆出版社，1988：483.

定凡高级中学以上学校，除女生外，均须参加军事训练。1929 年 1 月，国民党政府教育部和军事委员会训练总监部，公布了《修正高中以上学校军事教育方案》，规定凡大学、高级中学和专门学校大学预科及其他高等学校，均应以军事教育为必修科目，其修习期间均定二年①。但除抗战初期略有效果外，后来逐渐名存实亡，这和它后来执行消极抗日、积极反共的反动政策有关。到了解放战争时期，国民党统治区各高等学校都实际上取消了军训。

再次，乡村教育运动。在国民党统治区，除了国民党教育部曾对大学生的实习等做了一些规定之外，一些学者幻想通过改良主义道路来改造农村，在 1925 年后纷纷建立农村教育实验区，一时形成了乡村教育运动。这种教育实际上是一种工读形式的教育，虽然只在乡村进行，但对大学生参加社会实践仍然有一定的影响。乡村教育运动较有影响的有黄炎培所领导的中华职业社在昆山、镇江、吴县、上海西郊等先后举办的农村改进实验区、讲习所、农村服务专修科、农村改进实验学校等；陶行知提出生活教育的主张，先后创办南京晓庄师范学校、山海工学团，提出"工以养生，学以明生，团以保生"，实行"以万物为导师，宇宙为教室，生活为课程"的乡村教育；梁漱溟主张农村教育的基本内容是教育农民树立"秩序"观念，创办了河南村治学院、山东邹平与菏泽两县的县政建设实验区兼乡村建设实验区，在各乡办乡农学校；晏阳初 1923 年成立了中华平民教育促进总会，后在河北定县搞实验区，进行乡村平民教育实验工作等②。

第四，大学生的爱国民主运动。国民党政府对外投靠帝国主义，对内镇压革命群众，丧权辱国。1931 年，它把东北三省大好河山拱手让给日本，青年学生掀起抗日救亡的高潮，其中声势最大的为 1935 年的"一二·九"运动。1935 年 12 月 9 日，北平国立、私立十五所大学和中学生一万余人，冲破了国民党政府用大刀和水龙在大街上结成的封锁线，汇合在新华门前向何应钦的代表提出六项要求，要政府停止一切内战，抵抗日本侵略，并给人民自由权利。学生示威队伍遭到军警的袭击，勇敢的青年学生赤手和军警的水龙、木棍、大刀搏斗，许多人被捕或受伤。第二天，各校联合大罢课。12 月 16 日又举行了一次一万多人的大示威。这个运动迅速从北平扩展到杭州、广州、南京、天津、上海、武汉等各大城市。在中国共产党的号召下，许多学生到工厂去，到农村去，走与工农结合的道路并受到深刻的教育。在解放战争时期，大学生的爱国民主运动震撼了国民党的反动统治。对此，毛泽东曾给予高度评价。在《蒋介石政府已处在全民包围中》一文中，他把人民解放军与蒋军的战争称为第一条战线，而把

① 王建军. 中国教育史新编 [M]. 广东：广东高等教育出版社，2003：394.
② 许建钺. 高等教育与社会实践——大学生参加社会实践的研究 [M]. 北京：教育科学出版社，1993：45-46.

"伟大的正义的学生运动和蒋介石反动政府之间的尖锐斗争"称为第二条战线①。在学生运动中，不少人到工人和农民中去，在校内外宣传革命思想。大学内的进步社团风起云涌，或组织图书馆（出借毛泽东著作及其他进步书籍）；或组织读书会、歌咏队（唱革命歌曲和民歌）、识字班（对校外）。在这些进步组织的活动中，涌现了一批学生运动的骨干。整个学生运动都是在中国共产党领导下进行的，它不仅加速了国民党统治的覆灭，面且在运动中锻炼了自己，广大青年学生懂得了更多的马克思主义，许多人加入了中国共产党或其外围组织。

3. 中央苏区与解放区大学生的社会实践教育

第一，中国共产党成立前后到第一次国内革命战争时期的大学生社会实践教育。在十月革命的影响下，中国早期的马克思主义者，纷纷组织青年大学生深入工农群众，通过办夜校和补习学校等，宣传马克思主义，进行革命活动，从思想上和组织上为中国共产党的成立做准备。1919 年 3 月以邓中夏为核心发起组织了北京大学平民教育讲演团，一面使自己劳动化，一面从事于劳动人民知识化的活动。后在长辛店办了劳动补习学校，进行马克思主义思想教育和文化补习教育。1920 年 5 月—9 月，各地共产主义小组相继成立，都先后办了工人学校或夜校，使马克思主义同中国工人运动相结合，既宣传了马克思主义，又使知识分子与工农相结合，使工人阶级知识化的工作有了起步②。

1921 年 7 月中国共产党成立之后，在历次代表大会的决议案中都有关于工农教育问题的决议案。许多著名的共产党人如李大钊、毛泽东、周恩来、邓中夏、恽代英、彭湃、萧楚女、董必武等，为了发展和壮大革命组织，实现党的政治纲领，通过办学校或从事工农文化教育，宣传马克思主义，普及科学文化知识，培养了许多革命骨干，为中国革命作出了巨大贡献。在他们创办的学校中，学生紧密与生产斗争和革命事业相结合，既学习文化知识又从事革命的社会实践。如 1921 年 8 月，毛泽东创办的湖南自修大学，就是无产阶级为培养革命干部而创办的新型革命大学。自修大学引导和组织学员研究如何实现中国共产党的反帝反军阀的政治纲领，把马克思主义的理论学习与实际斗争结合起来。自修大学经常组织学员参加社会政治活动，参加反帝反封建的斗争，到工农中去进行社会调查，自修大学实际成了湖南学生运动的核心。从中国共产党成立起到第一次国内革命战争结束为止，中国共产党人还创办了平民女校、上海大学等学校，还与国民党合作创办了著名的黄埔军校。1926 年，邓中夏、刘少奇在广州为"中华全国总工会"创办劳动学院，毛泽东等在广州、武汉办农民运动讲习所，

---

① 毛泽东选集（第四卷）［M］. 北京：人民出版社，1991：1225.

② 许建钺. 高等教育与社会实践——大学生参加社会实践的研究［M］. 北京：教育科学出版社，1993：46-47.

苏兆征等在武汉办工人运动讲习所等等①。这些学校都十分重视学生参加社会实践，为中国革命培养了一批骨干力量。

第二，中央苏区的大学生社会实践教育。1931 年 11 月，中央工农民主政府成立。当时，红色区域文化教育的总方针是："在于以共产主义的精神来教育广大的劳苦民众，在于使文化教育为革命战争与阶级斗争服务，在于使教育与劳动联系起来，在于使广大中国民众都成为享受文明幸福的人。"红色区域文教建设的中心任务，"是厉行全部的义务教育，是发展广泛的社会教育，是努力扫除文盲，是创造大批领导斗争的高级干部。"② 根据这个总方针和中心任务，各个根据地的党组织依靠群众力量创造性地建立起各种新型学校，创造了各种崭新的教育组织形式，广泛开展了群众文化教育运动。如 1933 年，党在瑞金成立了共产主义大学，培养党的工作干部。同年还成立了苏维埃大学，设有土地、国民经济、财政、劳动、教育、司法等班。还设立了工农红军大学，以培养军事干部。设立中央列宁师范学校，以培养教育工作干部和学校师资。此外，还设有各种技术学校和军事特科学校，如无线电、卫生等技术学校，工农红军步兵特科学校等。虽然由于战争环境，学校的设备简陋，学习期限短促，但以高昂的革命精神来办学，却培养出为党为人民所需要的大量的优秀革命干部③。由于明确了教育与生产劳动相联系，明确了教育的阶级性质和为革命战争与阶级斗争服务的方向，因而，所有学校的学生在学习期间积极参加生产劳动、阶级斗争和各种社会活动、政权建设，社会实践的范围十分广泛。苏区的红军大学、苏维埃大学、马克思共产主义大学以及一些专科学校，都把生产劳动列为必修课，教学内容紧密结合当时当地的生产实际、生活实际和革命斗争的实际。在参加社会实践过程中，注意对学生进行思想政治教育和劳动观点的教育，这是马克思主义教育理论的具体体现。

第三，抗日根据地和解放区大学生社会实践教育。党在抗日根据地兴办了比苏区更多的学校，特别是理工科的教育有进一步的发展。根据地继承苏区教育的优良传统，提倡和实行教育与生产劳动相结合。在红军长征到达延安之后，为适应抗战的需要，除广泛开展工农教育运动外，先后办了抗日军政大学、陕北公学、鲁迅艺术学院、中国女子大学、延安大学、中央党校、马列学院、自然科学院、青年干部学校、医科大学、行政学院等一大批高等学校和专科学校，随后在华北、东北各解放区也办了一批高等学校④。这些学校大多是干部学校。1941 年 12 月 17 日中共中央政治局专门作了

① 成仿吾.战火中的大学——从陕北公学到人民大学的回顾［M］.北京：人民教育出版社，1982：5-6.
② 毛泽东同志论教育工作［M］.北京：人民教育出版社，1958：15.
③ 成仿吾.战火中的大学——从陕北公学到人民大学的回顾［M］.北京：人民教育出版社，1982：6-7.
④ 成仿吾.战火中的大学——从陕北公学到人民大学的回顾［M］.北京：人民教育出版社，1982：15.

《关于延安干部学校的决定》，明确提出"凡带专门性的学校应以学习有关该项专门工作的理论与实际课程为主"，规定了大学生必须参加实际斗争，调查研究，利用边区及其邻近地区的材料，做到理论与实际的结合①。1944 年 5 月 24 日毛泽东在延安大学开学典礼讲话中，要求大家"要为实际服务，不要闹教条主义"，朱德要求"大家把学与用联系起来，要自己动手，要参加生产工作，在生产中学习，学工科的与工厂结合，学农科的与农场结合。"② 依据以上的一些规定和指示，抗战时期和解放战争时期解放区的高等学校都十分重视组织大学生参加社会实践，其主要形式有以下几种：有组织地到工厂、农村进行实习和考察；针对边区建设的急需，参加实际建设，解决生产实际中的问题；在"自己动手，丰衣足食"的大生产运动中学习和锻炼；参加各种政治活动。延安时期，学校有组织地吸收学生参加各种抗日救亡活动和整风运动。在晋察冀和晋冀鲁豫，学校组织学生参加"三查"运动、土地改革。在运动中，学生到群众中进行调查，访贫问苦等。这些政治活动、运动和政治斗争，提高了学生的阶级觉悟，提高了学生的理论水平，对转变学生的立场，使其投身到伟大的解放斗争中起了重要的作用③。此外，还组织和开展各种课余活动。解放区高等学校学生的课余活动是十分丰富和活跃的。例如延安自然科学院就先后成立了文艺小组、合唱团、"青年集体农场"、话剧团、国乐小组等，开展各种各样的文化、体育、科技活动。通过这些活动，不仅活跃了学校的生活，而且寓教育于活动之中，加强了大学生与社会之间的联系，加强了大学生之间的联系，使学生得到了健康、活泼的发展。

二、新中国成立后的大学生社会实践教育

1949 年 12 月，我国第一次全国教育工作会议确定了全国教育的总方针，强调"建设新教育要以老解放区教育经验为基础，吸收旧教育某些有用的经验，特别是，要借助苏联教育建设的先进经验。"④ 我国的教育改革和建设，始终把教育与生产劳动相结合作为一条重要的内容和方针，大学生参加社会实践的状况又紧密地与此相联系。大学生的社会实践也已经由不自觉变成自觉，由无计划、自由发展变为有目的、有计划、有组织地培养人的重要组成部分，正朝着制度化的方向发展。

从新中国成立到党的十一届三中全会改革开放之后，我国大学生参加社会实践，

① 中央教育科学研究所编. 老解放区教育资料（二）上册［M］. 北京：教育科学出版社，1986：238.
② 《解放日报》1944 年 5 月 31 日。
③ 许建钺. 高等教育与社会实践——大学生参加社会实践的研究［M］. 北京：教育科学出版社，1993：50-53.
④ 许建钺. 高等教育与社会实践——大学生参加社会实践的研究［M］. 北京：教育科学出版社，1993：54.

大体上也可以分为以下三个阶段：

1. 1949 年到 1966 年

新中国成立后，在中国共产党的领导下，我国高等院校开展了规模宏大的教育改革，进行了全国范围内的院系调整，并开展了一系列的政治运动和活动。在这一阶段的教育改革和建设中，大学生的社会实践活动开始从教学计划的安排上加以确定，在制度建设上做了许多有益的探索。其社会实践主要表现在以下方面。

第一，实习作为一个必需的、重要的环节列入教学计划。实习是结合学生所学专业进行的实践活动。1950 年在政务院《关于实施高等学校课程改革的决定》中指出："有计划地组织学生实习和参观，并将其作为教学的重要内容。"① 后又对文理工科学生的实习作了原则规定。1950 年教育部成立了直属高等学校学生生产实习指导委员会，颁布了《学生实习指导委员会暂行组织规程》。1953 年又成立了中央生产实习指导委员会，负责全国高等学校和中等技术学校学生生产实习的组织领导工作。1954 年高教部颁布了《高等学校与中等技术学校学生实习暂行规程》，对实习的方针、任务、要求、原则和具体办法作了详细规定。从 1956 年起，又在部分高校专业中实行固定实习场所，摸索建立一套比较健全的实习规章制度。1962 年国务院下发了《教育部关于解决当前高等学校学生生产实习的几个问题的意见报告》，要求中央有关业务部门，省、市和厂矿、企业要对高等学校学生的生产实习给予支持和帮助，并对实习场所的安排、联系手续、经费、粮食副食品供应、住宿、人事审查等有关具体问题作了规定。这些都对实习工作的顺利实施起到了保证作用。大学生在实习中接触了工农，参加了生产实践，了解了社会，促进了理论与实际的结合，取得了明显的效果②。

第二，生产劳动成为教育过程的重要组成部分。组织学生下厂、下乡参加生产劳动是大学生参加社会实践的又一种方式。1958 年毛泽东视察天津大学时指出高等学校应抓住三个问题，其中之一就是教育与生产劳动相结合的问题。同年 9 月《中共中央、国务院关于教育工作的指示》中规定高等学校必须把生产劳动列入教学计划，组织学生参加生产劳动，"在一切学校中，必须把劳动列为正式课程。"③ 但当时受"左"倾思潮的影响，片面地强调实践，致使后来大学生实践过程中安排劳动过多，如为配合大跃进、人民公社的兴起，学生一度全部下放农村、工厂，参加农业生产劳动和大炼钢铁运动。60 年代初期为配合农村的社会主义教育运动，师生一道到农村参加"四清"运动，与贫下中农同吃、同住、同劳动。这些做法破坏了正常的教学秩序，忽视

---

① 许建钺. 高等教育与社会实践——大学生参加社会实践的研究 [M]. 北京：教育科学出版社，1993：55.

② 许建钺. 高等教育与社会实践——大学生参加社会实践的研究 [M]. 北京：教育科学出版社，1993：56.

③ 乔国春. 大学生社会实践指南 [M]. 天津：天津人民出版社，1993：3.

基本理论、基本知识学习的问题，对教育事业的发展和学生的教育都造成了不良的影响。

第三，提倡和开展勤工俭学活动和半工半读。1957 年 6 月，刘少奇为《中国青年报》撰写了《提倡勤工俭学，开展课余劳动》的社论。随后，《人民日报》发表了《一面劳动，一面读书》的社论。勤工俭学活动在我国部分地区部分学校中有所发展。1958 年 1 月 28 日，共青团中央发布了《关于在中学生中提倡勤工俭学的决定》，第一次明确指出：勤工俭学是具体实现知识分子和工农相结合，脑力劳动和体力劳动相结合的一个重要途径。与此同时，教育部发出通知，大力支持和帮助共青团执行这一决定。1958 年 3 月，教育部召开第四次全国教育行政会议，进一步肯定了勤工俭学的意义和作用①。1958 年，刘少奇提出：我国应该实行"两种主要的学校教育制度和工厂农村的劳动制度：一种是现在的全日制的学校教育制度，小学、中学、大学，整天都是读书；现在工厂里面、机关里面八小时的劳动制度"，另一种是"跟这种制度相辅相成，也成为主要制度之一，就是一种半工半读的学校教育制度和一种半工半读的工厂劳动制度"。1958 年 9 月毛泽东视察武汉大学时指出："学生自觉地要求实行半工半读，这是好事情，是学校大办工厂的必然趋势，对这种要求可以批准，并应给他们以积极的支持和鼓励。"② 其后，半工半读的尝试在全国范围内兴起，但是，后来由于文化大革命的影响，半工半读未能坚持下去。

第四，参加政治活动和运动，成为大学生社会实践的重要内容。在新中国成立初期，大学生就参加了抗美援朝、土地改革、"三反五反"以及思想改造运动。通过参加这些活动，对师生划清敌我界限、增进对工农的感情、转变思想起了重要的作用。在50 年代后期，在全国整个形势的影响下，大学生的政治活动和参加政治运动的范围、规模、时间都有所扩大，但也出现过任意停课、影响正常教学秩序的问题。实践证明，大学生参加必要的政治活动和运动有利于思想教育，有利于与工农的结合，有利于全面培养又红又专的人才；但是，政治活动和政治运动过多，"左"的思潮在政治活动和政治运动中的作用，往往影响和冲击正常的教学秩序，影响人才培养，在这方面我们曾经有过教训，是应该注意记取的③。

第五，军训在高等学校的试点。新中国成立后，我国《兵役法》规定："高等学校的学生应当在学校内受军事训练，并准备取得预备役副官军衔和准备担任尉官职务。"1955 年北京体育学院、北京钢铁学院等进行了军训试点。1956 年 10 月国务院批准了国

---

① 乔国春. 大学生社会实践指南［M］. 天津：天津人民出版社，1993：2.
② 许建钺. 高等教育与社会实践——大学生参加社会实践的研究［M］. 北京：教育科学出版社，1993：57-58.
③ 许建钺. 高等教育与社会实践——大学生参加社会实践的研究［M］. 北京：教育科学出版社，1993：58.

防部、教育部关于扩大到 14 所高校进行军训试点的报告，教育部对军训试点的若干具体问题发出了通知。1957 年 6 月，根据军训中暴露出的器材不足、教员质量不高、学生负担过重等问题，教育部领导请示国务院后，作出了暂时停止在高等学校进行军训试点的决定。1958 年全国大办民兵师，军训试点在高校重新开始。1961 年，高校陆续建立了武装部，配备了专职武装干部，负责组织领导学生军训。大学生参加军事训练，对提高政治觉悟，增强国防观念，增强组织性、纪律性起了很好的作用①。

2. 文化大革命中的大学生社会实践教育

1966 年 5 月至 1976 年 10 月，我国经历了长达 10 年的文化大革命。这一时期，先是在造"封资修"的反、推翻"资产阶级统治学校"的口号下，大学生全部停课参加"反修防修""夺权"的"阶级斗争"，后来又按照 1971 年的所谓"两个估计"，进行"斗批改"和"教育革命"，提出了"破除老三段""砸烂三层楼""打掉土围子""与十七年对着干""结合典型产品进行教学"工农兵学员实行"上、管、改"等口号，所谓的"开门办学"，把大学生在学校的学习实际上变成了"实践—实践—再实践"。

3. 改革开放后的大学生社会实践教育

国内研究大学生社会实践问题的学者有将改革开放后大学生社会实践教育分为三阶段的②，也有分为四阶段③和五阶段的。④ 我们认为，这些划分虽然有一定的合理性，但是也存在着划分阶段过多以及划分阶段的依据不明确等问题。我们认为，以邓小平 1983 年为景山学校题词"教育要面向现代化、面向世界、面向未来"和第三次全国教育工作会议召开后强调素质教育、能力培养为标志，可以把改革开放后大学生社会实践教育分为三个阶段，即：

第一，大学生社会实践的再兴起阶段（1976—1983 年）。粉碎"四人帮"以后，恢复了高考制度，高等教育开始走上了正轨。但与此同时，也不同程度地走向了另一个极端——片面强调理论教育、课堂教育而忽视实践环节，在一定程度上又造成了一些消极的后果。社会实践就是在这样的历史背景下再次被提出的。1978 年邓小平同志在教育部召开的全国教育工作会议上指出："各级各类学校对学生参加什么样的劳动，怎样下厂下乡、花多少时间，怎样同教学密切结合都要有恰当的安排。"⑤ 在此之后教

① 许建钺. 高等教育与社会实践——大学生参加社会实践的研究［M］. 北京：教育科学出版社，1993：59.
② 乔国春. 大学生社会实践指南［M］. 天津：天津人民出版社，1993；史顺良. 大学生社会实践活动的历史回顾与再认识. 淮阴工学院学报，2000：4.
③ 郭玉松、江虹、边和平. 大学生社会实践活动的历史回顾及启示. 山西高等学校社会科学学报，2001：8；张有平. 二十年大学生社会实践的回顾与思考. 临沂医学专科学校学报，2004：26；范冰. 试论大学生社会实践活动的模式创新. 华东师范大学硕士论文，2007.
④ 王小云、王辉. 大学生社会实践概论［M］. 北京：中国社会科学出版社，2005.
⑤ 教育部、中央文献研究室编. 毛泽东邓小平江泽民论教育［M］. 北京：中央文献出版社，2002：143.

育部重申了学生参加劳动的规定。规定每个大学生在 4 年中都必须参加 2 周的生产劳动。1980 年 2 月，国务院批转了吉林省《关于开展勤工俭学情况的报告》，肯定了勤工俭学是全面贯彻党的教育方针的重要措施，此后在各学校开展了多种形式的勤工俭学活动。1980 年，清华大学学生提出"振兴中华，从我做起，从现在做起"的口号，在全国大学生中引起了强烈的反响。许多学校因势利导，从开展"学雷锋，送温暖"活动入手，引导学生把思想付诸实践，并逐步将这一活动由校园扩展到社会。1982 年 2 月，受原国家农委的委托，北京大学等校 155 名家在农村的大学生，在寒假期间，就农村实行家庭联产承包责任制以来各方面的情况，进行"百村调查"，写出调查报告 157 篇。在此前后，上海、山东、辽宁等地也有一些大学生开展了社会调查、咨询服务等活动。这些活动，使大学生亲身感受到了改革开放政策给社会主义建设带来的广泛影响和勃勃生机，并对国情有了初步的认识，社会实践活动在新的历史条件下再次兴起。同时，在全国高校，特别是南方省、市的高校中也有许多学生开始在校内外从事服务、销售等有偿性的勤工俭学活动。

第二，大学生社会实践趋向制度化、规范化阶段（1983—1999 年）。1983 年 10 月 1 日，邓小平同志为景山学校题词"教育要面向现代化、面向世界、面向未来。"这个题词是对我国教育方针的时代特征和时代要求的高度概括。作为战略方针，"三个面向"科学、严密、完整、高度概括地揭示了教育发展、人的发展与社会发展三者之间的辩证关系。为贯彻教育要"三个面向"的精神，推动教育改革、促进教育同生产劳动相结合，引导和帮助青年学生健康成长，1983 年 10 月，团中央、全国学联发出《纪念"一二·九"运动 48 周年开展"社会实践活动周"的通知》，充分阐述了开展社会实践活动的意义，对新时期如何组织好大学生社会实践活动提出了具体的指导意见。1984 年 5 月，团中央在辽宁省召开了高等学校社会实践现场观摩会，在这次会议上，进一步倡导和推广了社会实践活动，时任团中央书记处书记的胡锦涛同志正式提出了"受教育、长才干、作贡献"的口号，这一原则被确立为大学生社会实践活动的指导方针。1986 年暑假，共青团中央和全国学联又制定了名为"社会实践建设营"的行动计划，并在全国范围内统一部署、统一领导，大学生社会实践活动也得到了各地党政领导、教育部门和高校的大力支持，此后每年均有数十万大学生参加社会实践活动。1987 年 5 月，《中共中央关于改进和加强高等学校思想政治工作的决定》强调："青年学生只有在学习科学文化知识的同时，积极参加社会实践，更多地了解国情，了解社会主义建设和改革的实际，了解人民群众的思想感情，才能树立起为社会主义祖国而献身的信念，逐步锻炼成为有用的人才。"此后，中宣部、国家教委、团中央联合发文，对高校学生参加社会实践活动提出明确要求，并作为教育重要的实践环节被纳入教育计划，开始成为有中国特色社会主义高等教育的重要组成部分。上述文件的出台标志着大学生社会实践逐步走向制度化、规范化阶段。

第三，大学生社会实践深化发展阶段（1999年至今）。1999年6月15日至18日，由党中央、国务院召开的第三次全国教育工作会议在北京举行。江泽民在开幕式上发表重要讲话，他强调："事实已经充分说明，'象牙塔'式的教育，不能适应当今时代的需要。教育同经济、科技、社会实践越来越紧密的结合，正在成为推动科技进步和经济、社会发展的重要力量。""高等教育要积极面向经济建设主战场，研究解决经济和社会发展中的重大理论与实践问题，促进科技成果向现实生产力的转化，成为知识创新、技术创新和高新技术产业化的主要方面军。"[①]会议期间发布了《中共中央国务院关于深化教育改革全面推进素质教育的决定》，动员全党同志和全国人民，以提高民族素质和创新能力为重点，深化教育体制和结构改革，全面推进素质教育，振兴教育事业，实施科教兴国战略，为实现党的十五大确定的社会主义现代化建设宏伟目标而奋斗。第三次全国教育工作会议和教育部下发的深入开展素质教育的文件，成为大学生社会实践活动进入深化发展新阶段的重要推动力。同年，教育部、团中央在全国部分重点高校组织了中国青年志愿者扶贫接力计划研究生支教团的工作，每年挑选一批品学兼优的大学生在国家贫困县开展为期一年的支教工作。1999年，团中央、教育部等单位在全国高校组织开展了两年一届的"挑战杯"大学生课外学术科技作品竞赛创业计划大赛，对提高大学生的创业能力和团队合作精神产生了巨大而深远的影响。

纵观改革开放以来的大学生社会实践，经历了一个由自发、分散、单由共青团组织的小规模的考察，到有组织、有系统，上自中宣部、国家教委、团中央，下至各校党委、校长亲自负责的大规模的社会实践。有的地区，由省、市、自治区党委和政府发文明确规定，一些大中企业要把接纳大学生社会实践作为义不容辞的社会责任，认真接待安排。有的高校已把社会实践纳入了教学计划，成为一门课程；有的实行一日实践制度；有的把课程集中在三年半上完，用一学期的时间到基层进行教学实践，许多学校都建立了长期固定的实践基地以及校办工厂、农场，供学生社会实践用。当代大学生社会实践已越来越引起全社会的关注，得到全社会的支持和帮助，正在日趋系统化、正规化、制度化，当代大学生的社会实践必将结出更丰硕的果实，成为培养社会主义建设人才不可缺少的有机组成部分。

三、大学生社会实践教育的历史启迪

组织大学生参加社会实践，实行教育同生产劳动相结合，是青年知识分子健康成长的根本途径，是培养社会主义建设人才的必由之路。我党历来重视大学生参加社会

---

① 教育部、中央文献研究室编.毛泽东邓小平江泽民论教育［M］.北京：中央文献出版社，2002：279-280.

实践，新中国成立以来，我们在这方面取得了许多成功经验，但在一些具体工作上也有不少教训。从回顾我国大学生参加社会实践的历史中，我们至少可以得到以下启迪：

1. 明确大学生社会实践教育目的——立足大学生成长成才

综观中国大学生社会实践教育的历史，无论是古代盛行的"游学"之风与"行万里路，读万卷书"，还是近代的工读运动与勤工俭学活动，乃至新中国成立后强调的教育与生产劳动相结合等，无一不是立足于大学生成长成才这一社会实践教育目的的。因为，无论在哪个历史时期，成长成才既是大学生自身成长的渴望，也是家长亲友的殷切期待，更是国家社会的迫切需要。只有抓住了立足成长成才的社会实践教育目的，才能激发大学生参与社会实践的内在驱动力，才能赢得家长亲友的理解和大力支持，才能契合社会发展的需要。反之，如果偏离了大学生成长成才的社会实践教育目的，搞所谓的"开门办学"，甚至"以干代学"，片面强调实践，把大学生在学校的学习实际上变成了"实践—实践—再实践"，就会严重挫伤大学生参与社会实践的积极性，也会失去家长的理解与支持。这种贬低和否定理论对实践的指导作用，从而削弱或者否定理论知识的学习的做法，最终会对人才的培养造成很大的失误。

2. 坚持大学生社会实践教育原则——理论联系实际

回顾大学生社会实践教育的历史不难发现，在不同的历史时期，不同的阶级和教育发展的不同阶段，教育家们都曾给予大学生参加社会实践以一定的重视，并始终坚持把理论联系实际作为大学生社会实践教育的原则。所谓理论联系实际，就是坚持实事求是，一切从实际出发，把书本上的理论知识应用于实践，并通过实践检验真理、发展真理。坚持理论联系实际的实践教育原则，就要求在安排和组织大学生参加社会实践时应处理好理论学习与实践的关系。大学生在校期间，应以理论学习为主，实践活动为辅；应以课内计划安排为主，课外活动为辅。主从不能颠倒，相辅相成才能取得好的效果；要处理好政治教育与专业学习的关系。在安排大学生的社会实践时，应尽量与所学专业相结合尽量使教学与科研、生产结合起来，在实践中解决教学、科研问题，全面培养学生；要处理好社会服务与培养各种能力的关系。大学生的社会实践，不应该是为了实践而实践，也不应该是单纯为了受教育而实践，而应该强调在实践中运用所学知识为社会作贡献，在为社会服务中增长自己的才干。特别是不仅要强调在实践中运用专业知识解决实际问题的能力，而且应强调全面能力的培养，包括分析问题、解决问题、综合处理问题以及组织管理和做群众工作的能力等等，注意培养学生的自立意识，鼓励学生直接为社会创造价值，培养学生主动为社会服务的本领。但是不容否认，在当前我国高校开展的大学生社会实践活动中，还存在着把实践作简单化理解的倾向，比如强调学生为国奉献的多，而关注学生在实践过程中主体发展的少；学生从事的实践中公益性、一般性的劳动多，而切合或贴近学生专业的少；把学生当作廉价劳动力使用的多，顾及学生自身利益的少；社会实践一次性完成的多，长期坚持、系统开展的少。

3. 开拓大学生社会实践教育途径——适应实践发展

考察大学生社会实践教育的历史，可以发现，社会实践是变动不居的，大学生社会实践教育的途径则是随着实践的发展而发展变化的。总体上讲，大学生社会实践的形式总是从简单到复杂，社会实践的内容也总是不断丰富的。古代中国，由于生产力还不发达，社会分工比较简单，是典型的农业为主商业为辅、且有小规模的官营和私营手工作坊的存在。当时的大学生社会实践囿于社会条件的局限，其主要内容有学习礼、乐、御、射和儒家经典，通过"游学"的形式进行社会调查，以及偶尔参加社会政治活动等。近代以来，洋务运动开启了兴办现代工业的序幕，资本主义工商业开始萌芽，实习教育正式列入学校教育体系，安排实习和毕业设计成为当时大学生社会实践的主要内容。同时，由于帝国主义的侵略，国家主权沦丧，大学生们开始掀起反帝爱国的政治运动。从五四运动到新中国成立后，实习、军训、爱国民主运动、勤工俭学、半工半读、参加社会生产与劳动则成为大学生社会实践的主要形式。改革开放以来，大学生适应社会发展的需要，广泛地参与社会调查、校外文化科技活动、"三下乡"活动和青年志愿者活动等等。实践证明，大学生社会实践教育的途径受一定的社会历史条件制约，并且随着社会实践的发展而不断地拓展与更新，具有与时俱进的特点。

4. 提供大学生社会实践教育条件——社会保障体系

大学生社会实践不论是计划内的还是计划外的，大部分都要在社会中进行，只有学校的重视和支持还不够，还必须有社会的支持，特别是随着高校的扩招，大学生群体规模越来越大，要求社会给予大学生社会实践的保障支持越来越高。但是由于社会经济的发展变化，普遍出现了大学生"实习难"的问题，经费不足、工厂企业不愿接待、住宿等生活条件难以解决、学生难以参加实际生产工作等成了困扰高校的难题。随着改革的深入发展，这一问题会愈来愈成为影响人才培养质量的重要问题。教育事业是造福子孙后代、造福社会的伟大事业，支持教育是全社会的共同职责。大学生参加社会实践是培养全面发展的社会主义建设者和接班人的重要环节，全社会都应该为此做出应有的努力。要使大学生参加社会实践的制度得以实施就需要从上到下建立大学生参加社会实践的保障体系，包括大学生社会实践的机制保障、实践基地保障和实践经费保障等内容。这种体系的基础应该是各社会部门（社会实践的接收单位）和高等学校（社会实践的派出单位）的互利机制。它既包括贯彻执行国家的有关法规，也包括全社会的自觉行动。

总之，大学生社会实践活动在高等教育中绝不是无关紧要、可有可无的，它的特殊作用是其他任何形式所无法替代的。它作为教育实践的重要环节纳入教育计划，已成为有中国特色社会主义高等教育的重要内容。

第七章　大学生社会实践教育的发展与创新

改革开放 30 年，面对社会主义现代化建设的新形势、新情况，大学生社会实践教育的领域、途径和方式不断拓展，社会实践教育的内容和功能不断丰富，取得了丰硕的成果。

第一节　社会实践教育的发展创新态势

一、社会实践教育的领域拓展

在大学生社会实践教育领域的拓展方面，具体表现为：在开放条件下，大学生社会实践教育研究面向世界的拓展，比较社会实践教育研究成为新的研究热点；在现代化进程中，大学生社会实践教育内容面向社会领域的拓展，竞争伦理、科技伦理、环境伦理、网络伦理等新的道德理论与价值观成为实践教育的重要内容；在信息化条件下，大学生社会实践教育向虚拟领域拓展，虚拟社会实践成为解决大学生社会实践教育现实困境的有效方式；在科学发展观指导下，大学生社会实践教育更加关注实践活动的生态教育功能；在竞争条件下，大学生社会实践教育更加关注教育对象的未来发展；在复杂多变条件下，大学生社会实践教育更加关注教育对象的心理健康发展水平。

二、社会实践教育的途径和方式拓展

在大学生社会实践教育途径和方式的拓展方面，突出表现为：课堂教学的实践性日趋发展和完善，充分发挥了大学生思想政治教育课程和其他课程在大学生社会实践教育中的重要作用；大学生社会实践教育的途径得到极大扩展。或依托大学生组织和社团，开展丰富多彩的实践教育活动，或建立若干社会实践教育基地，发挥优势教育资源的作用，或开展形式多样的社会实践活动，如教学实践、专业实习、军政训练、

社会调查、生产劳动、志愿服务、公益活动、科技发明和勤工助学等，丰富学生的社会生活经验。

三、社会实践教育功能的拓展

在大学生社会实践教育功能的拓展方面，突出表现为：更加关注社会实践教育的导向功能，尤其是对大学生理想信念、奋斗目标、行为方式的导向作用；更加关注社会实践教育在人才培养中的开发功能，注重学生的智能开发以及学生个性特点、创造精神的培养。

改革开放 30 年，我国的大学生社会实践教育取得了可喜的理论研究成果和实践效果，然而，面对开放条件下交往关系扩大、网络条件下虚拟世界出现、市场竞争条件下人们活动领域拓展等新形势和新变化，大学生社会实践教育仍然面临着前所未有的挑战。持续推进大学生社会实践教育的发展与创新，既是应对时代潮流的必然选择，又是大学生自身素质成长的迫切需要。由此，针对目前大学生社会实践教育中较为迫切的现实问题与困境，我们提出大学生社会实践教育的社会化和虚拟化探索，以期对大学生社会实践教育的自我完善和发展提供有益的思考和启示。

第二节　社会实践教育的社会化探索

一、社会实践教育社会化问题的提出

改革开放特别是党的十三届四中全会以来，大学生社会实践不断发展，取得了显著的成效，已经成为大学生思想政治教育的有效途径。但是，面对新形势新任务、新情况新变化，大学生社会实践还不够适应，还存在薄弱环节，大学生参与社会实践的方式方法、形式途径还不多，大学生社会实践的新体制还没有建立起来，大学生社会实践活动基地建设还不能满足需要，一些高校领导对大学生社会实践重视不够、措施不力、办法不多，全社会共同支持大学生社会实践的局面尚未形成。必须在巩固已有工作成果的基础上，采取更加有力措施，进一步加强和改进大学生社会实践，使之在大学生思想教育中发挥更加积极的作用①。

———————————

① 引自中宣部、中央文明办、教育部、共青团中央：《关于进一步加强和改进大学生社会实践的意见》。

1982 年 2 月北京大学等高校的 155 名家在农村的学生受原国家农委委托,在寒假期间就农村实行家庭联产承包责任制后的情况进行"百村调查",拉开了自 1977 年恢复高考后大学生社会实践活动的序幕。经过三十多年的发展,我国的大学生社会实践规模由小到大,实践形式从感知实践走向参与实践,组织形式由单一散乱到规范有序,实践内容从走向社会(调研)、服务社会(青年志愿者者活动)到融入社会("科技支农""三下乡"等),走出了一条独具特色的道路。社会实践教育在大学生的成长成才中起到了不可替代的作用。然而,随着市场经济的全面深入发展、各项改革进程不断加快,新形势下大学生社会实践教育中的各种深层次矛盾却不断凸显出来,集中表现在以下几个方面:

1. 社会单位的低接纳与大学生高增长之间的矛盾突出

市场经济背景下,由于各实践接收单位自主性增大和自身利益诉求增加,对大学生社会实践的认可程度和接纳规模急剧下降与大学生人数大幅增长对社会实践资源要求普遍上升之间的矛盾。当前,中国普遍出现了大学生寻找实践单位困难,实践基地建设难、稳定性差、规范化程度低的状况。即使找到实践单位,由于种种原因,大学生也大多以"旁观者"身份出现,走马观花,蜻蜓点水,社会实践甚至变成了四处"游山玩水"的好机会,远离了其原有的意义。因此,大学生社会实践工作如何在坚持主导性的前提下注重社会化层面的推进,进一步同社会主义市场经济的规则和秩序衔接起来,成为当今大学生社会实践教育面临的最严峻挑战和最迫切需要研究的课题。

2. 大学生的成长需求与现行实践模式的窄化之间的矛盾显著

大学生由于自身成才需要,对社会实践广泛和深入参与的迫切要求与当前大学生社会实践教育精英模式中学生参与面窄和参与深度极其有限之间的矛盾。当前许多高校的大学生社会实践都表现出点上轰轰烈烈、面上鸦雀无声的状况。不少学校的社会实践年度总结报告对重点组织的小分队活动总结得有声有色,面上学生的实践情况却一笔带过。许多同学只需要在开学前随便找个地方,在实践经历表上盖上某单位公章即可交差,实践报告"水分颇多"。精英实践模式不仅影响了社会实践的实际效果,而且助长了形式主义,与开展社会实践的本意背道而驰。

3. 社会的人才需求与大学培养之间的矛盾鲜明

知识经济时代,复杂多变的社会对人才综合素质要求提高与我国目前大学培养模式单一、大学生普遍缺乏实践能力之间的矛盾。据统计,我国大学生毕业后一般的适应周期在 1~1.5 年才能独立完成工作,而发达国家的大学生到岗适应期仅为 2~3 个月。我国大学生在校期间如何有目标地参加各类社会实践活动以降低用人单位的人力成本(特别是人才培养成本),尽快成长为可用之才,成为社会各界关注的焦点。

当前的大学生社会实践教育明显表现出与社会发展、教育提高、个人成才要求不相适应的状况。社会主义建设和大学生实践教育的向前推进,都向我们提出了一个不可回避的现实问题：在新时期，我们究竟需要怎样的大学生社会实践教育模式？如何构建这样的模式？如何回应和解决这一问题，事关大学生社会实践教育发展的生命活力，事关当代大学生社会实践教育能否实现可持续发展，获得更深层次发展的动力和养分。

事实上，面对当前大学生社会实践教育中出现的问题和困境，许多理论研究者和实际工作者已开始了自己的思考。然而，在这些探讨中却不乏缺憾。在对大学生社会实践教育的分析中，感性描述层面多，深层次分析少，阐述客观事实和面临问题的多，而就大学生社会实践教育如何面对现实，利用社会变革带来的机遇和挑战进行自我完善和发展的对策性研究少。以往的研究大多遵循了一种简单的线性思路，在罗列了当前大学生社会实践教育面临的种种表面问题后，随即就事论事提出我们应该如何的对策。比如大学生社会实践接收单位难找，那么对策即是要提高全社会对大学生社会实践重要性的认识；大学生实践基地稳定性差，那么就要按照互惠互利，双向收益的原则建立基地。却忽视了为什么社会对大学生社会实践就是提高不了认识，激发不了热情；为什么大学生实践基地就是难以实现互惠互利、双向受益。大学生社会实践教育出现"说起来重要、落实起来次要甚至不要"状况的原因是什么？当前大学生社会实践教育应然和实然之间出现如此巨大断裂的根源何在？瓶颈突破的关节在哪里？我们理应如何应对？在某种程度上，目前对大学生社会实践教育的探讨反映出我们的理论研究面对复杂多变现实反应的钝化和乏力。大学生社会实践教育需要一种新的理念和实践运作模式，才能适应不断发展的社会需要。

如前所述，随着我国社会主义市场经济的不断深入发展，大学生社会实践教育面临的最严峻和最核心的问题是如何兼顾学生成长需要和地方、企事业单位的利益需求，实现双向受益。市场经济条件下，如何形成对大学生社会实践教育有利的社会环境，找到大学生社会实践教育与社会需求之间的共振点、双赢点，逐步形成和不断强化各方面的利益机制，使高校、学生、接收实践的单位乃至社会上的方方面面都有内在动力支持大学生的社会实践教育，成为目前大学生社会实践教育顺利开展的关键。基于此，我们提出大学生社会实践教育的社会化理念和实践运作模式，意图为此问题的解决提供一种有益的尝试和探索，期盼大学生社会实践教育的研究能在新时期继续持有强大的生命活力和理论穿透力，实现更高层次的发展和提升。

二、社会实践教育社会化的含义和特征

1. 社会实践教育社会化的含义

大学生社会实践教育社会化指动员全社会的力量，以规范化的实践制度为依据，以科学化的实践组织方式为手段，通过以社会需要为前提和社会所提供的条件为基础

的实践活动，把实践主体（大学生）培养成为合格的社会成员，使大学生社会实践教育成为有机运作、自我驱动、有序发展的系统工程。对此定义，可以从两个层面来理解：从动态视角指的是大学生社会实践教育的社会化发展过程，即大学生社会实践教育的实现过程、运行机制、载体方式等的社会化；从静态视角是指社会化的大学生社会实践教育体系的形成，即大学生社会实践教育最终成为法规化、信息化、项目化、基地化、课程化、社区化、多赢性、有机运作、自我驱动、有序发展的系统工程。前者是实现过程，后者是发展方向，同为一个问题不可分割的两个方面。

具体而言，大学生社会实践教育主要包括以下三个方面的社会化：

第一，社会实践活动参与者的社会化。大学生社会实践教育是联结学校和社会的重要纽带，本身既有学校教育的属性，又有社会教育的属性，是一个开放的社会系统性工程。它要求人们打破教育仅是学校任务这一传统观念，也决定了实践活动绝非由学校能够单独组织完成，它还必须得到社会各方面的共同关心和支持。因此，大学生社会实践教育必须获得政府、高校、企事业单位和社会团体的实质性帮助，通过全社会的通力合作，调动更多的人财物为大学生社会实践提供活动场所、活动资源和其他便利条件。

第二，社会实践教育过程的社会化。大学生社会实践是大学生有目的的与自然环境和社会环境不断发生联系、相互作用的过程。这一过程的内容和形式，必须以社会的需要为导向和社会所提供的条件为基础，成为一个依靠社会、动员社会、作用于社会、以实现特定社会目标的互动过程。列宁曾说过："学习、教育和训练如果只限于学校以内，而与沸腾的实际生活脱离，那我们是不会信赖的。"因此，社会实践教育必须有开放的理念，充分发挥社会生活领域中各种积极因素的作用，促成实践活动从根本上与社会发展方向相一致。

第三，社会实践主体的社会化。这是大学生社会实践教育社会化的根本目的。人从自然动物发展为"社会动物"，需要一个认识社会、适应社会和参与社会生活的学习发展过程，这个过程即是人的社会化。由于社会发展的动态性和人的主观能动性，个体的社会化是一个动态的终生过程，而大学阶段是个体社会化过程中的关键环节。大学生社会实践教育就是要通过社会实践使大学生更快更好地汲取社会能量和获得社会信息，并通过自我调适、增强自身的本质力量，完成自身的进一步社会化，成为具有创造性和开拓性的高素质人才。

2. 社会实践教育社会化的基本特征

第一，大学生社会实践活动运行的制度化——社会化的基本保障。大学生社会实践教育的制度化，就是要通过研究大学生社会实践活动的规律，结合实际需要，制定出系统全面、切实可行并具有自我发展动力的实践制度体系，使大学生社会实践的开展成为一个有序、可操作和可预见的动态运行过程。这是大学生社会实践教育社会化发展的基本前提和保障，亦是发展的必然趋势。社会实践教育的制度化建设具体包括运行机制、组织机制、激励机制、评估机制、保障机制、宣传机制等的建立健全。

第二，大学生社会实践活动组织的科学化——社会化的必要前提。作为系统工程的大学生社会实践活动，必须构建层次分明、渠道畅通、整体运转协调的组织系统，实现组织过程的科学化。首先，是实践活动设计过程科学化。实践目标的设定须遵循切实性、层次性、发展性、数量性、吸引性等原则。实践方案的优选应遵循方案设计的广泛性原则，方案选择的民主性原则，方案确定的最优化原则等。其次，实践方案实施过程科学化。组织者在实践活动开始之前，要注意客观条件的准备和对实践主体的调适；在实践进行中，要注意对反馈信息的收集、整理、分析，并在此基础上对实践活动进行调控，保证方案顺利实施。再次，实践成果总结科学化。在社会实践教育中偏重于轰轰烈烈的活动造势，忽略了认认真真地总结，就会使大学生"看了激动、听了感动、回来不动"，无法深化社会实践的成果。在总结工作中既要考核实践主体在实践中的表现和收获，还要考核下级执行部门和人员各方面的组织情况；既要将单个的社会实践成果转化为大学生共同的精神财富，如举办交流会、成果展览、成果评比交流等，还要升华思想，在实践后总结理论，并运用理性认识指导下一步的实践。

第三，大学生社会实践活动手段的信息化——社会化的迫切需要。让新技术为学生创新精神和实践能力的培养服务是教育信息化的重要内容，也是大学生社会实践教育手段创新和机制创新的必然要求。信息化的社会实践教育可以发挥网络资源共享、传播迅速的优势，解决过去在实践过程中由于组队多、活动地点分散等原因造成的缺乏交流、信息不畅、指导滞后、难以协调等问题，还可以及时公布大学生社会实践供求信息，提供网上咨询服务，实现高校之间、高校与社会之间的资源互通和信息共享，形成有利于社会实践发展的良好氛围。大学生社会实践教育的信息化，包括建立大学生社会实践网络信息管理系统、建立社会实践教育网站等。

第四，大学生社会实践活动效果的多赢性——社会化的实施关键。高校与社会的认同程度存在明显差异，社会的支持不够广泛有力是目前大学生社会实践教育面临最严峻的问题。如何整合社会资源，为大学生社会实践创造各种有利条件，使社会实践得到合法、有序、安全的外部环境，使大学生社会实践成为单位愿意、学生受益、符合国家需要，顺应时代潮流的良性循环系统，最终建立教育机制与市场机制、组织主体与活动主体、目的动机与实践效果、投入主体与受益主体相统一的社会主义市场经济条件下中国大学生社会实践教育体系，实现真正意义上的"大学生社会实践教育的社会化"和"社会化的大学生社会实践教育"，是当前大学生社会实践教育能否实现可持续发展的关键。

三、社会实践教育社会化的理论构想和实践探索

大学生社会实践教育社会化以观念意识社会化为先导，以开展模式社会化为关键，以机制社会化为保障，其最终目标是构建以政府为主导、以学校为主体、社会支持、学生和家长重视，职业教育与精英教育相结合的具有可持续发展动力的良性循环系统，开创大学生社会实践教育的新局面。

1. 强化政府主导，推进社会实践教育的法规化、项目化和基地化

第一，政府主导功能。社会实践教育的必然要求与解决现实困境的关键。如前文所述，长期以来，大学生社会实践教育处于中央重视、学校学工部门热心、教师冷漠、社会支持勉强，运行效益低下的不良局面。之所以出现这样的状况，根源即在于当前社会实践教育面临的社会背景发生了巨大改变，市场经济成为中国经济运行的基本模式。市场经济的全面扩展使理性和利益对人们思想行为的影响急剧增大。在市场经济条件下，仅仅依靠宣传教育这样的内在超越来克服大学生社会实践教育中出现的问题无疑是事倍功半。要增强教育的实效性，必须进行更深入细致的分析，才能找到切实可行的对策。

从经济学的视角来看，教育具有正外部性，作为国民教育一部分的社会实践教育也不例外。社会实践教育给学校和受教育者带来利益，但也给社会上的其他人或单位带来好处。通过社会实践教育，学校增强了其毕业生的就业竞争力，学生个体获得了更高的素质，对学校和学生而言实现了资源配置最优。然而对于整个社会而言，却没有达到资源的最优配置。因为通过社会实践教育培养出来的大学生可以由与这项活动无关的第三方获得。社会上的任何一个用人单位均可通过人才市场获得拥有实践能力的大学生，而无论其是否参与了大学生的社会实践接待，是否支付了相应的社会实践接待成本。市场经济中理性的企业和单位，自然会作出"搭便车"（人们不用支付费用即可以消费）的选择。尤其是社会上的广大中小企业和基层单位，如果其接纳了大学生进行社会实践，付出了一定的成本，但这样的单位在大学生就业选择时，往往不会选择，对于企业和单位来说，其实是更加得不偿失。大学生社会实践教育在当前的困境事实上是其教育特性在市场经济下的一种必然表现，而这也正是大学生社会实践教育面临严峻挑战的根本原因。

经济学中常用两种方式来解决以上问题：

其一，明确产权，即让投资主体和受益主体相统一。表现在大学生社会实践教育中，比如让实践接收单位拥有优先用人权，并以法规保证大学生的服务年限。

其二，由政府向引起正外部性的生产者（学校和实践接收单位）给予补贴，把引起正外部性的外部收益转给引起正外部性的生产者，这样，外部收益就成为生产者收

益的一部分，私人收益与社会收益相等。生产者收益增加就会增加有正外部性的生产活动。比如在大学生社会实践教育中，政府可向学校和接收单位给予直接和间接补贴，改变接收单位的效用函数，打破大学生社会实践教育中的不良均衡。无论何种思路，政府在其中都起到了主导作用。没有政府的主导，大学生社会实践教育的困境无法突破。正是源于此，世界各国政府都非常重视政府对大学生社会实践教育的主导作用，并遵循以上思路从法律政策的制定、组织协调机构的建立、加大财政投入等方面对大学生社会实践教育进行规制和引导。而反观我们国家，从政府层面来看，虽然每年政府均鼓励各大专院校组织大学生参加社会实践，但是却是号召多、保障少，宣传多、措施少，法律规制、政策牵引、资金投入都非常有限，尤其对实践接纳单位的利益考虑几乎没有，挫伤了各高校和实践单位的积极性。我们在操作中普遍提倡按照双向受益的原则开展社会实践教育，但却忽略了作为大学生其学识和实际工作能力是非常有限的，真正能够解决实际问题的大学生毕竟是少数。在现实中，实践接收单位需要付出严重不对等的成本，在某种程度上，接收单位是在从事一项公益性的、市场配置失灵的活动。这就是为什么许多地区和单位对研究生特别是博士实践团的到来表示由衷的欢迎而少见对大学生社会实践进行有力的支持。源于此，我们说政府主导是大学生社会实践教育社会化的必然要求和成败关键。

第二，政府主导的重点：法规化保障、项目化运作和基地化建设。

其一，大学生社会实践教育的法规化保障。加强大学生社会实践教育的法规化建设符合当今世界高等教育发展的趋势，也是实现大学生社会实践教育可持续发展的必然要求。从世界范围来看，各国政府都非常重视对青少年社会实践进行法规化保障。例如美国有"人力开发和项目法""合作教育基金法""综合就业和培训法""青年就业示范项目法"等一系列法律规制社会实践教育，并通过政府加大财政拨款、资助经费和增设基金会等方式来支持大学的实践活动。美联邦政府还在全国设有全国合作教育委员会，负责管理、协调全美高校的合作教育工作，积极倡导学术界与工业界的联系与合作，并把推进、完善产、学、研结合作为增强国力的手段。英国政府把大学生社会实践教育作为高等教育改革的重点，推出《苏格兰高等教育改革》《高等教育——应付新的挑战》等政策，引导和支持大学生的社会实践教育。政府规定如果企业和高校联合培养学生，安排学生到企业进行实践训练，可免交教育税，还设立了产业奖学金，建立了大批接纳大学生的科技园区。另外，法国、日本、德国等国政府和相关文教部门，都为大学生社会实践教育提供了积极的法规政策导向，创造出良好的社会氛围。

新形势下，中国政府也应出台有关大学生社会实践教育的实质性法规政策，明确国家、学校、地方、企事业单位各方的责任和义务，对社会实践基地给予相应政策支持，建立跨校、跨专业社会实践专职协调机构等。在当前大学生社会实践教育法规化建设中，尤其要注意以下两方面的立法和执法：

第一个方面是保障大学生社会实践接收单位的权益。保障大学生社会实践参与方的各项权益，最大限度地减少实践接收单位的后顾之忧，是大学生社会实践教育迈向规范化、制度化轨道的首要环节。而要做到这一点，需要政府各部门的通力合作，大学生社会实践教育不仅是各级团委的任务，而应是政府各部门齐抓共管的工作。首先，用法规政策明确政府各级组织、高校、用人单位以及学生在社会实践中的功能定位和责、权、利。如就政府部门而言，人事部、教育部可负责实习职位的征集与公布、人员审核、实习经费的汇总与申请；劳动和社会保障部负责参保费用、实习生活补贴及用人单位岗位补贴的审核和发放；财政部门负责实习资金的预算编制和资金划拨等。其次，对实践接收单位的利益，可否考虑从以下几方面给予重视：给予实践单位优先用人权并以合约形式规定服务年限；国家对用人单位支付大学生工作实习试用费；国家设立大学生工伤、医疗保障基金，免除接收单位的后顾之忧；国家给予接收单位各方面的直接和间接补贴，如减免税收、优先订货、专项补贴等；国家与大学、地方共建设立大学生社会实践实体，开设专门接收大学生实践的公司、服务中介机构等。在这方面，国内有的地区已经做出了尝试。近年山东省政府办公厅发出的《关于进一步加强和改进大学社会实践工作的意见》中明确提出："企业接纳大学生进行社会实践和教学实践活动发生的相关费用支出，按规定计入企业成本。符合税收规定的费用扣除项目和标准的，按规定税前扣除。"

第二个方面是保障大学生的自身权益。大学生由于其身份的特殊性以及自身的不成熟性，在社会实践过程中会出现一些特有的问题。如学生在社会实践过程中劳动安全的保障问题、正当权益的维护问题、发生纠纷后调解机制的完善问题等。以餐饮业巨头麦当劳为例，该企业每年在中国吸引大量大学生勤工俭学，普通大学生的酬劳是每小时5元人民币，甚至不如一般没有学历背景的钟点工。麦当劳的理由是大学生是在勤工俭学。对比美国，通过勤工俭学获得的收益可以解决学费的很大部分，这与我国形成鲜明的反差。这种情况，严重挫伤了大学生投身社会实践的积极性，提高了家长对大学生参加社会实践的担忧，降低了家长和学生对社会实践的重视程度。

其二，大学生社会实践教育的项目化运作。社会实践的项目化运作之所以成为世界各国普遍采用的方式，就在于其可以保证大学生社会实践教育过程中的主导性与资金、资源使用的最大效益性，产生规模效应和集群效应。

美国为了培养适应社会需要的人才，十分注意用项目化的方式引导大学生进行社会实践。比如，目前风靡全球高校的重要赛事——创业计划竞赛就起源于美国。自1983年德州大学奥斯汀分校举办首届创业计划竞赛以来，包括麻省理工学院、斯坦福大学等世界一流大学在内的十多所大学每年都举办这一竞赛。创业计划竞赛大大推动了美国高科技产业的发展，Yahoo、Netscape、Excite等公司就是在美国大学生创业的氛围中诞生的。从某种意义上说，创业计划竞赛已成为美国经济发展的直接驱动力之一。此外，美国前总统布什和克林顿还分别于 1989 年、1993 年启动了有关的志愿者服务行动计划，并签署了为此提供基金的议案和法律条文。在美国，大多学校都为有伤残人员服务项目，为移民子女提供外语训练项目，为监禁青年进行指导项目等社会服务项目。有的州专门通过法案支持甚至明确规定学生必须参加这类项目才能毕业。

从目前我国的情况来看，凡是由政府进行项目化运作的社会实践教育，也都取得了良好的成效。如大学生军训、挑战杯竞赛、数学建模竞赛、电子设计竞赛、中国青年志愿者扶贫接力计划、青春红丝带志愿行动等。

以全国大学生"挑战杯"竞赛为例，"挑战杯"是由共青团中央、中国科协、教育部、中华全国学生联合会主办，国内著名大学和新闻单位联合发起的一项具有导向性、示范性和权威性的全国性竞赛活动，被誉为中国大学生学术科技的"奥林匹克"盛会。各高校对此赛事都十分重视。如 2003 年广东省"挑战杯"竞赛，参赛高校 50 所，参与人数达 5 万多人，直接参与决赛人数 4000 多人，参赛作品 1300 多件。经过几年的项目化运作，"挑战杯"成为大学生素质教育的新载体和科技活动的新形式，同时也成为高校之间彰显办学水平、教育质量和学生综合素质的一个重要窗口，产生了良好的社会影响，一些大学生的成果陆续进入了实际运作阶段。如 2005 年华南理工大学参赛作品《洪水应急救助体系》在首届全国大学生科技成果拍卖会中，以 20 万元的价格被一家公司买走；成都信息工程学院的《市内公交智能报站系统》以 1 万元的价格成交。讯飞、中华行知网、澳视等一批学生创业公司从众多参赛作品中脱颖而出，进入实际运营阶段并逐步走向成熟。

再如，中国青年志愿者扶贫接力计划。该计划是团中央在扶贫开发领域长期实施的一项重点工作。计划采取公开招募、定期轮换的接力方式，动员和组织青年到贫困地区开展为期半年至 2 年的基础教育、医疗卫生、农业科技推广等方面的志愿服务工作。已有数十万名城市青年自愿报名参加，累计选派 17040 名志愿者到中西部 19 个省 235 个贫困县开展服务，受益人群超过百万。这项计划的成功实施，为西部计划积累了丰富的经验。

目前，大学生社会实践教育的项目化运作也已经引起了一些地方政府的重视。2000 年暑期，共青团佛山市委首次举办了"大学生挂职任居委会副主任"和"交通安全志愿者服务"两项大型实践项目。各地也都结合本地实际，努力探索大学生社会实践教育项目化运作的思路和模式。

总的来说，大学生社会实践教育的项目化运作要在"项目"二字上下工夫，从中央到地方政府，要善于打造品牌项目、发掘特色项目、找准参与对象。一要推进重点团队建设，突出精品项目。通过发挥重点项目的示范和导向作用，达到"抓住一点，带动一片，分层推进，全员参与"的效果。二要善于发掘特色项目，在社会实践教育中，找准项目切入点，发掘和发展各地区、各类型高校和各类型学生的特色。三要找准参与对象，尽可能扩大参与面，尽量让不同层次的学生都能找到自己适合的项目。

其三，大学生社会实践教育的基地化建设。大学生社会实践教育基地是指按照大学生社会实践的根本目的和要求，在充分研究和把握大学生社会实践特点和规律的基础上，依据一定的模式，按照一定的步骤建立的，使学生能够有目的、有计划、有组织地参与社会政治、经济、文化活动和专业实践，从而提高其专业能力和思想道德素养的长期稳定的场所。实践基地是社会实践活动的基本保证，是社会实践内容的基本载体和社会实践能力的基本培育点，具有窗口功能、桥梁功能、教育功能和示范功能。按照实践内容的不同，大学生社会实践基地可以分为教学科研实践基地、青年志愿者活动基地、勤工助学基地、社区服务基地等多种类型。

社会实践基地是微缩的社会"实验室"，必须具备四个特征：目标明确（即按照大学生培养目标的要求进行建设）、组织有序（大学生在基地的活动是有计划、有组织、有目地进行）、相关性强（各类基地与大学生所受教育有紧密的关联，是理论与实践相结合的切入点）、相对稳定（基地具有长期稳定性）。

当前在大学生实践基地建设过程中，普遍存在基地建设难、稳定性差、制度化和规范化程度低，基地发挥作用有限等问题。究其原因，仍然在于企事业单位缺乏接纳大学生社会实践的内在动力，不愿成为大学生社会实践的基地。要摆脱困境，必须寻找新的基地建设方式，由国家和地方政府主导，推动建设一批规范化的大学生综合社会实践教育基地。

在这方面，中小学生社会实践基地建设已经卓有成效。各发达地区、省会城市已经建成了若干功能齐备、规范运作的社会实践基地。比如，目前杭州市已正式建立了 5 个市级校外素质教育实践基地，其中世贸民乐青少年素质教育实践基地占地达 2 万亩，有菜园、果园、茶园、竹园、军训场地和配套齐全的教育、文化、体育、生活、医疗设施。此外，杭州市各区（县、市）和有关学校都相应建立了各自的实践基地，形成了功能完善的素质教育实践基地群，为中小学生的健康成长提供了一个规范化、课程化的课外教育场所，也走出了一条全社会关心和支持中小学社会实践教育的社会化之路。此外，上海鲁汇中小学实践基地，武汉青少年社会实践（红心）教育活动基地等，在全国都是比较知名的实践基地。

反观大学生社会实践基地的建设，却显得步伐迟缓。源于此，我们提出如下对策建议：首先，政府与学校共建，创建大学生社会实践服务实体。高校社会实践服务实体的建立，可以极大地支持大学生社会实践教育，缓解当前大学生实践基地建设难、规范化程度低的问题。在美国等发达国家，许多大学都拥有自己的公司，作为学生实习的场所，政府给予这样的公司诸多特殊待遇。在我国，高校社会实践服务实体建设起步较早，成效较为显著的是山东工业大学。20 世纪 90 年代山东工业大学创办大工实业公司和双星科技服务公司，吸收师生进行以科技服务和勤工助学为主要内容的实践活动，实行公开招聘、有偿服务、保障权益的运作模式。目前，大工实业公司已发展成年纯利过百万的高新技术企业。其次，政府与企事业单位共建，加快大学生社会实践基地建设的步伐。2000 年，国家教育部曾出台政策措施，支持大学生社会实践教育基地的建设。教育部决定从 2000 年开始，在全国遴选若干个技术先进、管理科学、具有优秀企业文化，并能积极支持大学生社会实践工作的国家重点工程和大型企业，命名为"国家大学生教学实习和社会实践基地"。2000 年 11 月 24 日，在"全国大学生教学实习与社会实践工作研讨会"上，首批"国家大学生教学实习与社会实践基地"正式成立，中国长江三峡工程开发总公司和中国第一汽车集团两家国有大型企业成为首批基地建设单位。两家企业相继建立起专门的教育培训机构，对社会实践工作进行规范管理，并努力创造良好的教学条件和后勤服务条件，为国家级大学生社会实践基地的建设积累了宝贵的经验。由国家主导建立大学生社会实践基地，是大学生社会实践教育社会化的重要举措，期待将来能有更多的国家级和地方级大学生社会实践基地出现。

2. 突出学校主体，积极探索社会实践教育的有效方式

第一，大学生社会实践教育的课程化设计。社会实践课程密切联系学生自身背景和社会生活、体现对知识的综合运用能力，使学生在实地做、考察、实验、探究等一系列活动中发现和解决问题，发展实践能力和创新能力。

大学生社会实践教育的课程化建设，包括与专业课和基础课相辅助的实践环节的设计和专门的综合性实践课程的设计，既有不同于一般教育课程的开放性特征，也有不同于日常课外活动的系统性特征。教学实践课程是课堂教学的重要组成部分，强调与专业学习的一致性和协同性，注重以学科为中心进行课程设计。而综合性实践课程更加具有广泛性和开放性，课程实施也更加灵活多样。比如，墨西哥文教部明文规定高校师生必须用 3～6 个月的时间，开设为农村服务的"实际工作课"。参加社会服务时，学生们走向工厂、农村和落后的印第安人聚居区，热情地传播科学和文化，切实扶助贫苦民众。学生们就实际问题进行调查研究或具体的协助指导，写下课程阶段总结、社会调查报告，学校把这门课计入学生的学分中。加拿大的"合作教育课程"是高校普遍实行的一种教育模式，该课程要求学生必须到企业实习，只有经企业和学校双方考核合格，才能取得学分。

与日常课外活动相比，社会实践课程还具有系统性特征。社会实践课程需要有规范的课程建设方式、完整的课程目标和整体优化的教学内容与方法。其以思想品德素质、政治素质、文化科学素质、审美素质和心理素质的培养为内核，体现认知与情感、知识与智力、主体精神和社会责任感的统一，不仅具有适应本科课程组织形式的系统性，而且还具有适应学生身心发展的系统性，契合学生身心发展的规律。

通过课程化设计对大学生社会实践教育进行整合，能够有效解决当前大学生社会实践中存在的许多现实问题，如对社会实践的重视程度不够，社会实践活动的自发性、随意性等，促使大学生社会实践教育向规范化、社会化发展，适应高等教育大众化背景下学生全体成才的要求。中宣部、教育部、团中央《关于进一步加强和改进大学生社会实践的意见》等文件都强调要"把大学生社会实践纳入教学计划，不断丰富社会实践的内容"，"要把实践教学的要求落实到每一个部门、每一门课程和每一位教师，体现在专业培养计划、课程教学大纲和教师的岗位职责中。"社会实践教育的课程化设计需要做到：

社会实践活动应如其他课程一样，纳入到学校教育和管理的工作体系中，由学校组成专门职能部门负责，使之做到时间有安排、组织有落实、经费有保证、贯彻有渠道、实施有效果；将学生社会实践活动表现作为考核的重要内容，计入学分并使其与评优及毕业分配挂钩；要根据各个系别和各个年级的特点设计课程，做到有层次、有计划、有针对性地开展社会实践。比如，一年级安排军事理论和军事训练相结合的实践环节；二年级开展以"三下乡"为主，社会调查与调研相结合的实践活动；三年级开展以培养能力、科技服务、接触社会、奉献社会为目的的挂职锻炼。而文化补习、咨询宣传、社区志愿者服务、勤工助学等社会实践活动则贯穿于整个大学期间。

目前，我国部分高校已把大学生社会实践纳入教学计划，把实践课列为必修课。如北京科技大学实行了"学分化"的社会实践工作思路，学校把社会实践经费纳入人才培养成本，对大学生参加社会实践提出时间和任务要求，成立了由校领导牵头的大学生社会实践领导小组，社会实践作为"思想政治理论课"教学的一部分纳入教学计划，分数计入学生成绩。"学分化"的工作思路，不仅促进了思想政治理论课的教学改革，而且调动了教师指导和学生参与社会实践的积极性。上海市规定高校学生每学年参加社会实践的总时数应不少于60小时（75学时），并推行了《上海市高校学生社会实践经历卡》制度。

第二，大学生社会实践教育的规范化管理。

其一，社会实践时间的保障。时间和经费是保障社会实践教育卓有成效的关键因素。实行学分制、实践学期制和弹性学制，进行"三明治"式教育是国外大学普遍的做法。如英国布鲁内尔大学在学生在校期间会安排一学期或一年的时间参加实际工作。现在国内也在进行这方面的探索。全国人民代表大会已把"推行弹性学习制度"作为教育改革创新的一项举措写入了《中华人民共和国国民经济和社会发展第十个五年计划纲要》。江苏省在2001年3月出台了举措，学生的学习年限可根据本人需要延长。本科最长不超过8年，专科最长不超过6年，同时有条件的学生可以停学创业。

其二，整合资源、规范管理。一般来说，目前结合专业学习和教学计划开展的社会实践，由于目的明确、组织得力，重视程度高，能够取得较好的效果，如军训、教育实习和电工实习、毕业设计等。然而，其他方面的社会实践效果却不尽如人意。在目前的体制下，学生日常的社会实践活动由团委具体负责和落实实施，鉴于团委和各院（系）学工部门的权限，学生综合社会实践的表现很难与其他方面挂钩，在社会实践计划的制定、落实，指导教师工作量计算及有关激励机制，实践经费的筹措等方面都存在诸多难以解决的问题，突出表现在：一是目前高校对员工的考评机制使教师对社会实践教育工作缺乏动力和热情。由于教师指导的匮乏，合作单位难以从学生社会实践中受益，直接影响了接收单位的积极性，导致现有社会实践基地功能发挥有限。二是目前大学生社会实践的实际策划者和实施者主要由学校的学工部门和辅导员队伍完成。我国目前的体制决定了在社会实践的规划和实施中，学工队伍主观上缺乏投入的动力和愿望，客观上学校对社会实践组织过程也缺乏严格科学的标准进行考核。很多时候，社会实践被学生当作休闲、娱乐，不能把实践教育与课堂教育真正地内化为一体。三是对参与社会实践学生的选拔制度和考核制度不完善。社会实践往往只是少数学生干部才有的机会，导致了多数同学没有足够的参与意识，社会实践的效果如何，一般的了解方法是采用社会实践登记表（包括实践小结）综合分析。这种方式的弊端在于，假设一位学生在实践中收获很大，但其实践小结未能很好地填写，那么他的得分就可能较低。而另一位同学虽然只是随便混混或干脆未参加实践，但其小结写得十分"漂亮"，那对他的评价必然较高，这都与我们的初衷背道而驰。任何一项教育行为的落实都要以规范化的管理作保障，大学生社会实践活动的开展，也应以规范化的管理作为前提，尤其要重视教师与学生、社会实践组织部门的激励机制、考核机制的完善，否则就会阻碍社会实践教育的良性发展。

针对以上问题，我们提出如下建议：首先将社会实践纳入学校的日常管理，明确各部门（如教务处、人事处、科研处、宣传部、团委、各院系等）的作用，制定一整套关于教师、学工部门人员、学生的激励机制和奖惩制度，比如对拥有横向项目的教师，如果吸纳学生参加项目，学校可以给予一定补贴或是在职称评定等方面给予肯定。只有统一有力的领导和协调，才能使社会实践活动有规可循，有章可依，形成大学生社会实践教育的合力。其次，在社会实践实施过程中，变"保姆制"为"招标制"。如高校成立社会实践信息服务中心，一方面负责收集整理学校有关的教学科研信息，建立教师学生资料库；另一方面负责收集、发布来自企业和地方单位的科技需求和用人信息。学校在安排参与实践人员时，引入竞争机制，把实践机会编成岗位，公开发布，同学们通过展示自己的能力，形成团队，投标上岗。再次，在社会实践具体操作中，变一般性号召为实质性指导，变运动模式为目标管理。切实改变目前每年在社会实践实施时，只是对实践目的、意义、主题、要求等笼统地发个文，传达到每个学生，至于学生具体怎样搞，效果如何就无暇顾及的现象，增强社会实践教育的有效性和吸引力。

第三，大学生社会实践教育有效方式的积极试点。

其一，善用社会资源，学校鼓励和支持大学生参与民间志愿者组织和活动。随着中国现代化进程的加快，中国民间志愿服务方兴未艾，各种民间志愿服务组织和网站、爱心网站的数量正逐年上升。面对大学生社会实践供需失衡的状况，学校善用社会资源，提供各种民间志愿服务组织和活动的信息，鼓励和支持大学生积极参与，不失为一条可行的途径。目前在中国，民间志愿组织和慈善已经形成了一些知名品牌。如由中央电视台新闻频道发起，和央视国际共同主办，多家大型慈善公益组织共同参与的"慈善1+1"大型电视行动和网站。再如，由台湾奇幻文化艺术基金会创办人、董事兼执行长朱学恒启动的世界最大规模中文翻译计划——"开放式课程计划"（OOPS），号召全球各地专业人士，秉承"开放、分享、社会责任、济弱扶贫"的理念志愿参与麻省理工学院以及其他世界顶尖高校的"开放式课程中文翻译计划"的实施。正如"捐献时间"志愿者网站创始人所言，在中国有很多人愿意提供帮助（比如，在2001年的中国青年志愿扶贫接力计划招募中，深圳出现了4000多人竞争21名赴贵州山区志愿者的状况），但不知道是否有人需要，何时何地需要，一些碰巧发生的活动能使一些人获得帮助，但是效率和效果都因为碰巧而随机。而大学，可以将这样的信息、这样的机会系统提供给每一位在校大学生，并对其参与表示支持、鼓励、保障，甚至予以奖励。

其二，积极推行就业订单式社会实践，拓展大学生创业就业渠道。大学可以采取"试就业"与社会实践相结合的举措，让面临毕业的学生利用假期到有关用人单位实习，在实践活动中接受用人单位的考察，以缩短大学毕业生正式上岗的磨合期。据《中国教育报》报道，2007年中国地质大学管理学院与深圳某职业介绍所在深圳共建了大学生实习基地，学院向职业介绍所支付一定费用，由职业介绍所负责联系学生的实习。一个学期之后，在前往深圳实习的45名学生中，25人与实习单位签订了就业协议。

其三，发展"社团"实践等多种社会实践形式，丰富实践活动的组织形式。通过制度支持学生社团和个人联系、组织社会实践活动，依托大学生社团和学生个人的社会关系，充分发挥学生组织在组织性、纪律性、人员特长等方面已有的优势，推动学生社团和学生个体跨出校园、奉献社会，形成大学生社团、个人与社会实践的良性互动。

3. 社会支持——大学生社会实践教育的社区化发展

在我国，社区作为一个广泛使用的名词始于1986年。当时，民政部在城市社会福利工作改革中，大力支持社会力量参与兴办社会福利事业，并把它称为"社区服务"以示与民政部门举办的社会福利相区别。随着我国改革开放的深入，社会主义市场经济的快速发展促使社会阶层和利益群体分化、非公有制经济发展迅速、人口流动不断加剧，社会结构的变迁使"单位制"被弱化，"社区"在城市管理和市民生活中的重要性日益凸显。1998年国务院的政府体制改革方案确定民政部在原基层政权建设司的基础上设立基层政权和社区建设司，意在推动社区建设在全国的发展。2000年11月，中共中央办公厅、国务院办公厅转发了《民政部关于在全国推进城市社区建设的意见》，从此，包括社区服务、社区教育、社区治安、社区医疗卫生和社区保障等内容的社区化建设在全国各城市中轰轰烈烈地开展起来。

大学生社会实践教育的社区化发展是指高等院校在学校周边社区安排、组织本校学生的社会实践教育活动，它体现出教育社区化和社区教育化的发展趋势。当代大学是一个开放系统，不可能把大学与外部社会环境割裂开来，而对于高等学校最直接、最具体的外部环境就是其所在的社区。学校是社区的一个组成部分，师生是社区的成员，社区日益成为大学生社会实践教育最便捷的场所。大学生社会实践教育的社区化有利于实现实践教育与日常学习生活的时段同步化、环境相似化、进程持续化、参与全员化，进而实现大学生优秀思想道德的养成日常化。大学生在校时间有三四年之长，社区化模式正好为大学生的价值实现和个人成长提供了理想的"转型环境"。如果学生一进校就能在社区选定社会实践的地点、方式，那么，经过几年努力，大学生一定会体察到自己的社会实践行为对社区发展、对服务对象产生的价值。更何况社区内往往蕴藏着丰富的教育资源，能为大学生社会实践教育提供各种有益的支持。比如，高校所在社区的名人故居、纪念馆、历史遗址、科学馆、图书馆等拓展了大学生社会实践教育的空间，坐落在社区内的各类单位可以为社会实践活动提供实践基地，热心教育事业的企业家、社区内的专家学者们、公职人员都可以成为大学生社会实践教育的校外辅导员。

大学生社会实践教育的社区化发展要取得良好的效果，高校的组织应注重三个"相结合"：

一是社会教育活动与社会服务活动相结合。社会教育活动是借助社区的单位资源、人力资源（革命前辈、英模人物等）、社会人文资源等对大学生进行历史文化、革命传统、国情社情、文明法制（包括预防犯罪、预防艾滋病等）等教育，使大学生对生动、丰富而又错综复杂的现实社会有直接接触和具体认识。社会服务活动则是引导大学生亲历亲为，为社区民众提供多种服务。服务活动的主体是"志愿者行动"，可以有各地、各校的具体组织形式，譬如大学的"爱心社活动""大学生修身工程"等，可以包含学工学农、帮教助教、敬老护幼、扶弱助残、公众安全服务、环保法制宣传等多种活动内容。对大学生来说，接受社会教育是"输入"，开展社会服务是"输出"，一入一出，便密切了他们与社会、社区的联系。

二是专项活动与日常活动相结合。社会实践教育要配合全国、地方、社区的重大行动（譬如"捐助希望工程""手拉手""义务献血"、科技、文体、法律、卫生"四进社区"、"学习型社区"创建等活动），在短期内取得突出成效。同时，还要注重日常持续性教育、服务活动的开展，避免"热时一阵风，凉时无影踪"情况的出现，要引导大学生利用学余时间常年扎扎实实地开展社会实践活动。

三是集体活动与个人活动相结合。社会实践教育要重视集体活动的组织，使大学生在群体中相互感染、相互启发，在社区服务中作出较突出的群体贡献。同时，更要鼓励、帮助大学生个体在社会实践活动中充分发挥主动性，根据自身特点在社区选择恰当对象，采取适宜方式，接受社会教育，提供社区服务，以促进大学生的个性化成长。

为了促进大学生顺利转型和健康成长，高等院校在考查大学生参加社会实践教育的效果时，应注重学校考查与社区评价相结合。学校主要考查学生进行社会实践的态度、内容、频次、思想收获、素质提高等，而将学生参与社区服务的活动项目、时间次数、效果效益、社会评价等的考查工作委托社区来完成。这方面，发达国家的做法可以给我们以启示。譬如，美国高校很重视学生的品德评价，而其评价的最主要项目，就是学生在社区"打义工"的数量和效果。他们认为，打义工是学生积累社会经验、增强社会责任、树立敬业精神、提高组织才能以至修养领导气质的主要途径。大学生打义工的情况由社区记载并为学校提供证明，它不仅关系到大学生的毕业考核，还关系到大学生的就业前景和发展前途，因为用人单位对学生打义工的社会实践经历相当重视。因此，美国的大学生普遍重视在校期间的打义工活动，如哈佛50%以上的研究生都曾经到孤儿院担任教师，为中小学生补课，访问老人之家和为社区机构义务帮忙。美国总统克林顿曾经在全美推行大学生为社会服务的"城市年"计划，其目的在于让青年大学生更好地接触社会，培养合作精神，增强社会责任感和献身精神。美国高等院校的周边社区无论是中小学、医院，还是养老院、救济中心，等等，大学生无处不在。在日本，为克服学历社会弊病，20世纪90年代提出了"学社融合"计划，并将之作为面向21世纪的教育发展的一项奠基性的工程。在学社融合计划中，大学聘请社区具有丰富职业经验和素质能力的人作为学校的特聘临时讲师，学校设施向地区社会开放。开展充分利用图书馆、博物馆等社会教育设施和社会人才的学校教育活动，进行充分利用学校设施和人才为社区居民服务的社会教育活动。在社区开展各种生活体验、社会体验和自然体验活动。社会实践教育的社区化发展对发达国家大学生的成才成人发挥了极为重要的作用。

在我国，深圳是大学生社会实践教育社区化发展进行得较为成功的地区。深圳大学义工联（即志愿服务组织）成立于1996年，在校党委的领导和校团委的支持、指导下，本着"弘扬正义、奉献爱心、服务社群"的宗旨，以"立足校园、面向社会"为原则，在文化、敬老、助学等方面开展了一系列丰富多彩、富有成效的义务活动，受到了校领导、市义工联领导的一致好评。目前，深圳大学义工联吸引了越来越多的学生加入到义工队伍的行列，已发展成为一个结构较健全、内部职能分工较明确、拥有

3000 多名义工的组织，成立了多个分会和专项小组。多年来，这些分会和小组根据计划安排，定期组织义工成员到老人院、儿童福利院开展帮扶活动、"雏鹏助学行动"等。在他们的努力和推动下，深圳大学师生无偿献血 6000 多人次，献血总量达 130 多万毫升，是全市无偿献血次数最多、总量最多的单位群体。从 1999 年以来，深圳大学义务工作者联合会每年均获得深圳市优秀义工组织，高交会优秀义工组织、学雷锋先进集体等荣誉称号，并被评为深圳义工创建以来十佳义工组织，为学校赢得了很高的荣誉，培养了学生服务社会、无私奉献的高尚道德情操。此外，山东大学 2005 年 6 月启动了《山东大学学生服务济南社区行动方案》，明确指出，通过大学生多种形式的社区服务，丰富大学生社会实践经历，促进青年学生了解社情民意和提升社会适应能力，同时推进社区文化建设、丰富社区文化生活，受到了广大社区居民的欢迎。

通过社区服务工作和青年志愿者活动，既贯彻了中央关于大学生社会实践就近就便的原则，节约了经费，又增强了学生的社区意识，培养了学生的社会责任感和社会服务能力。而高校在为社区建设提供了志愿者等优质服务后，自身也将获益匪浅，发展环境、育人质量将会得到优化，社会知名度和荣誉感将会得到提升。大学生社会实践教育的社区化发展将成为未来中国高校社会实践教育的重要途径。

总之，在教育经费欠缺的发展中的中国，大学生社会实践教育社会化将是一条漫长而艰辛的道路，需要加倍的努力，也需要更多的关注。大学生社会实践教育必须从计划经济下单纯的以行政管理为主，向引入市场运作机制，健全服务体系转变，实现教育机制与市场机制的有机统一；从以团组织和学工干部牵头为主向以教师、学生与实践接收单位共同参与的组织形式转变，实现组织主体和活动主体的统一；从以活动型为主，向搞活动与干实事、做项目推进并举，实现目的动机与实践效果的统一；活动经费从以高校投入为主，向政府主导、学校支持、社会实践单位和学生个人等的多元化投入体系转变，实现投入主体与受益主体的统一。只有将大学生社会实践教育置身于社会大环境中，利用和整合一切社会力量来推动大学生社会实践教育，才能建立与时代发展节拍相一致，与改革开放大潮相融合的社会化实践教育模式，取得大学生社会实践教育显著的人才效益、经济效益和社会效益。当然，大学生社会实践教育社会化范式的确立无法预设，只能在现实与将来的研究和实践中逐步形成和发展。我们的思考亦只是对新范式应该具有的基本特质作出粗略的描述。在未来的岁月中，我们呼唤更多大学生社会实践教育社会化研究成果的产生，也期待看到大学生社会实践教育社会化理论研究与实践探索的更深入发展。

第三节 虚拟社会实践教育探索

我们正在谈论虚拟的"实在",既不是稍纵即逝的幻觉,也不是低级趣味的刺激。我们正在谈论人类生命和思想层面上意义深远的转移①。

自 20 世纪 90 年代以来,在互联网普及全球的浪潮中,国内外许多大学纷纷投入巨资建立联通互联网的校园网,并在此基础上架设网络辅助教学平台,造就一种崭新的数字化虚拟环境,并逐渐应用到大学生课程教学和社会实践教育中,虚拟实践成为信息时代大学生社会实践教育的重要方式。

一、虚拟社会实践教育的含义和方式

1. 虚拟与虚拟实践

在人类社会实践的发展过程中,技术起着极为重要的中介和动力作用。随着虚拟现实技术、网络技术等当代高新技术的发展,虚拟实践正崛起为一种新型的实践方式,并以空前的力度和速度改变着人类的生存方式、交往方式、思维方式和价值观念。在学术界,"虚拟""虚拟现实""虚拟实在""虚拟生存""虚拟实践""虚拟社会"等范畴被频繁使用,众说纷纭。大学生虚拟社会实践教育正是在这样一种"虚拟"浪潮中应运而生的。那么,何谓"虚拟"?"虚拟实践"又怎么理解?

关于"虚拟"的探讨最初是从虚拟现实技术(Virtual Reality,VR)开始的,随着网络的普及,"虚拟"一词被赋予更多的含义,从语义、技术、思维方式、哲学术语等层面有多种不同理解,其中有代表性的有:虚拟特指用 0 ~ 1 数字方式去表达和构成事物及其关系,是数字化表达方式和构成方式的总称;虚拟是符号化,而符号化则是人创造意义生存的活动;虚拟主要是指一种超越现实的创造性的思维活动。在不同学者眼中,虚拟和非原子特性、信息等概念纠缠在了一起,承担起某种本体论任务。

相对于对"虚拟"的界定,对"虚拟实践"的争议较小,大致有三个层次的理解:

第一个层次,从广泛意义上讲,虚拟实践是"人们思维虚拟的物化手段和外化过程,它普遍地存在于人类的实践活动中"。按照物质中介的不同,可以划分为四种基本类型:一是在物理空间以"实物符号"为中介的虚拟性实践,如舞台上演员的一个挥

---

① 迈克尔·海姆. 从界面到网络空间:虚拟实在的形而上学"前言"[M]. 上海:上海科技教育出版社,2000.

动马鞭的动作就表示出"马"的存在；二是在物理空间以"数字化符号"为中介的虚拟性实践，如古人用奇数和偶数所演成的"阳爻"和"阴爻"来虚拟现实事物及其发展变化；三是在物理空间和虚拟空间中以"影像符号"为中介的虚拟性实践，如电影和电视的制作与播放，通过光、电等手段先在物理空间把实物转化成"影像符号"，然后再在虚拟空间展示出来，这类实践比"实物符号"有了更大的虚拟自由度，具有向纯粹形态虚拟过渡的性质；四是在虚拟空间以"数字化符号"为中介的虚拟性实践，计算机和网络的数字化虚拟属于这一类。

第二个层次，仅指计算机网络空间的虚拟实践。从第一个层次的划分可以看出，尽管对虚拟实践从源头上探索早已有之，但在"数字化"出现以前，各种虚拟实践活动都受到具体的物质实体或物理空间的限制，都不是具有独立或纯粹形态的虚拟实践，而只有计算机网络技术、虚拟现实技术才催生了当代独立形态的虚拟实践。因此，许多学者认为，真正意义上的虚拟实践是指计算机网络空间的虚拟实践，是"人们运用虚拟现实技术在赛伯空间或电脑网络空间中有目的地进行的能动地改造和探索虚拟客体的一切客观活动"，是"主体和客体之间通过数字化中介系统在虚拟空间进行的双向对象化的感性活动"，等等。

第三个层次，当计算机专业人士探讨虚拟实践问题时，则将虚拟现实等同于虚拟现实技术（VR），其核心是建模与仿真，这就有了狭义的，从技术层面对虚拟实践的理解，是指相对于虚拟现实系统的虚拟实践活动，是"用高科技手段构造出来的一种人工环境，它具有模仿人的视觉、听觉、触觉等感知功能的能力，具有使人可以亲身体验沉浸在这种虚拟环境中并与之相互作用的能力"，其主要形式有仿真性虚拟实践、设计性虚拟实践、探索性虚拟实践。

就大学生社会实践教育而言，利用虚拟现实技术进行的数字化模拟以及在网络空间开展的社会交往都是虚拟实践的有效形式。因此，这里探讨的虚拟社会实践主要包含后两个层次的含义，是指大学生在信息网络空间开展的虚拟实践，既不能泛化为虚拟实践的一切形态，也不能仅仅局限于虚拟现实技术，网络交往本身也是一种虚拟实践。它是指人们运用计算机技术、网络技术、虚拟现实技术等现代信息技术手段，在电脑网络空间中有目的、有意识地进行的一切能动地改造和探索虚拟客体的活动。

2. 虚拟社会实践教育的含义

大学生虚拟社会实践教育，是指高校运用计算机网络技术、虚拟现实技术等手段在计算机网络空间中有目的地创建仿真或虚拟的社会实践情景和条件，并引导大学生进行自主探索、自主体验、相互交流、自我教育，从而健全大学生成长机制的过程。对大学生虚拟社会实践教育可以从以下几方面来理解：

第一，虚拟社会实践属于大学生社会实践教育的总体范畴。在虚拟实践崛起之初，许多人津津乐道于其独特性，并有意或无意地把它推向极致，使虚拟实践和现实实践割裂开来。虚拟性是虚拟实践的基本特征，但虚拟不能与虚假、虚构、虚幻、虚无混为一谈，它也是一种客观存在，只是这种存在没有现实实践中的实体感，而是由数字化符号所构成。在数字化时代，虚拟实践与现实实践内在结合，相互作用，共同推进着社会的发展和人的自我超越。大学生虚拟社会实践，无论是运用虚拟现实技术的数字化模拟，还是网络化的交往或实践，都离不开人这个关键的因素，虚拟实践仍然是人的实践，虚拟实践的最终目的和意义是实践的实体化，即现实实践。可见，大学生虚拟社会实践属于大学生社会实践教育的总体范畴，国家关于大学生社会实践的总体要求和工作原则是大学生虚拟实践的基本指南，通过虚拟实践使大学生获得了解社会、服务社会的更为广阔的空间和更为便利的条件，最终目的是使大学生在实践中受教育、长才干、作贡献，树立正确的世界观、人生观和价值观，成长为中国特色社会主义事业的合格建设者和可靠接班人。

第二，现实超越性是大学生虚拟社会实践教育的优势所在。现实实践是虚拟实践的前提和基础，虚拟实践是现实实践的延伸、优化和发展。虚拟实践与现实实践密不可分的关系使大学生虚拟实践具有社会实践教育的基本特征，如教育性、协同性、多功能性、社会参与性等。同时，虚拟实践本身所具有的虚拟性等特性使大学生虚拟社会实践教育具有现实实践无法比拟的优越性，即现实超越性。虚拟现实技术可以使大学生进入分子、原子和基因内部等无限小的领域探索其中奥秘，也可以进入宇宙天体等无限大的空间中遨游。网络交往可以使人瞬间"走到"地球上任何已经联网的地方，空间成为一种抽象存在，而空间的扩张等于时间的缩微，时间脱离具体的空间参照而形成全球性的统一时间。正是由于虚拟实践能够超越时空，打破了物质实体条件下只能依赖单一途径发展可能的模式，使实践的内容发生了质和量的变革，从而才能在现实性基础上发展多种可能性，使大学生获得比现实实践更大的空间和更为广泛的对象。

第三，以技术运用的"双刃剑"原理分析大学生虚拟社会实践。爱因斯坦说过："科学是一种强有力的工具。怎样用它，究竟是给人带来幸福还是带来灾难，全取决于人自己，而不取决于工具。"科学技术发展史上这种技术运用的"双刃剑"现象无处不在，汽车、原子弹、计算机网络的出现乃至基因克隆，等等。既然科学技术的运用既会带来正面效应，也会带来负面效应，那么到底发挥何种效应，其责任也就不在于技术，而在于人，人既是产生问题的原因，也是解决问题的关键。因此，在面对大学生虚拟社会实践中产生的网络成瘾、网络黑客、网络病毒、信息污染等诸多问题时，既不能夸大其危害而因噎废食，也不能听之任之、放任自流，应该以一种积极的态势寻求问题解决之道，在虚拟实践与现实实践中保持必要的张力。

第四，"虚实结合"是大学生虚拟社会实践教育的发展趋势。虚拟实践体现出信息化条件下大学生社会实践教育向虚拟领域的拓展，也体现出现代化进程中向社会领域的拓展，更能实现开放条件下面向世界的拓展。探索虚拟社会实践教育必须以现实社会实践教育为基础，保持虚拟实践与现实实践的互补性、整合性、连续性。虚拟实践教育与现实实践教育之间建立一种整合机制，这种整合既包括功能性的整合，也包括规范性的整合。功能性的整合在于使虚拟实践与现实实践在结构内容和功能目标方面相互协调，尽量避免两种实践引发冲突而导致问题或危机，可以说是本质上的契合。规范性的整合主要是在于通过技术、制度、管理等各种途径逐步建立虚拟社会实践的规范体系，克服初期的无序状态。功能性整合决定了规范性整合的性质和方向，而规范性整合则是功能性整合的实现条件。本节主要探讨结构内容上的整合，对大学生虚拟社会实践教育的基本内容和应用设计进行了探讨。

3. 虚拟社会实践教育的主要方式

在虚拟社会实践教育活动中，采用的教育方式、手段多种多样，其中常见的有建设专题网站、设置虚拟课堂、进行虚拟实验、开发网络游戏等，如果能将其进行整合，运用妥当，可以取得良好的社会实践教育效果。

第一，网站建设。加强大学生思想政治网站和社会实践网站的建设，构建社会实践网上工作平台，成为推进大学生社会实践教育的重要举措。例如，从 2004 年开始，中国大学生在线联合新浪网和《大众摄影》杂志社等单位连续举办了三届"中国大学生在线暑期影像大赛"，反映出大学生健康向上的暑期生活。开展了一系列大学生素质拓展网上线下互动系列活动，包括周星驰校园行、桑兰校园行、"天地英雄榜"校园行等活动。对全国众多大型活动进行支持与合作，如全国公益文化艺术大赛、全国青少年普法知识大赛、各个高校组织的丰富多彩的比赛，等等，中国大学生在线都提供了灵活互动的平台，通过各种各样的活动拓宽素质教育的渠道，加强大学生的思想政治教育。另外，各高校都建立了思想政治工作专题网站或网页，在建设模式上注重与大学生社会实践相结合，构建网络服务的多种方式。

第二，虚拟课堂。虚拟课堂又称为"虚拟教室"，它是指运用虚拟现实技术生成的进行教育实践的具有逼真感的虚拟环境，学习者可借助于有关设备进入虚拟课堂，接受教育和进行学习。虚拟课堂提供各种学习资源，学习者可选择相应的资料进行学习，既可以自主学习，也能进行集体学习、协同学习。虚拟课堂既不同于传统教育中的课堂概念，也不同于网络课堂，它的擅长在于使学习者置身于学习对象之中的逼真环境。比如，学习飞行器驾驶技术，那么虚拟课堂就是飞行器飞行的模拟环境；学习解剖学时，虚拟课堂就是虚拟医院或虚拟身体；探索星系时，虚拟课堂是虚拟的太空；研究分子原子结构时，虚拟课堂则是在虚拟微观世界之中。

第三，虚拟实验室。虚拟实验室是由虚拟现实技术创造的一种可进行实验的虚拟环境。在这个环境中，实验者有逼真的感觉，似乎是在真正的实验室里近距离进行现场操作。利用虚拟实验室，实验者可进行仿真实验，如化学实验中有些药品具有剧毒、刺激性气味的特性，而且有些化学反应比较剧烈或时间较长，把这些实验放在虚拟实验室里做，就可既对实验现象或过程很好地仿真而又不必担心会对实验者造成伤害。还有一种仿真实验可以把抽象变为具象，实验者将采集到的一个氧原子和二个氢原子结合在一起，眼前就会出现一个网状的水球，这就是他自己创造的水分子。虚拟实验室不仅是实验教学的场所，也是探索研究自然现象的地方。比如，实验者在虚拟实验室里先研究虚拟作物，待研制出后，再培育或从遗传学上操纵可与具有最理想品质的虚拟作物相媲美的真实作物。

第四，网络游戏。网络游戏之于青年，是青年融入成人社会的缓冲地带，是青年同辈群体互动的特殊渠道，是青年成长的学校。游戏并不单纯是一种娱乐，它更关乎人的成长。正如被誉为"数字经济之父"的唐·泰普斯科特论及美国 MUD 游戏（多用户地牢游戏）的情况时说："尽管各个年龄层次的人都可能知道怎么去 MUD 里玩游戏，数量最大的年龄段群体和玩得最多的群体总是 17～23 岁之间的青年。年轻人特别沉迷于 MUD 的神秘世界中，因为这些虚拟现实使得从孩童时代向成人时代的过渡更为容易一些。"以游戏的方式对大学生进行社会实践教育遵循了大学生成长和发展的规律，更为大学生青睐。特别是国外游戏大量充斥国内市场，进行文化殖民的时候，国产游戏在欧美日等国外游戏的夹击中，通过对深厚的中国文化的正确理解、阐释以及优良制作逐步寻找出发展之路。2000 年开始推出的"傲世三国"游戏系列产品，真实地演绎出三国风云，使大学生在游戏中接受了中国历史教育。"红岩"等红色游戏的开发，对大学生了解中国革命史，树立正确的世界观、价值观、人生观起到了很好的作用。

二、虚拟实践教育的必要性和可行性

虚拟实践使人类实践形式发生了重要变革和跃进，数字化不再是远离人类生存的外在技术形态，成为人们的生存方式和实践方式。大学生虚拟实践教育探索对促进大学生社会实践教育发展和大学生自身成长都有着深远的意义，实践操作上则有着网络技术、虚拟现实技术等现代科学技术的强大支撑，前景广阔。

1. 虚拟实践教育的必要性

第一，是促进大学生社会实践教育当代发展的必由之路。计算机网络和虚拟实践的发展，正在深刻地改变着社会对教育的要求和当代的教育方式，由此推动的教育信息化建设成为实现教育跨越式发展的重要手段。许多国家对教育网络化、信息化建设给予了极大的关注，如美国的教育技术规划、欧盟的尤利卡计划、法国的实践计划行动纲领、韩国的虚拟大学、新加坡的智慧岛方案以及日本的第五代、第六代计算机进入教育网计划，等等。自第九个五年计划以来，我国的教育信息化步入了快速发展期，呈现出蓬勃发展的态势，在基础设施建设方面，国家公共网络快速发展，中国教育科研网已经成为我国第二大互联网络，中国教育电视台卫星多媒体传输平台已经建成，初步形成了一个具有交互功能的现代远程教育和教育信息化的网络平台。基础教育校校通工程已经启动，大学校园网工程建设成效显著，通过实施西部大学校园计算机工程项目，分布在我国西部的约 152 所大学的校园计算机网络已经实现了高速链接，大学数字图书馆建设、数字博物馆建设、校园网络课程建设和全国远程教育资源部建设等项目都取得了很大的进展。网络化虚拟实践促进了虚拟教育、信息教育的发展，而虚拟教育、信息教育培养出的大量人才，也必然会转而促进当代技术革命和虚拟实践的发展。虚拟实践是大学生社会实践教育在教育信息化大背景下的重要方式和必然发展。

第二，是解决大学生社会实践教育现实困境的必然选择。目前，大学生社会实践活动受各种主客观因素的影响，在内容、形式、组织等方面存在着这样或那样的问题，比较突出的有经费投入存在不足、学生参与面不够广泛、形式内容缺乏针对性，等等，通过虚拟实践可以在一定程度上解决这些问题。比如，目前各高校在社会实践活动方面主要采取的是"点面结合，以点带面"的方式，"点"是指以高校的学生干部、学生党员、特长学生等为主体开展的社会实践活动，也称为"精英实践"；而"面"则是高校全体学生的社会实践活动，即"大众实践"。精英实践一般由院系或学校统一组织，能够保证时间、地点、人员、内容、经费的落实，取得了较好的成效，而"大众实践"往往是学校通过发文的形式作宏观的管理和要求，主要靠学生自主参与，常常流于形式。虚拟实践具超时空性，没有任何准入机制，所有学生都可以随时参与，使社会实践教育真正面向了全体学生。又比如，在教学实践中，高校普遍存在着学生规模迅速膨胀与实验基础设施发展滞后、实验经费短缺的比例失调问题，引入虚拟实践可有效改善高校的实践教学环境，扩大高校的承载能力。

第三，是增强大学生社会实践教育有效性的必要途径。虚拟实践使人类的实践活动从过去以物质和能量为基础的活动平台，转移到以数字化符号、信息为基础的新平台，大学生社会实践教育无论是在内容、方式，还是工具系统方面，都体现了人—机共存的整合性特点。利用虚拟现实技术，大学生社会实践教育可以彻底打破时间与空间的限制，一些需要几十年甚至上百年才能观察的变化过程，可以在很短的时间内呈现给学生观察。例如，生物学中的孟德尔遗传定律，用果蝇做实验往往要几个月的时间，而利用虚拟技术在一堂课内就可以实现。虚拟实验室的产生和应用还使远程实验教学得以真正实现，它彻底解决了以往所有远程教育模式中理论教学的远距离性和实验教学的近距离性的矛盾，使整个教育完全远程化。

2. 虚拟实践教育的可行性

虚拟实践活动的主体、客体、中介手段以及虚拟环境的构建都离不开计算机网络空间，离不开网络技术、虚拟现实技术、智能技术、视频技术、移动技术等物质技术基础，而网络技术和虚拟现实技术尤为重要。

第一，网络技术。尽管虚拟世界中不断有新技术问世，但是在目前，实现虚拟社会实践教育主要仍将依赖基于 Internet 的网络技术。网络是一个以贯穿全球的通信线路、众多自主计算机和数以万计的服务器、网站和数据库等为要素所组成的信息采集、贮存的传输系统。

按照功能不同，虚拟实践中常用的网络技术有：电子邮件（E-mail），主要用于传递文本信息、图片、视频和声音剪辑等，方便师生或同学间的交流；远程登录（Telnet），可以访问 Internet 上所有对公众开放的数据库、图书馆目录卡、文件库和其他一些信息资源，进行交互学习等；文件传输（FTP），拷贝各种免费资源，允许上传、下载各种文件等；电子公告板（BBS），能把各种共享资源、信息及联系提供给用户，可以相互讨论、交流，进行协同学习；电子新闻组（Usenet），又叫"新闻论坛"，是讨论主题的巨大集合，学生可以根据自己的兴趣参加某个组群，发布想法、观点和建议；实时聊天系统（CHAT），允许世界上任何地方的两人或多个人通过 Internet 进行联系，现已由纯文本聊天系统转移到网上多媒体环境中，典型的有 IRC、ICQ 等；万维网（WWW），又简称 Web，以多媒体形式提供信息服务，利用它可检索网上几乎所有的信息资源；MUD/MOO，MUD 是虚拟的"多用户空间"，MOO 由 MUD 发展而来，它提供实时的在线通讯，引入房屋空间隐喻的概念，使得在地理上处于分离状态的用户能在一个共同机制中进行交互和协作，MUD/MOO 本来就是为支持网上虚拟空间中的交际和游戏活动而设计的，因此为网络合作学习提供了有效手段。

网络已不仅仅是一种信息载体和技术的存在方式，而是一种社会存在方式，具有社会和人文功能，初步形成了网络社会。未来完全形态的网络社会将是由众多计算机、处理物质能量的执行机构、网络连接信道、人组成的系统，表现为完全形态的网络市场、网络产业、网络学校、网络医院、网络安全系统乃至网络战场等，它们的特征都是通过网络将处理物质能量的工具、设备纳入其系统之中。网络社会既依赖于现实社会，又不同于现实社会，它是人类开辟和创建的新空间——网络虚拟领域，必将极大地拓展大学生社会实践教育的空间。

第二，虚拟现实技术。所谓虚拟现实技术，就是充分利用高性能的计算机硬件与软件资源及各类传感器的一种集成技术，其主要技术构成为实时三维图形生成的技术、多传感交互技术以及高分辨率显示技术等。

按"沉浸"的程度不同，虚拟现实系统可以分为三种模式：第一种是桌面模式，用户通过作为窗口的计算机屏幕进入虚拟现实环境，运用各种外部设备（如鼠标、跟踪球、力矩球等）来驾驭该环境，并用于操纵环境中的物体，从而获得感受和知识。这种模式缺乏完全沉浸感，会受到周围现实环境的干扰，但成本相对较低，容易普及。第二种是沉浸模式，用户完全进入由系统生成的虚拟现实环境中，并可根据需要通过多种交互设备（如头盔、数据手套或外骨架衣服等），对环境中的物体进行考察式操作，还可参与其中的事件，或与其他参与者相互交流，用户同时获得视、听、触等直观而又自然的实时感知和认知，不会受到周围现实环境的干扰。还有一种是分布式模式，该系统是在沉浸式虚拟现实系统的基础上，将不同的用户联结在一起，共享同一个虚拟空间，使用户协同工作达到一个更高的境界。分布式虚拟现实系统使班级学习、小组讨论、共同参观、合作研究等方式的远程实现成为可能。

尚处于远景设想的更完善的虚拟技术，则是采用信息变换器将虚拟世界的所有信息转变为大脑可直接识别的生物电信息，通过传感器直接传送给人脑的相应感觉中枢；再将人脑的动作意志信息用传感器，经计算机处理后，再由传感器反馈为虚拟世界对人脑虚拟动作的反作用信息。这种虚拟技术，又称为人工梦幻技术，它可以使人身体静躺在床上，意识却如身临其境般地在虚拟的宇宙太空或神话世界中遨游。更进一步的虚拟技术，则是使人的意识信息从大脑进入计算机中的虚拟信息世界；然而，人的意识信息是否可能以计算机为载体，还是一个有待探索的问题。

后信息时代将消除地理的限制，就好像"超文本"挣脱了印刷篇幅的限制一样。数字化的生活将越来越不需要仰赖特定的时间和地点，现在甚至连传送"地点"都开始有了实现的可能。

假如我从波士顿起居室的电子窗口（电脑屏幕）一眼望出去，能看到阿尔卑斯山（Alps），听到牛铃声声，闻到（数字化的）夏日牛粪味儿，那么在某种意义上我几乎已经身在瑞士了①。

信息网络技术的发展是突飞猛进、日新月异的，三维互联网（Web3D）是未来互联网发展的趋势，Second Life 等网络虚拟游戏的开发以及用户的快速增长预示着Web3D 革命的即将到来。那将意味着人类将进入一个与当今二维互联网迥然不同的三维互联网世界，进入一个与现实世界完全相似的三维空间中生活，届时，网络将无处不在，虚拟与现实终会密不可分，尼葛洛庞帝所描述的这一切将会逐步实现。

三、虚拟社会实践教育的基本内容和应用设计

根据大学生社会实践的总体要求，要使大学生在虚拟社会实践教育中真正实现受教育、长才干、作贡献的根本目标，就需要加强现实实践和虚拟实践的结合，形成一个完整、系统、科学、规范的虚拟实践教育体系。从主要内容的不同，大学生虚拟社会实践教育可以整合为三个模块，形成一个有层次、多功能的系统体系。

1. 专业实践模块

实践教学是大学生社会实践教育的重要环节。2005 年，《关于进一步加强和改进大

---

① 尼葛洛庞帝. 数字化生存. ［M］. 海南：海南出版社，1996：194.

学生社会实践的意见》强调要"进一步加强以教学实践、专业实习为主要内容的实践教学"。虚拟社会实践教育要遵循同专业学习相结合的这一基本原则，而且通过网络化虚拟社会实践教育能够有效解决实践教学经费投入、实验教学资源、实习教学质量、毕业设计质量、实践教学管理等方面存在的问题和不足。

专业实践模块设计的主要任务是使学生在虚拟社会实践教育活动中，借助于各种虚拟情境和条件，通过学习、讨论、交流、观察、操作、体验等一系列实际动作获得专业知识，掌握操作技能和技术方法，培养支撑专业技术能力的相关技能和基本素养，并通过对知识、技能的实际运用把知识转化为实践能力。根据学科门类、专业领域不同，专业实践内容的侧重点不同，文科学生偏重于知识学习和运用，理工类学生则偏重于实验探索。因此，在专业实践模块中可以根据侧重点不同，大致可以分为知识学习、技能训练、科学实验三个板块。

第一，知识学习。虚拟社会实践教育对课堂教学进行补充的方式有：一是虚拟课堂，相对于现实课堂，虚拟课堂可以再现实际生活中难以观察的自然现象或事物的变化过程，或使抽象的概念理论直观化、形象化，为学生提供生动、逼真的学习材料，比如通过虚拟演示向学生展示如原子核裂变、半导体导电机理等复杂的物理现象。二是虚拟图书馆，随着全球网络化的迅速发展，虚拟数字图书馆代替传统图书馆是社会发展的必然。未来的虚拟图书馆将是集文字、图像、声音三者合一的多媒体图书馆，就像现实中的图书馆一样。目前，我国北京、上海、广州等地虚拟图书馆的建设已经取得了一些成果，例如上海高校虚拟图书馆（SHVRL）就是一个很好的范例。三是虚拟学习社区，也称之为网络学习社区（Networked Learning Community）、在线学习社区（Online Learning Community）、知识社区（Knowledge Community）等，它是由具有共同兴趣及学习目的的人们组成的学习团体在 Internet 上构建的虚拟学习环境。比如创立于2003 年 5 月的中国知识管理中心（www. KMCenter. org）就是一个比较活跃的中文知识管理社区，有中国知识管理的相关理论、实践、案例的资料库和知识库，是知识管理专业人士交流、分享、创新的园地。

第二，技能训练。虚拟实践的沉浸性和交互性，使学生能够在虚拟的学习环境中扮演一个角色，全身心地投入到学习环境中去，这非常有利于学生的技能训练。例如，医学院学生通过虚拟微型手术系统可以模拟处理手术情景，从简单的开刀到复杂的器官移植，都不会给病人带来风险；军事院校学生利用飞行模拟器和分布式交互模拟网络系统可以进行飞机操作、单机格斗和编队作战等方面的训练。由于这些虚拟的训练系统无任何危险，学生可以不厌其烦地反复练习，直至掌握操作技能为止。同时，利用虚拟现实技术建立起来的虚拟实训基地，其"设备"与"部件"多是虚拟的，可以根据情况随时生成新的设备，教学内容也可以不断更新，使实践训练及时跟上课程的要求、技术的发展。另外，互联网技术的使用也降低了模拟教学的使用门槛。例如互联网上有一些免费提供的游戏教学软件，而全国 MBA 培养院校企业竞争模拟比赛、国际企业管理挑战赛、欧莱雅全球在线商业策略竞赛，一般只需要缴纳一定费用就可组队通过互联网在当地随时参赛，打破了地域、时间和计算机硬件条件的限制。

第三，科学实验。利用虚拟社会实践，学生可以进行科研探索，激发创造性思维，培养创新能力。目前，虚拟实验研究的热点在于虚拟现实仿真技术服务于虚拟教学或实验，它的实际应用也主要集中在理工科的教学中，尤其在物理、化学、计算机、建筑、机械等学科有着质的突破，土木专业、农林专业等学科也在适合自己专业的基础上研究虚拟现实仿真技术在本专业的应用。清华大学用虚拟仪器构建了汽车发动机检测系统。中国农业大学建设有虚拟土壤——农作物系统实验室。北京师范大学现代教育技术研究所研制的 Evlab 系统，就是一个基于虚拟空间的三维电子线路实验环境，通过该系统，学生可以掌握电子线路实验中最常见的仪器的操作方法，并且对基本实验电路有更加深入的理解。淮海工学院电子工程系建立了虚拟实验室，主要用于虚拟实验教学，学生可以通过该虚拟实验室查看实验项目和实验方法，并且进行虚拟仪器的操作。许多高校还将科研成果迅速转化为实用技术，如北京航空航天大学在分布式飞行模拟方面的应用，浙江大学在建筑方面进行虚拟规划、虚拟设计的应用，哈尔滨工业大学在人机交互方面的应用等都颇具特色。

2. 国情教育模块

大学生是民族的希望、祖国的未来。而只有在了解国情、立足现实的基础上大力加强社会实践教育，才能使大学生增强社会历史责任感，当好中国特色社会主义事业的建设者和接班人。国情教育模块以认清历史、了解现实、服务社会为主要内容，具体可分为历史篇、现实篇等。

第一，历史篇。在历史篇中，可以通过历史场景的真实再现，让学生自己选择作为其中的角色，亲历历史，思考历史人物的思维过程，对历史有更加真切的了解。比如，2000 年开始推出的"傲世三国"游戏系列产品，开发者花费了巨大精力制作了详尽的背景资料，查阅了大量的魏晋时期的史料，不仅建筑物、人物外貌等力求与史实吻合，在更深刻的风俗民情、科学技术、军政权谋等方面更是全方位地展现了三国时期灿若星汉的中国古代文化。正是因为其中包含的深厚的中国文化底蕴以及优良制作，2001 年，《傲世三国》打入号称"电子娱乐奥斯卡"的美国全球游戏排行榜 GLOBAL100，跻身全球游戏 100 名，并成为第一个由世界级的代理公司 EIDOS 公司全球代理发行的中国游戏，发行了 16 种语言版本。又比如，随着"红色旅游"的兴起，各高校纷纷开展了"红色之旅"行动，但在实际活动开展中存在着震撼力、吸引力、参与性不强等问题，技术陈列手段比较落后就是其中一个重要原因。虚拟现实技术的运用、网上虚拟旅游的开展、"红色游戏"软件的开发等，这些都对大学生加强革命传统教育具有深刻的意义：一是可以扩大参与面、降低物质成本、节约时间成本；二是集思想教育性与娱乐趣味性于一体；三是满足体验需要，增强震撼力。利用声光电等技术手段，利用虚拟现实电子游艺机，可以开发出各种软件，再现历史场面，让大学生在虚拟的世界中去感受地道战、地雷战等，在体味奋勇杀敌乐趣的同时也接受了爱国主义教育的熏陶。目前，我国对"红色游戏"的开发和运用力度加大，市场上有《抗日OL》《抗日：地雷战》《决战朝鲜》《红岩》游戏等。

第二，现实篇。让大学生接触现实，了解国情，从而树立为社会主义祖国献身的信念，这是大学生社会实践教育的基本要求。虚拟社会实践紧密结合现实国情进行教育，要注意：一是结合社会热点事件。运用现实生活中发生的有代表意义的事件及时对大学生进行教育往往是绝妙的题材，也是时代精神的体现，目前各大门户网站、高校网站在这方面做得较好，一旦国内外有重大社会事件发生，立即就通过新闻组、网上论坛、网上调查等形式进行系列报道、深度挖掘。比如，2001 年"中美撞机事件"，网民在新浪网就此事件发表的评论帖子数量超过 20 万条，其中高校大学生占很大比例。在西藏三·一四事件发生后，面对 CNN 等西方媒体别有用心的歪曲报道事实真相，3 月 20 日，北京一位 23 岁的青年网友创办了一个域名为 http：//www. anti-cnn. com（anti 意为"反对"、"抗议"）的网站。网站首页最醒目的位置写着"本网站是网民自发建立的揭露西方媒体不客观报道的非政府网站。我们并不反对媒体本身，我们只反对媒体的不客观报道。我们并不反对西方人民，但是我们反对偏见。"域名与标题均揭示出网站的宗旨——收集、整理并发布西方主流媒体作恶的证据。网站成立后仅 5 天，其浏览量已超过 20 万，近 300 网民在网上表达希望做网站工作的志愿者，参与网站的材料整理、论坛管理和翻译工作，近 2000 网民给该网站提供了各种证据。二是结合地方特色进行。大学生社会实践教育有一个"就近就便"的原则，支持大学生在学校周边地区或者回到家乡开展社会实践，除了有节约经费、交通便利等因素外，还在于地方建设的成就本身就是中国特色社会主义建设和改革成就的缩影，结合大学生所熟悉、生长的环境进行教育更能激发其爱国主义情感，虚拟社会实践教育也应注意这一点。比如，由成都市建立的"成都市青少年爱国主义教育网"（www. cd5461. cn）是目前我国中西部唯一的青少年爱国主义教育专题网站，网上设了"悠久的历史""我们的文化""名人堂""走遍成都""青春物语""生理·心理""龙门阵"等专栏，对青少年所关心的各个方面的问题都作了很好的介绍，在大力宣传地方建设和地方文化中弘扬了爱国主义精神。

3. 素质拓展模块

自 2002 年开始，共青团中央、教育部、全国学联为深入推进高校素质教育联合实施了一项系统工程——"大学生素质拓展计划"。这项计划主要是在思想政治与道德修养、社会实践与志愿服务、科技学术与创新创业、文体艺术与身心发展、社团活动与社会工作、技能培训等六个方面引导和帮助广大学生完善智能结构，促进全面成长。

虚拟社会实践在大学生素质拓展上能够充分发挥作用，特别是在心理咨询、就业指导、社团活动等方面运用较广。

第一，网上心理咨询。面对现代社会一系列的变革、矛盾、冲突，大学生可能会在复杂多变的社会环境中出现适应性困难，产生迷惘与困惑，有的甚至失落自己的精神家园。开展心理测试与心理分析，进行心理诊断与心理咨询，普及心理健康知识，提高心理素质，便成为新时期思想政治教育的一项重要任务。心理咨询可以利用网上聊天、电子邮件、BBS等多种形式进行，相当方便快捷，使网上心理咨询得到了更为广泛的运用。与日常心理咨询相比，网上心理咨询具有的优势有：一是可以实现远距离咨询；二是具有保密性，以虚拟身份咨询更能消除顾虑、敞开心扉、畅所欲言；三是能够提高咨询质量，借助网上丰富的心理学、心理咨询方面的信息、资料，更有利于解决心理问题，帮助大学生心理健康成长。比如，2004年5月25日，由团中央、教育部、全国学联主办，中南大学承办的"中国大中学生心理健康教育在线网站"正式开通，这是我国首家针对大中学生开展心理咨询和心理健康教育的大型门户网站。网站设有健康E站、心灵透视、缤纷校园、服务咨询4大板块，27个一级子栏目和60余个二级子栏目，是一个为全国大中学生提供网上心理咨询与心理救助的平台，也是解决大中学生心理健康问题的虚拟救护站以及有关科学研究的试验地。虚拟现实技术还可以应用于许多心理疾病的治疗，它通过制造一些特殊的刺激环境，如视觉和听觉的刺激来验证人们的感知理论，达到治疗某些心理疾病的目的。

第二，网上就业指导。随着高校校园信息网的建设与发展，网上求职、网上获取就业信息日益为大学生和高校就业部门所重视。我国第一家全国高校统一的网络电视，中青互动校园网络电视设置的8个频道中就有就业频道，这个频道专门针对大学生就业进行指导、服务，还有一些专门针对学校设置的就业内容，大学生参与比较多。许多高校还建立了就业指导网，其内容大致可分为就业指导、就业管理和就业服务三大类。就业指导主要有职业测评、职场攻略、求职技巧等技巧指导，政策法规、就业形势、就业分析、就业动态等政策分析；就业服务主要有人才自荐、在线简历、考务信息等信息平台和在线指导、网上咨询、资源下载、就业讲座等网络服务；就业管理既有毕业生推荐、毕业生信息等学生管理，也有单位信息库等用人单位信息管理，对工作动态、就业档案专业介绍、毕业生就业率等自身建设也有涉及。从总体上看，高校就业指导网栏目多样，内容比较丰富、实用，但有的连通性较差，学校与社会在就业指导网络资源整合方面的合作尚有待加强。

第三，网络社团活动。社团是大学生进行自我教育、自我管理、自我服务的重要群体，也是进行大学生社会实践教育的重要载体。网络社团是大学生基于兴趣和爱好在网络空间建立的，旨在满足自身需要、促进自身全面发展的群体，一般有三种形式：一是现实社团的网络化；二是基于网络本身而建立的大学生社团；三是基于网络的超时空性和适应现代社会开放性要求而建立的跨校园、跨地区的大学生网络社团。2004年10月至12月，在团中央学校部与中国青少年研究中心联合开展的"大学生思想政治教育"调查中，有数据显示：有59.7%的大学生参加了校内社团，平均每人参与的社团数为1.8个。同时，参加跨校社团和网络社团的大学生比例分别达到6.5%和14.0%，平均每人参与的跨校社团为1.76个、网络社团为1.99个。从参加社团的平均数来看，大学生参与的网络社团数多于现实生活中的社团数。由此可见，网络社团已经成为大学生生活、学习、娱乐的重要组织形式，已经对大学生产生了很大的影响。对大学生网络社团进行管理和引导，加强校际间的横向交流，把网络社团文化纳入到新时期校园文化建设之中，都是新形势下通过网络社团开展大学生社会实践教育应该重视的。

总之，大力加强大学生虚拟社会实践教育是适应全球网络化、教育信息化发展的需要，它能够有效解决传统大学生社会实践教育的诸多困境，拓宽大学生社会实践教育的内容、方式、方法，增强其有效性。在实践中，需要做的是以社会需要为目标、以院校为依托、以专业为基础、以网络为平台整合各种社会实践资源，从而形成系统完整、科学规范、易于操作、各有特色的大学生虚拟社会实践教育体系。